Stanley Cavell zur Einführung

Elisabeth Bronfen

Stanley Cavell zur Einführung

JUNIUS

Junius Verlag GmbH
Stresemannstraße 375
22761 Hamburg
Im Internet: www.junius-verlag.de

Umschlaggestaltung: Florian Zietz
Titelbild: © Bettina Strauss
Satz: Junius Verlag GmbH
Druck: Druckhaus Dresden
Printed in Germany 2009
ISBN 978-3-88506-608-8
(zur Einführung; 308)

Bibliografische Information der Deutschen Nationalbibliothek
Die Deutsche Nationalbibliothek verzeichnet diese Publikation in der Deutschen Nationalbibliografie; detaillierte bibliografische Daten sind im Internet über <http://dnb.d-nb.de> abrufbar

Zur Einführung …

… hat diese Taschenbuchreihe seit ihrer Gründung 1978 gedient. Zunächst als sozialistische Initiative gestartet, die philosophisches Wissen allgemein zugänglich machen und so den Marsch durch die Institutionen theoretisch ausrüsten sollte, wurden die Bände in den achtziger Jahren zu einem verlässlichen Leitfaden durch das Labyrinth der neuen Unübersichtlichkeit. Mit der Kombination von Wissensvermittlung und kritischer Analyse haben die Junius-Bände stilbildend gewirkt.

Von Zeit zu Zeit müssen im ausufernden Gebiet der Wissenschaften neue Wegweiser aufgestellt werden. Teile der Geisteswissenschaften haben sich als Kulturwissenschaften reformiert und neue Fächer und Schwerpunkte wie Medienwissenschaften, Wissenschaftsgeschichte oder Bildwissenschaften hervorgebracht; auch im Verhältnis zu den Naturwissenschaften sind die traditionellen Kernfächer der Geistes- und Sozialwissenschaften neuen Herausforderungen ausgesetzt. Diese Veränderungen sind nicht bloß Rochaden auf dem Schachbrett der akademischen Disziplinen. Sie tragen vielmehr grundlegenden Transformationen in der Genealogie, Anordnung und Geltung des Wissens Rechnung. Angesichts dieser Prozesse besteht die Aufgabe der Einführungsreihe darin, regelmäßig, kompetent und anschaulich Inventur zu halten.

Zur Einführung ist für Leute geschrieben, denen daran gelegen ist, sich über bekannte und manchmal weniger bekannte Autor(inn)en und Themen zu orientieren. Sie wollen klassische

Fragen in neuem Licht und neue Forschungsfelder in gültiger Form dargestellt sehen.

Zur Einführung ist von Leuten geschrieben, die nicht nur einen souveränen Überblick geben, sondern ihren eigenen Standpunkt markieren. Vermittlung heißt nicht Verwässerung, Repräsentativität nicht Vollständigkeit. Die Autorinnen und Autoren der Reihe haben eine eigene Perspektive auf ihren Gegenstand, und ihre Handschrift ist in den einzelnen Bänden deutlich erkennbar.

Zur Einführung ist in verstärktem Maß ein Ort für Themen, die unter dem weiten Mantel der Kulturwissenschaften Platz haben und exemplarisch zeigen, was das Denken heute jenseits der Naturwissenschaften zu leisten vermag.

Zur Einführung bleibt seinem ursprünglichen Konzept treu, indem es die Zirkulation von Ideen, Erkenntnissen und Wissen befördert.

Michael Hagner
Dieter Thomä
Cornelia Vismann

Inhalt

Anhang

Danksagung

Ein Buch schreibt sich bekanntlich nie ganz allein. Für die geglückte und glückliche *conversation*, ganz Cavells Vorstellung einer gelungenen Übereinstimmung zwischen zwei Menschen im Gespräch entsprechend, sei Benno Wirz gedankt. Tobias Weber für seine klugen Weiterführungen zum amerikanischen Transzendentalismus. Johannes Binotto für seine erhellenden Ergänzungen zu den Filmanalysen und seine Unterstützung, diese in den Vordergrund meiner Ausführungen zu rücken. Für seinen kritisch-prüfenden Blick zu Wittgensteins *Philosophischen Untersuchungen* Joachim Schulte. Für Leseeindrücke, die sich beim Weiterschreiben als ganz entscheidend erwiesen haben, Michael Hampe und Michael Hagner. Cornelia Vismann für das ursprüngliche Vertrauen, dieses Projekt überhaupt zustande kommen zu lassen. Und schließlich *last but very much not least* Stanley Cavell, der mir in zahlreichen Gesprächen und Briefen immer wieder weitergeholfen hat.

Zürich, im Mai 2008

Einleitung: Der Imperativ zum Gespräch zwischen Philosophie und Kultur

»Und ihrer aller Sinn, zugleich verwandelt,
Bezeugen mehr als Spiel der Einbildung,
Es wird daraus ein ganzes voll Bestand,
Doch seltsam immer noch, und wundervoll.«
Hippolyta in Shakespeares *Sommernachtstraum*
5. Akt, Erste Szene

Ein philosophischer Bildatlas des *moral perfectionism*

Im Quartier Latin gibt es ein Kino, das in regelmäßigen Abständen einen Filmzyklus mit dem Titel »Hollywood selon Stanley Cavell« zeigt. Für einen amerikanischen Philosophen, der als Schüler John L. Austins von seiner Ausbildung her nicht etwa der Semiotik oder der Phänomenologie, sondern der Philosophie der normalen Sprache (*ordinary language philosophy*) entstammt, ist diese Auszeichnung ungewöhnlich.[1] Es lässt sich daran nicht nur feststellen, dass jenes Filmgenre, für das Cavell die Bezeichnung Komödie der Wiederverheiratung (*comedy of remarriage*) geprägt hat, sich im Bewusstsein der Pariser Cineasten durchgesetzt hat. Der Titel der Veranstaltungsreihe verweist auch darauf, dass der Name dieses Philosophen zum Markenzeichen für einen bestimmten Blick auf Hollywood geworden ist. Mit dem Namen

Stanley Cavell kann offenbar für Filme der 1930er und 1940er Jahre geworben werden. Diese disziplinübergreifende Bekanntheit ist der Leitfaden für die Darstellung seines Werks in dieser Einführung. Denn im Vordergrund soll in diesem Band die Frage stehen, wie sein von Film, Literatur und Oper geprägter philosophischer Blick für kulturwissenschaftliches Arbeiten fruchtbar gemacht werden kann.

Cavells eigenwilliges persönlich-analytisches Verfahren, das unverfehlbar seine philosophische Stimme vernehmbar macht, ist nicht leicht auf einen methodischen Nenner zu bringen. Oft geht er von Zitaten jener Philosophen aus, die ihm etwas bedeuten: Platon, Kant, Emerson, Nietzsche, Wittgenstein und Heidegger. Die Denkbilder, die Cavell aufruft, setzt er als Prüfstein eigener Gedankengänge ein, um Verbindungslinien sowohl zu anderen Stellen des jeweils im Blick stehenden Denkers wie auch zu anderen Werken der Philosophie, der Literatur oder des Films zu ziehen, ohne dass dabei intertextuelle Linien verbürgt wären. Die Art, in der Cavell diese idiosynkratischen Verbindungen knüpft, ist auch leitend für das Interpretationsverfahren dieser Einführung. Cavells Grundprämisse lautet: Die Philosophie ist Werken der Ästhetik nicht entgegengesetzt. Sie hinterlässt in den Dramen Shakespeares, der Oper und dem Hollywood-Kino vielmehr jene prägnanten Spuren, die das Nachwirken der Philosophie im alltäglichen Leben spürbar machen. Im kulturellen Imaginären zeigt sich, wie eine Kultur über sich – im Sinne einer philosophischen Selbstreflexion – nachdenkt.

Für einen Einsteiger in die Schriften Cavells erweist sich bei der ersten Lektüre die Hartnäckigkeit, mit der Cavell diese kulturelle Selbstbefragung als ein jahrzehntelanges Gespräch mit philosophischen und ästhetischen Texten darbietet, als schwierig. Denn sowohl die Auswahl der Denkbilder, auf die er immer wieder zurückkommt, wie auch das Ausloten der Interferenzzone zwischen Philosophie und Literatur fordert eine grundsätzliche Bereitschaft, ihm bei seinen dichten und häufig verschlungenen Gedankengängen vertrauensvoll zu folgen. Da Cavell die Fragen, die ihn als Philosophen angehen, aus Sorge, sie durch eine vorschnelle Festlegung stillzulegen, eher umkreist, kehrt er nicht nur fortwährend zu denselben Denkbildern zurück. Er kehrt auch zu seinen eigenen früheren Lektüren zurück, um über diese, im Sinne einer kritischen Selbstbefragung, nachzudenken.

Aus dieser Neigung zum Selbstkommentar resultiert eine dichte Schreibart, die nicht nur eine Kenntnis der zitierten Texte voraussetzt. Die wenigsten Zitate werden in ihrem Gesamtzusammenhang behandelt. Cavells Schreiben folgt eher einer rhetorischen Geste des Umkreisens, die stets zu seinen moralphilosophischen und ästhetischen Grundanliegen zurückkehrt. Um dieser Haltung der Offenheit und des steten Neuansetzens gerecht zu werden, liegt der Fokus in den folgenden Kapiteln nicht auf einer chronologischen Wiedergabe von Cavells Schriften, sondern auf dem dichten Netz philosophischer und ästhetischer Stimmen, mit denen er in den letzten fünf Jahrzehnten sein Gespräch unterhalten hat. Sechs thematische Gebiete stehen dabei im Vordergrund: der von Emerson entwickelte Begriff moralischer Perfektionierbarkeit (*moral perfectionism*) und die Prägung des kulturellen Imaginären Hollywoods (Einleitung); das Verhältnis von Autobiografie und philosophischem Denken, das sich in der »Stimme« der Philosophie vernehmbar macht und an dem auch ein Überblick über die biografischen Lebensdaten von Cavell gegeben werden kann (Kapitel 1); Ludwig Wittgensteins Antwort auf die Unwiderlegbarkeit des Skeptizismus (Kapitel 2); Henry David Thoreaus und Ralph Waldo Emersons Reflexion über die Fragilität des amerikanischen Traums, der so viel Hoffnung, aber auch Verzweiflung birgt (Kapitel 3); die tragische Umsetzung des Skeptizismus sowie dessen komödienhafte Abwendung bzw. Umkehrung in den Dramen Shakespeares (Kapitel 4); Hollywood als Schauplatz einer spezifisch amerikanischen Selbstreflexion (Kapitel 5); und schließlich die Frage der kulturellen Erbschaft, die das Fortleben von philosophischen wie ästhetischen Denkfiguren gewährleistet (Kapitel 6).

Geht Cavell in seinem Denken grundsätzlich von einem persönlichen Engagement für bestimmte Fragestellungen und Weltanschauungen aus, so ist für die thematische Aufteilung, die ich für diese Einführung gewählt habe, meine eigene Erfahrung mit seinen Schriften ausschlaggebend. Die Lektüre seiner Schriften hat nämlich auch mich immer wieder zu bestimmten Passagen in seinem Werk und zu den literarischen Texten und Filmen, auf die er sich bezieht, zurückgeführt. Seine eigenwillig-eklektischen Verbindungslinien rücken – sofern man bereit ist, sich auf sein Ideal einer über sich reflektierenden Kultur einzulassen – Phänomene sowohl moralisch-ästhetischer wie auch lebensweltlicher Art in ein gänzlich neues Licht. Sie wirken bei der eigenen Arbeit mit diesen oder anderen Texten nach. In dieser Einführung wird Stanley Cavell deshalb nicht primär als Sprachphilosoph dargestellt, der vom Kerngebiet der Philosophie der normalen Sprache Ausflüge ins Gebiet der Kulturphilosophie macht. Vielmehr versuche ich seinem Selbstverständnis als amerikanischer Denker gerecht zu werden. Wie er mir immer wieder gesagt hat, erstaunt und kränkt es ihn, dass Menschen, die (vorwiegend im anglo-amerikanischen Raum) über seine Schriften veröffentlichen – entweder zu Wittgenstein oder zu Emerson und Thoreau oder zu Hollywood oder zu Shakespeare –, zwar seine anderen Forschungsgebiete erwähnen, aber kaum je auf die zwingende Verbindung näher eingehen, die sich für ihn zwischen diesen Gebieten ergibt.

Das thematische, in sich kreisende Ordnungsprinzip dieses Buchs entspricht also Cavells Verfahren, Beziehungen unterschiedlicher Texte an den unsauberen Schnittflächen zwischen Philosophie und Literatur nachzuzeichnen, das seine philosophische Entsprechung in der von Aby Warburg entwickelten Vorstellung eines Denkraums kultureller Erinnerung hat. Der von Warburg über Jahrzehnte bearbeitete *Bilderatlas Mnemosyne*, mit dem dieser seine Vorstellung eines Denkraums erinnerter Bildformeln ausgearbeitet hat, soll auf Cavells Schriften übertragen werden.[2] Für Warburg besteht der kulturelle Prozess darin, dass Pathosformeln, die im Bildarsenal früherer Kulturen angelegt sind, überleben, den Belangen der jeweiligen Zeit angepasst und je neu realisiert werden. Die Distanz zwischen der affektiven Kraft, die in der vorgängigen Bildformel enthalten ist, und ihrer neuen Gestaltung schafft einen Raum, in dem ihr ursprünglicher Affektbetrag fortlebt.

Entscheidend dabei ist die doppelte Geste, die einen Rückgriff auf vorgängige Pathosgebärden mit einer nachträglichen Verarbeitung verbindet. Denn der Ort, an dem nach Warburg unsterbliche Bildformeln der Leidenschaft aufgegriffen werden und eine Wiederbelebung bzw. Umgestaltung erfahren, muss – und darin entspricht sein Anliegen dem Cavells – immer neu gefüllt werden. Der kulturelle Prozess, der vermittels ihrer Umschrift vorgängige Pathosgebärden und deren Intensitäten am Leben erhält, ist dynamisch und nicht abschließbar. Auch wenn Warburg ausschließlich um das Nachleben von Pathosgesten im Bereich der visuellen Kultur bemüht war, bietet sich das kartografische Verfahren für Cavells Verbindungslinien zwischen Denkformeln aus verschiedenen historischen Zeiten und unterschiedlichen Medien an. Denn auch ihm ist daran gelegen, Ähnlichkeiten in den Sprachbildern, Stimmen oder Szenen aufzuzeichnen, mit deren Hilfe seit Platon jene Phänomene formalisiert werden, die das philosophische Denken in Gang setzen – seien es Zweifel, Selbstbefragung, Staunen oder Glück. Und auch ihm geht es um das kulturelle Nachleben philosophischer Denkbilder, die den Impetus kritischen Denkens fortschreiben und dessen Überleben sicherstellen.

In dem späten Aufsatz »Philosophy the Day after Tomorrow« hält Stanley Cavell fest: »Mein etwas angestrengter Weg innerhalb der Institutionen der Philosophie in unserem Amerika ist bislang derart gewesen, dass ich beständig das Bedürfnis verspüre, mich intellektuell vorstellen zu müssen; will sagen, ein Bewusstsein zu wecken für den Weg, wie Fragestellungen (*moments*) in meiner Arbeit so angelegt sind, dass sie zu anderen führen sollten.« (Ph: 111) Seine Vorgehensweise besteht darin, immer wieder jene Stimmen aufzurufen, an denen er sich als amerikanischer Philosoph orientiert hat. Auf seinem Atlas philosophischer Denkformeln findet sich an prominenter Stelle aber auch jener Wittgenstein der *Philosophischen Untersuchungen* mit einer für Cavell entscheidenden Szene: »Habe ich die Begründungen erschöpft, so bin ich nun auf dem harten Felsen angelangt, und mein Spaten biegt sich zurück. Ich bin dann geneigt zu sagen: ›So handle ich eben.‹« (PhU, § 217) Wittgensteins Einsicht in die Versehrtheit menschlicher Sprache, die in Schweigen umzuschlagen droht, wenn die Möglichkeit des Sprechens ausgeschöpft zu sein scheint, setzt Cavell in Beziehung zu Nietzsches Wort in *Menschliches, Allzumenschliches*: »Man soll nur reden, wo man nicht schweigen darf; und nur von dem reden, was man überwunden hat, – alles Andere ist Geschwätz, ›Literatur‹, Mangel an Zucht.«[3] Und zugleich vernimmt er darin die Stimme Emersons, den jedes Wort, welches seine Mitbürger in ihren Alltagsgeschäften verwenden, zutiefst betrübt, weil es jeglicher Aussagekraft entleert ist.[4]

Die Affinität zwischen Emerson und Nietzsche, die sich im Widerspruch (*contradiction*) zu ihrem Alltag verstehen, um für eine dezidierte Abkehr (*averse*) von jeglicher Konformität zu plädieren, bezieht Cavell jedoch auf jenes Vertrauen, das Nietzsche in den philosophischen Denker der Zukunft setzt. In der Einleitung zu *Menschliches, Allzumenschliches* verkündet dieser die Hoffnung, dass »es dergleichen freie Geister einmal geben *könnte*, daß unser Europa unter seinen Söhnen von morgen und übermorgen solche muntere und verwegene Gesellen haben *wird*, leibhaft und handgreiflich und nicht nur, wie in meinem Falle, als Schemen und Einsiedler-Schattenspiel: daran möchte ich am wenigsten zweifeln. Ich sehe sie bereits kommen, langsam, langsam.«[5]

Diese freien Denker von morgen und übermorgen imaginiert Nietzsche als sein Publikum. Cavell setzt ebenfalls auf ein Morgen und Übermorgen, nämlich auf die Hoffnung Nietzsches, die er mit einem anderen Anliegen der amerikanischen Transzendentalisten verbindet. Einerseits zitiert Nietzsche mehrmals die Prophezeiung Emersons, es werde »auf jeder Mittagsstunde (*on mid-noon*) ein neuer Tag (*dawn*) entstehen«[6]. Andererseits bringt Cavell beide Bildformeln mit den drei knappen Sätzen zusammen, mit denen Henry David Thoreau sein Denkexperiment *Walden* zum Abschluss bringt: »Nur der Tag bricht an (*dawns*), für den wir wach sind (*awake*). Noch mancher Tag harrt des Anbruchs (*There is more day to dawn*). Die Sonne ist nur ein Morgenstern.«[7] Die Gegenüberstellung dieser verschiedenen Bildformeln lässt Cavell im homonymen Klang des Wortes »*mo(u)rning*« eine Entsprechung zwischen Morgenröte (*morning*) und Trauer (*mourning*) finden, um zu folgern: »Uns wird erzählt, dass jede Aufklärung (*illumination*) der Welt, an der wir teilhatten, verflossen ist (*has passed away*) und wir deshalb lernen müssen, uns von dieser Erhellung frei zu machen (*rid ourselves*); was auch bedeutet, diese Illumination kritisch zu beurteilen (*reevaluate*), sie zu erzählen (*to recount*), um sie zu betrauern (*to mourn*).« (Ph: 119)

Der Verzweiflung darüber, dass ihm eine mit seinen Mitmenschen geteilte Sprache verloren zu gehen droht und er in seiner Welt keine Beheimatung finden kann, sowie der utopischen Hoffnung auf ein Morgen und Übermorgen, in dem sich eine Verbesserung menschlicher Verständigungsverhältnisse anbahnt, fügt Cavell eine weitere Pathosgeste hinzu. In Anlehnung an Emersons *moral perfectionism* entwirft er das Bild einer geglückten Demokratie und des ihr entsprechenden amerikanischen Menschen. Emersons Plädoyer für ein moralisches Streben nach einem unerreichten, aber erreichbaren Selbst (*our unattained, but attainable self*), das nie als »endgültiger oder perfektionierter (*perfect*) Zustand« zu verstehen ist,[8] führt Cavell mit einem weiteren Denkbild zusammen. In seinem Essay »Kreise« sagt Emerson nämlich, »daß um jeden Kreis ein anderer gezogen werden kann«[9]. Damit macht er anschaulich, dass das moralisch strebende Subjekt stets von einem zukünftigen, vollkommeneren (aber nie vollkommenen) Selbst angezogen ist. Auf seinem persönlichen Bildatlas setzt Cavell diese Forderung, sich in der moralischen Krise Rechenschaft abzulegen, um eine Verbesserung (*perfectibility*) des gegenwärtigen Lebens herbeizuführen, in Beziehung zu jener Filmgattung, die er seit der Veröffentlichung von *Pursuits of Happiness* die Komödie der Wiederverheiratung nennt. Dieses Filmgenre, dessen Blütezeit in die 1930er und 1940er Jahre fällt, dient ihm als Chiffre der Bereitschaft zur Wiederbekräftigung (*re-affirmation*) jenes Bündnisses zweier Menschen, das zugleich eine verbindliche und verantwortungsbewusste Haltung gegenüber der Demokratie bezeichnet.[10]

Cavells konzeptionelle Verschränkung der Denkfiguren der amerikanischen Transzendentalisten sowohl mit jenen Nietzsches als auch mit der *comedy of remarriage* hat ihr Gemeinsames darin, dass sich hier ein Bündnis performativ bestätigt. Diese Affirmation im Gefolge einer moralischen Krise stellt eine Denkfigur des Dritten dar – zwischen Melancholie (*mourning*) und Erwartung (*morning*). Denn eine Ehe kann nach Cavell nur dann wiederbestätigt werden, wenn beide Partner ihren Streit zu überwinden bereit sind, um sich einem geteilten Morgen und Übermorgen zuzuwenden. Diese Hinwendung zur Welt, die Cavell in der Bejahung des Gewöhnlichen (*ordinary*) verankert sieht, setzt sich dezidiert von jener entleerten Alltäglichkeit (*dayliness*) ab, die Emerson und Nietzsche als Inbegriff der Konformität verpönen, und greift zugleich Nietzsches Hoffnung auf die Zukunft auf. In den Filmkömodien, die Cavell als exemplarisch für eine *rite de passage* des *moral perfectionism* begreift, zeichnet sich im geglückten Gespräch (*mode of conversing*) der Eheleute jene tiefe Verbundenheit ab, die es ihnen erlaubt, sich gegenseitig neu zu entdecken, anzuerkennen und einander zu erziehen. Diese persönliche Reaffirmation ist in den *comedies of remarriage* zugleich von nationaler Bedeutung, denn wie John Milton in seiner Schrift zur Scheidung festhält, ist die Geltung der Ehe jenem Bündnis zwischen den individuellen Bürgern und ihrem Staat analog, das eine Regierung legitimiert. Wenn einerseits eine schlechte Ehe einer politischen Tyrannei entspricht, so sind andererseits die Ehepartner zu eben jenem geglückten und glücklichen Gespräch (*meet and happy conversation*) befähigt, das auch die Mitglieder des Commonwealth, im Sinne einer gegenseitigen Erwiderung (*responsiveness*), führen.[11]

Cavell selbst nennt die eigenwilligen Pfade zwischen Philosophie, Literatur und Hollywood, die er jenseits jeglicher verbürgbarer Intertextualität schlägt, eine »Reihe aufeinander folgender Stimmen (*array of consequent voices*), mit denen ich es sinnvoll gefunden habe zu disputieren (*worth contending*)«. Diese Stimmen begreift er als Mitstreiter (*contenders*) in jener »möglichen (*eventual*) Kultur der Philosophie«, jener erhofften, aber noch nicht realisierten Stadt der Wörter, die Platon am Ende seines *Staates* als »Traum einer vernünftigen Welt, in welcher paradoxerweise die Philosophie zu Hause (*at home*) wäre« (H: 84)[12], beschreibt. Darin zeigt sich auch die entscheidende Nähe zu Warburgs Versuch, das Nachleben von Pathosgesten des kulturellen Gedächtnisses kartografisch zu erschließen. Auch Cavells Altas philosophischer Bildformeln ist kein endgültiger Denkraum. Er muss stets offen und veränderbar bleiben.

Das späte Werk *Cities of Words* ist die Ausarbeitung der Vorlesungen zum Thema »Moral Reasoning«, die Cavell während der letzten 15 Jahre seiner Tätigkeit als Walter M. Cabot Professor für Ästhetik und allgemeine Werttheorie für das *core curriculum* (das Grundstudium für B.A. Studierende) zweimal die Woche an der Harvard University gehalten hat. In diesen Vorlesungen hat er jeweils die Schriften eines Philosophen oder Autors aus dem Bereich der *moral philosophy* mit einem Meisterwerk des klassischen Hollywood (zwischen 1934 und 1949) zusammen gelesen und ihr Verhältnis ausgelotet. Zugleich hebt er mit *Cities of Words* (das als *summa* seiner Lehrtätigkeit zu verstehen ist und deshalb hier als Einstieg in sein Werk gewählt wird), hervor, dass die amerikanische Kultur immer Hintergrund und Referenzpunkt seiner Philosophie gewesen sei. Cavell versteht sich entschieden als ein Autor, der in einem Amerika Philosophie betreibt, das ihm und der Verbindung, die er sowohl zur Literatur (Shakespeares Dramen, den Essays der amerikanischen Transzendentalisten, der *moral imagination* George Eliots oder Henry James') wie auch zur kontinentalen Philosophie Nietzsches, Freuds und Heideggers herstellt, nie gänzlich Gehör geschenkt habe. Zugleich fordert Cavell, über dieses Amerika in den Kategorien eines noch zu perfektionierenden Selbst und einer noch zu erreichenden Demokratie nachzudenken.

Im Verlauf der Vorlesung, aus der *Cities of Words* entstanden ist, wird jede Paarung zwischen einem Werk der Moralphilosophie und einem Hollywood-Film wiederum mit den bereits aufgerufenen Paarungen ins Gespräch gebracht. Analog zu den Bildtafeln Warburgs werden die philosophischen und filmischen Beispiele zudem stets ausgewechselt, und die Abfolge wird umgestellt. Der kulturelle Denkraum, um den Cavell bemüht ist, stellt somit keine endgültig fixierbare Konstellation dar, sondern ist – wie das von Emerson erstrebte Selbst und das Amerika, in dem es beheimatet ist – erreichbar, aber noch nicht erreicht. Das Buch *Cities of Words* ist den Lehrbeauftragten gewidmet, deren Übungen diese Vorlesung begleitet haben. Zugleich gedenkt es mit einer Zusammenstellung von zwanzig Motti jenen Philosophen und Autoren, auf deren Denkfiguren Cavell im Verlauf der Vorlesungen immer wieder zurückkommt. Diese Stimmen, die über vier Seiten ausgebreitet das Portal bilden, durch das wir in Cavells Wörterstädte eintreten, versteht er als Schutzengel. Er nennt sie »Stimmen«, weil es ihm um die jeweils eigene Resonanz (*mood*) jener Autoren geht, mit denen er sein philosophisches Gespräch unterhält.

Diese Motti lassen sich auch als Denkformeln begreifen. Entlang den Metaphern, Sprachbildern und Szenen seiner Vorgänger entfaltet sich ein philosophischer Denkraum, in dem diese in einen Dialog treten. In diesem Denkraum werden gedankliche Entsprechungen ausgelotet und ergeben sich Umschriften, die im Rückblick auf vorgängige Denkformeln eine Philosophie für ein Morgen und ein Übermorgen im Sinne Nietzsches erproben lassen. Jene Bereitschaft zum Gespräch, die in den *comedies of remarriage* die Bedingung für die Reaffirmation eines Ehebündnisses ist, entpuppt sich somit zugleich als Grundprinzip von Cavells eigenem philosophischen Verfahren: »Es gibt ein Wissen, das die Kultur von sich selbst hat. Ich stelle mir dies als Wissen vor, das wir von dem Weg haben, den die Kultur – und wir mit ihr – für sich selber schlägt, wenn auch nur unbewusst, und somit als jenes Wissen, von dem die Philosophie in der Lage ist, es zum Ausdruck und so auf ihre Art auch zu Bewusstsein zu bringen.« (C: 83)

Zugleich lässt Cavell sich in seinem Hang, Details aus einem philosophischen Text oder einem Film zu isolieren und miteinander ins Gespräch zu bringen, dezidiert von seiner Intuition leiten, worin sich eine weitere Analogie zu Warburgs kartografischem Verfahren erkennen lässt. Ein entscheidendes Merkmal der Pathosformel besteht nämlich laut Warburg darin, dass sie den Betrachter zwischen Hingabe und Besonnenheit changieren lässt. Genau in diesem Sinne stellt Cavell an jeden Text die Frage, warum jene Details, die er zu lesen sich aufgibt, »ihn angehen (*the ways they matter to me, count for me*)«. Die Reichhaltigkeit der ästhetischen Erfahrung gründet in einer biografisch und historisch bedingten Erfahrung der Texte, die Art, wie er die Welt erfährt, ist die Basis seines Urteils über ihren Wert. Cavell fragt danach, warum gewisse Ereignisse für Figuren in einer Geschichte entscheidend sind und warum sie für ihn als Leser des Textes zählen. Warum hinterlassen sie einen Eindruck? Warum affizieren sie ihn? Worin liegt die Bedeutsamkeit, die ihn – und uns mit ihm – anhält, bestimmte Stimmen, bestimmte Entdeckungen und Erfahrungen immer von Neuem auszuloten? Das Kaleidoskop philosophischer und ästhetischer Bildformeln bleibt dabei stets in Bewegung. Cavell fordert uns lediglich dazu auf, für die Art, *wie* unsere Kultur über sich nachdenkt, für die Bilder, *die* sie von sich herstellt, immer neue Entsprechungen zu entdecken und neue Pfade der Erkenntnis zu schlagen.

Remarriage heute

Bei vielen Zuschauern, die sich von James Mangolds *Walk the Line* nur einen *biopic* über Johnny Cash erwarteten, löste das Fehlen eines dramaturgisch gestalteten *plots* Unverständnis aus. Der von Joaquin Phoenix gespielte John Cash bemüht sich zwei Stunden lang, June Carter davon zu überzeugen, ihn zu heiraten, während diese, gespielt von Reese Witherspoon, diesen Antrag mit vernünftigem und zugleich liebevoll besorgtem Blick wiederholt ablehnt. Die Abkehr von ihrer kritischen Haltung, die schließlich zum Glücken dieser Ehe führt, wird von einer ebenfalls merkwürdig anmutenden Szene eingeleitet. Nachdem June ihren verwirrten Freund wieder einmal weggeschickt hat, bricht John bei strömendem Regen erschöpft in einem Wald zusammen. Am nächsten Morgen wacht er neben einem Haus an einem See auf, das er wenig später kaufen wird. Dort vollzieht sich nun jener persönliche Wandel, der June nach langem Zögern die Ernsthaftigkeit seines Antrags erkennen lässt.

Walk the Line bietet sich als Einstieg für eine Einleitung in jenen *moral perfectionism* an, an dem Stanley Cavell seine Behauptung erprobt, wonach die Philosophie das kulturelle Wissen zum Ausdruck bringt, das wir als Mitglieder dieser Kultur mitbestreiten: Denn dieser Film kann durchaus mit Bezug zu jener Gattung gelesen werden, die Cavell seit seinem Buch *Pursuits of Happiness* eine *comedy of remarriage* nennt. Entscheidend ist dabei seine Feststellung, diese Komödien spielten die Reaffirmation eines Bündnisses zwischen zwei Liebenden durch, die sich bereits länger kennen, aber erst noch ein inneres Hindernis überwinden müssen, bevor sie sich gegenseitig als Ehepartner anerkennen können. Darin erkennt Cavell eine Inszenierung der Schwierigkeit (aber auch der Notwendigkeit), einen gewissen *moral cynicism* zu überwinden. »Die Streitfragen, mit denen das Hauptpaar in diesen Filmen sich gegenseitig konfrontiert«, stellt Cavell fest, »werden durch die Frage geleitet, wie sie ihr Leben leben sollten, welche Person sie zu sein anstreben.« Und er fährt fort: »Dieser Aspekt oder Moment der Moral (*moment of morality*) – in welcher eine Krise uns eine Prüfung des eigenen Lebens auferlegt, eine Selbstbefragung, die eine Umstellung (*transformation*) oder Neuorientierung hervorruft – stellt jenes Gebiet (*province*) dar, welches ich als moralische Perfektionierbarkeit (*moral perfectionism*) hervorhebe.« (C: 11)

Nun haben Kritiker in den letzten Jahren im Hinblick auf Filme, die explizit als *remake* der *sophisticated comedies* der 1930er und 1940er Jahre angelegt sind wie etwa *Cruel Intentions* (2003), *Eternal Sunshine of the Spotless Mind* (2004) oder *Mr. and Mrs. Smith* (2005), immer wieder auf Cavells Begriff der *comedy of remarriage* zurückgegriffen; über letzteren Film hat Stanley Cavell für die Zeitschrift *Film Comment* sogar einen philosophischen Kommentar geschrieben. (FL: 50-54) Meine Entscheidung, Cavells Ausführungen zur Ehe als Allegorie für *moral perfectionism* mit dem vielleicht weniger offensichtlichen Beispiel von *Walk the Line* zusammen zu lesen, begründet sich wiederum dadurch, dass dies es mir erlaubt, mein eigenes Anliegen deutlich zu machen. Augenfällig erscheint mir nicht nur, wie sehr Mangolds *biopic* um Fragen kreist, die Stanley Cavell in seiner Lektüre der amerikanischen Transzendentalisten interessieren; nämlich das Gelingen eines Gesprächs (*conversation*) zwischen zwei befreundeten Menschen, das durch eine gegenseitige Anerkennung ihrer Eigenständigkeit (*separateness*) möglich wird. Ebenso bemerkenswert ist auch der Umstand, dass sich mit dem von Stanley Cavell vorgeschlagenen philosophischen Blick auf das Hollywood-Kino die moralische Ernsthaftigkeit dieses Films überhaupt erst in ihrer ganzen Vielschichtigkeit entschlüsseln lässt.

June Carter zieht die Werbung ihres Freundes John so hartnäckig in die Länge, weil er die Bedingungen der Ehe, das gleichberechtigte Gespräch zwischen zwei erwachsenen Menschen, noch nicht erfüllt. Er muss erst jenen Zynismus überwinden, der ihn wiederholt der Alkohol- und Drogensucht verfallen lässt, weil er noch nicht bereit ist zu tun, was laut Stanley Cavell eine *remarriage* fordert: »Das Aufgeben eines Strebens (*aspiration*) nach einem Leben, das kohärenter und bewundernswerter wäre, als man es sich leisten zu können meint (*affordable*), nachdem die Verpflichtungen (*obligations*) und Kompromisse des Erwachsenseins begonnen haben, jenes Versprechen (*promise*) und jene Träume der Jugend zu trüben, und die Kluft zwischen öffentlichen Erwartungen (*demands*) und privaten Begehren (*desires*) fast unüberbrückbar erscheinen.« (C: 11) Das Fehlen dramaturgischer Spannung lässt sich somit leicht erklären: Nicht vom Aufstieg und Scheitern eines Stars handelt dieser Film, sondern von der wiederholten Erprobung jener Fragestellung, die auch im Zentrum von Cavells Arbeit über den *moral perfectionism* steht: Was heißt es, miteinander in der Welt zu leben, einen gemeinsamen Tag zu haben, morgen und übermorgen? Was heißt es, Verantwortung für diese Gemeinschaft und für die Zukunft zu übernehmen?

Der Film fängt mit einer Rückblende an. In Folsom Prison, Represe, Kalifornien, gibt Johnny Cash 1968 ein Konzert. Die Entscheidung, in den Gefängnissen der USA für jene *underdogs* der Kultur zu singen, die immer auch die Figuren seiner Lieder waren, bringt ihn an den Höhepunkt seines Ruhms. *At Folsom Prison* gehört weiterhin zu den meistverkauften Platten der Popmusik. So arbeitet der Film mit einer konventionellen Erwartungshaltung. Die Rückblende hält uns an, alle Ereignisse als Vorbereitung dieses großartigen Auftritts zu deuten. Weil John beim Anblick einer Sägemaschine zu träumen begonnen hat, lässt er jedoch die Insassen – und uns – auf diesen Auftritt warten. Stattdessen führt der Film uns nun Erinnerungen an seine Kindheit als Sohn eines armen Farmers, seine Anfänge als Countrysänger, den Zerfall seiner ersten Ehe und seine Drogensucht vor. Er bietet einen Einblick in jenen *moral cynicism*, aus dem John erwachen muss, und in die Bedingungen, die solch ein Erwachen ermöglichen.

Ebenfalls in der Rückblende erfahren wir von dem entscheidenden Umschlag in seiner stürmischen Werbung um June Carter. An einem Thanksgiving-Nachmittag fährt John mit seinem Traktor rückwärts in den See – aus Verzweiflung darüber, dass sein Vater noch immer nicht bereit ist, seine Leistungen anzuerkennen (stattdessen wirft er ihm eine Mitschuld am frühen Tod seines Bruders vor). June zieht ihn aus dem Wasser, und nachdem John meint, es wäre besser gewesen, ihn dort einfach verrecken zu lassen, hilft sie ihm, seine Drogensucht zu überwinden. Diese Rückblende führt also sowohl die jugendlichen Erwartungen des Sängers vor wie deren Enttäuschung, eine Enttäuschung, die Thoreau im Hinblick auf seine Mitmenschen von einem Leben in stiller Verzweiflung hat sprechen lassen. Anders formuliert lässt diese Rückblende die Analogie zwischen dem Countrysänger Johnny Cash, der von Mangold als Inbegriff des amerikanischen Menschen mit seinem *american dream* inszeniert wird, und dem klassischen Subjekt der Philosophie erkennen. Ist nach Cavell die Philosophie mit ihrem im antiken Denken verwurzelten Anliegen, »die Seele, die durch Verwirrung (*confusion*) und Verdunkelung (*darkness*) eingesperrt und verzerrt ist, in die Freiheit des Tages zu führen (*freedom of the day*)« (C: 4), doch letztlich therapeutisch motiviert.

Zugleich etabliert die Rückblende June Carter als eine Figur, die ein enttäuschtes, moralisch zynisches Subjekt in den Tag führen kann, damit es mit ihr ein Morgen und Übermorgen teilen kann. An der Dramaturgie von *Walk the Line* ist entscheidend, dass der Film mit der Rückkehr zur Ausgangsszene nicht aufhört. John ist zwar von seiner Drogensucht geheilt, doch er muss noch einen entscheidenden Schritt vollziehen. Er muss performativ nicht nur die Verpflichtungen und Kompromisse annehmen, die das erwachsene Subjekt in seinen jugendlichen Hoffnungen beschneiden, sondern er muss als Konsequenz dieser moralischen Einsicht auch die Erwartungen an sein Leben adjustieren. Im Gegensatz zum klassischen Musikfilm ist der Höhepunkt der Geschichte dieses Films nicht die Geburt des Stars – oder sein erfolgreiches Comeback –, sondern eine Selbsterkenntnis, die den *moral cynicism* überwindet und die Annahme des Heiratsantrags ermöglicht. Denn June Carter willigt in den Ehevertrag schließlich ein, weil John ihr bewiesen hat, dass er sich aus zwei Zuständen der Verwirrung befreit hat: aus Träumen eines unbegrenzten Individualismus, die das erwachsene Subjekt sich nicht leisten kann (*not affordable*), weil sie die Belange des Anderen nicht mitbedenken, und aus der selbstzerstörerischen Drogensucht (als Symptom des *moral cynicism*), mit der er auf die Vereitelung seiner Hoffnungen (auf ihre Liebe, auf die Anerkennung durch seinen Vater) reagiert hat.

Weil die Überwindung des *moral cynicism* Cavell zufolge auch mit einer Antwort auf die Enttäuschung zusammenhängt, die sich aus der scheinbar unüberbrückbaren Kluft zwischen öffentlichen Forderungen und privaten Begehren ergibt, muss die Besinnung, die mit dem Erwachen am Rand des Sees eingeleitet und mit dem Sturz in den See sowie Junes Rettungsaktion angelegt ist, in aller Öffentlichkeit vollzogen werden. Während eines Konzerts in Ontario 1968 unterbricht John das Duett *Jackson*, das June gerade mit ihm zu singen begonnen hat, und erklärt dem Publikum, er könne erst weitersingen, wenn sie seinen Heiratsantrag endlich annehme. Zuerst versucht sie, seine Bitte mit dem

Hinweis darauf abzuwenden, dass dieses private Anliegen nicht auf eine öffentliche Bühne gehöre. Doch die dramaturgische Logik des Films beruht darauf, dass nur dort die Bedingungen für eine zukunftsträchtige Ehe geschaffen werden können. Nachdem er ihr vor den Augen des Publikums verspricht, er werde sie nie im Stich lassen, bringt Mangolds Johnny Cash es auf jenen entscheidenden Punkt, um den die Moralfrage der Ehe kreist: »Du bist mein bester Freund (*my best friend*)«, flüstert er ihr zu und hält zugleich das Mikrofon dicht an seine Lippen.

Wie Stanley Cavell festhält, stellt die Ehe »in diesen Filmen eine Allegorie dar für das, worüber Philosophen seit Aristoteles unter dem Begriff der Freundschaft nachgedacht haben; was persönlichen Beziehungen ihren Wert (*value*) verleiht, und dies ist zugleich ein zentrales Anliegen (*signature topic*) von Perfektionierbarkeit« (C: 15). Dem Ja-Wort, mit dem June Carter vor dem Altar die Ehe eingeht, muss ein anderer öffentlicher Sprechakt vorausgehen: die Versicherung des Freundes, die Überwindung des *moral cynicism* als Lebensaufgabe anerkannt zu haben. Der Vertrag, der hier geschlossen wird, ist ein Bündnis im Sinne eines anderen, ernüchterten Glücksversprechens, das eine Verantwortung für den Anderen mit einschließt und dieses öffentlich – vor dem Publikum und uns als Zuschauern – bekräftigt. Deshalb ist es von nationaler Bedeutung. Im Abspann erfahren wir, dass Johnny Cash und June Carter Cash über fünfunddreißig Jahre in ihrem Haus am See gelebt und von dort aus ihre Konzertreisen unternommen haben. Dieses gemeinsame Leben ist ein Teil dessen, was Cavell mit dem Begriff des *ordinary* zu benennen sucht: eine Übereinkunft (*accommodation*) mit der Welt, die Reaffirmation einer Arbeit in und am Alltag, die nach einer Krise kommt und die auf ein Morgen und Übermorgen gerichtet ist, weil sie auf eine Verbesserung der Welt des Alltäglichen vertraut.

Zugleich ist es nicht unbedeutend, dass Johns letzter Heiratsantrag von Mangold nicht als vollständige Unterbrechung des Duetts mit June inszeniert wird. Während John hadert und June ebenfalls mit sich ringt, spielen die beiden Musiker, die hinter ihnen auf der Bühne stehen, die Grundtöne der Begleitung zu *Jackson* weiter. Der Liebesstreit des Paars entpuppt sich als Höhepunkt (und entscheidende Reorientierung) jener *conversation*, die Phoenix und Witherspoon in ihren gemeinsamen Bühnenauftritten schon längst vorgeführt haben. Wie das Paar der klassischen *comedies of remarriage* haben sie eine gemeinsame, vertraute Sprache; gehen im gesungenen Gespräch aufmerksam aufeinander ein, finden in der gemeinsamen Musik eine Übereinstimmung. Der Sprechakt, mit dem die Heirat vorweggenommen wird, orientiert nur ihr Singen neu, während der Antrag sich in diesem Augenblick als richtig gestellt erweist, weil er die Konsequenzen eines gemeinsamen Lebens in der Welt mit einschließt.

Nicht jedoch allein der genauere Blick auf einen Filmplot, der Cavells Ausführungen zum *moral perfectionism* eröffnet, macht den theoretischen Gewinn des Gesprächs zwischen Philosophie und Hollywood-Kino aus. Seine philosophische Beschäftigung mit literarischen und filmischen Texten lässt zugleich die kulturelle Bedeutung des moralischen Anliegens der amerikanischen Transzendentalisten erkennen. Das Hollywood-Genrekino vornehmlich (aber nicht ausschließlich) der 1930er und 1940er Jahre hat Cavell zufolge einerseits Teil an einem Gespräch, das die amerikanische Kultur mit sich selbst führt. Andererseits bieten diese Filme neben den Schriften einiger Philosophen das Material, das es ihm erlaubt, seine eigenen philosophischen Ausführungen immer wieder neu zu orientieren. Der Denkraum, den er durch das Gespräch zwischen Philosophie und Film in *Cities of Words* eröffnet, ist von einem doppelten Anliegen geprägt. Zum einen will Cavell »das Beharren (*persistence*) einer Familie von Ausdrucksweisen (*family of articulations*) des moralischen Lebens im modernen Denken« festhalten. Zum anderen versucht er, die besondere Angemessenheit literarischer Beispiele in philosophischen Problemzusammenhängen zu erweisen, die in der professionellen philosophischen Diskussion selten zugelassen werden: »Film, die letzte der großen Kunstformen, führt uns vor Augen, dass die Philosophie die oft unsichtbare Begleitung (*accompaniment*) jener gewöhnlichen Leben (*ordinary lives*) ausmacht, die das Hollywood-Kino so gekonnt auf der Leinwand einzufangen wusste« (C: 6).

Was also sind die entscheidenden Denkformeln des *moral perfectionism*, die Cavell dazu bewegen, in *Cities of Words* eine Nachbarschaft zwischen Platon, Aristoteles, Kant, Milton, Mill, Nietzsche, Freud und Rawls sowie den Transzendentalisten Emerson und Thoreau zu entfalten? Im Zentrum seines Atlas des *moral perfectionism* steht die Vorstellung, dass diejenigen, die nach einem moralischen Leben streben, »bereits in einer Vereinigung (*association*) leben, egal ob real oder imaginär, die anders ist als jene, die in unserer alltäglichen Welt von unvollkommenen Gesetzen (*imperfect laws*) und auferlegten Gehorsamkeiten (*enforcements*) sowie instabilen oder unwürdigen Antrieben (*unworthy incentives*) manifestiert wird« (C: 138). *Perfectionism* bezeichnet eher eine Einstellung als eine Erkenntnis. Das Subjekt, das sich hier kritisch befragt, fühlt sich gespalten zwischen einer gegenwärtigen Unzufriedenheit und der Vorstellung einer vollkommeneren Zukunft. Überzeugt, *perfectibility* sei erreichbar, beurteilt es seine Welt im Hinblick darauf, wie sie sein könnte. Die als Krise erfahrenen Enttäuschungen der Gegenwart veranlassen das nach Vervollkommnung strebende Subjekt innezuhalten, seinen Zustand der Verwirrung und vermeintlichen Begrenzung (*constriction*) zu verlassen und sich neu zu orientieren, um jenes Potenzial, das in jedem Menschen steckt, tatsächlich zu entfalten. Cavell fasst dies in der Formel zusammen, man solle zu demjenigen werden, der man ist (*to become the one you are*), und bezieht sich dabei auf Emerson. Der Zustand einer *ultimate perfection* lässt sich anstreben, ist jedoch nie gänzlich vollziehbar.[13]

Obgleich Emersons *moral perfectionism* eine beunruhigende Einsicht in die Diskrepanz zwischen der gelebten und der erträumten Welt zugrunde liegt, fehlt ihm doch eine tragische Sensibilität. Denn der letztlich auf eine noch zu erreichende Demokratie zielende Zustand, an dem Emerson sich mit seiner Vorstellung von *perfectibility* orientiert, ist immer auch eine Imagination von Gerechtigkeit und einer Bereitschaft, für das gemeinsame Gut (*common good*) zu handeln. Die Lebensbejahung (*cheerfulness*), die Cavell dem Denken Emersons abgewinnt, ist zwar die Verantwortung des moralisch strebenden Menschen in seiner grundsätzlichen Hinterfragung einer Welt, die diesen Ansprüchen noch nicht entspricht. Zugleich stellt die Insistenz darauf, der jetzige Zustand sei noch ungenügend, keine Flucht aus der Welt dar, sondern ist ein Indiz für die Verpflichtung (*commitment*) auf eine noch nicht erreichte, aber versprochene Demokratie. In *Walk the Line* zeigt sich diese Forderung nach Veränderung, die nicht nur als Auslöser einer moralischen Krise fungiert, sondern auch eine Reaffirmation der Welt des *ordinary* zur Folge hat, in der schwarzen Kleidung, für die Johnny Cash berüchtigt ist. Wiederholt werfen die Protagonisten des Films dem Sänger vor, er ziehe sich für seine öffentlichen Auftritte an, als gehe er auf eine Beerdigung. Lakonisch antwortet er: »Vielleicht ist dies auch der Fall.«

Damit bringt Johnny Cash nicht nur eine Aversion gegen Konformität zum Ausdruck, die für Emerson (und nach ihm Nietzsche) charakteristisch ist. Er verweist damit auch auf jene zwei

Welten, in denen wir Emerson zufolge leben: der zu befragenden Gesellschaft, wie sie sich uns darstellt, und jener zukünftigen, die sie werden könnte und die immer im Widerstreit mit der Gegenwart steht. Die Haltung der Trauer, die Cash bei seinen Auftritten sowohl durch seine Erscheinung wie durch seine Liedtexte bezeugt, verschränkt Enttäuschung mit Erwartung. Johnny Cash tritt mit seiner Musik für jenes große Versprechen des *american dream* ein, an dessen Pathosgeste er glaubt, und beharrt zugleich mit absoluter Klarheit darauf, dass die gegenwärtige Welt eine Erfüllung dieses Versprechens noch verfehlt. Bis sich die Situation der Armen, der Verzweifelten, der Vernachlässigten, kurzum derjenigen, die von der öffentlichen Aufmerksamkeit unbeachtet (und somit auch ungeachtet) bleiben, nicht ändert, erklärt Cash in dem Lied *Man in Black*, werde er weiterhin Schwarz tragen.

Noch ein weiteres Motiv von Cavells *moral perfectionism* wird in *Walk the Line* durchgespielt. Das politische Streben nach einer noch nicht erreichten Demokratie ist mit dem persönlichen Streben nach Glück im Zeichen eines moralischen Lebens verknüpft. Eine Zustimmung (*consent*) zur Welt, eine Teilnahme an ihr, zu der der *moral perfectionism* jeden Menschen verpflichtet, kann es nur geben, sofern man nicht nur die eigene Verzweiflung am Ungenügen der gegenwärtigen Welt überwunden hat. Man muss diese Klage und Anklage den Mitmenschen auch verständlich (*intelligible*) machen. »Das Recht zu sprechen und gehört zu werden«, erklärt Cavell, »bedeutet, dass deine Stimme deine eigene bleibt (*leaves your voice your own*), und führt dazu, dass deine Meinung nur deshalb für andere zählt (*matter to others*), weil sie für dich ausschlaggebend ist (*it matters to you*).« (C: 207) Um eben dieses Recht, gehört zu werden, das Selbstrechtfertigung mit Nachvollziehbarkeit (*intelligibility*) verbindet, geht es auch in der entscheidenden Szene, in der Johnny Cash und seine beiden

Freunde bei Sam Phillips (der wenige Jahre vorher Elvis Presley entdeckt hatte) vorsingen, um ihre erste Platte aufzunehmen. Entnervt unterbricht der Musikproduzent sehr bald die Darbietung eines vertrauten Gospelliedes, weil er darin nichts Eigenständiges entdecken kann. Dem erstaunten Johnny Cash erklärt er, man könne Menschen mit Musik spirituell nur retten, indem man den Zuhörer auch existenziell affiziert. »Es hat nichts damit zu tun, ob man an Gott glaubt«, fügt er hinzu. »Es hat damit zu tun, ob du an dich selber glaubst.«

Sich verständlich machen als Ausdruck einer Selbstbefragung, die zur Entdeckung jener eigenen Stimme führt, mit welcher der nach *perfectibility* strebende Mensch eine Konversation mit seinen Mitmenschen führen kann, ein Gespräch, das dem gemeinsamen Anliegen der *perfectibility* ihrer Welt dient – dies ist eine weitere philosophische Denkformel Cavells. Im Gespräch zu zeigen, was man als Möglichkeit in sich trägt, heißt für ihn, der Demokratie die Zustimmung (*consent*) zu erteilen: die Verantwortung ihr gegenüber zu reaffirmieren, indem man eben jene öffentlichen Unzulänglichkeiten zum Ausdruck bringt, die Enttäuschung und Verzweiflung auszulösen vermögen. In diesem Sinne spiegelt das Selbstvertrauen, zu dem Sam Phillips den jungen Johnny Cash ermutigt, jenes kulturkritische Gespräch, das er nach seinem Erfolg als Countrysänger über viele Jahrzehnte mit seinem Publikum geführt hat. Wenn in *Walk the Line* der Heiratsantrag von Johnny Cash an June Carter vor ihrem Publikum – und nur vor diesem – stattfinden kann, geben die beiden Musiker nicht nur die Bedingungen an, unter denen dieses Ehebündnis eingegangen werden kann. Sie bestätigen damit als öffentliche Persönlichkeiten auch ihr Bündnis mit jener Gesellschaft, in der diese Ehe vollzogen wird; sie behaupten, auch diese sei *worthy of consent*. Im Denkraum des *moral perfectionism*, den Cavell in *Cities of Words* entfaltet, sind das noch zu erreichende

Selbst (*attainable next self*) und die noch zu erreichende Gesellschaft (*attainable further society*) zwei Seiten derselben Medaille.

Jene Freundschaft, zu der Johnny Cash sich öffentlich bekennt, um June Carter von der Ernsthaftigkeit seines Antrags zu überzeugen, stellt deshalb ebenfalls eine entscheidende Denkformel auf Cavells philosophischem Bildatlas des *moral perfectionism* dar, weil sich diese Freundschaft erst deklarieren lässt, wenn sie schon erreicht ist. Das Gespräch der Freunde dient dazu, ein Leben der Gemeinsamkeit zu affirmieren, weil man sich selbst und dem Anderen verständlich geworden ist (*intelligible*). Den Begriff *conversation* bezieht Cavell dabei auch auf den Umstand, dass man von einer Anderen Worte erhält, die man als die eigenen (an)erkennt: »Worte zu empfangen (*receiving words*), von denen ich weiß, sie gehören mir, kommen aber von weit her (*from afar*) zu mir zurück.« (C: 143) Eben dieser Austausch wird in *Walk the Line* von June immer dann vollzogen, wenn sie Johnny bittet, seine Verzweiflung zu überwinden, sich einfach zu seiner Musik und zu sich selbst zu bekennen. »Du bist nicht nichts«, erklärt sie ihm, nachdem er sich mit ihrer Hilfe von seiner Drogensucht kuriert hat. Damit entkräftet sie nicht nur den Vorwurf des Vaters, sondern bekräftigt zugleich die Überzeugung Sam Phillips, der geglückte musikalische Ausdruck basiere auf Selbstvertrauen.

Dem Werk Wittgensteins entnimmt Cavell die Vorstellung, dass wir über unser Dasein so lange keine Gewissheit haben, wie es uns nicht gelingt, ein Wissen über uns selbst zu gewinnen. Cavells Lektüre der Tragödien Shakespeares, die er im Zeichen des Skeptizismus liest, richtet sich auf jenes psychische Material, das wir schlicht nicht *nicht* wissen und dem wir deshalb schlicht *nicht* ausweichen können.[14] Ein von der Zuversicht Emersons inspirierter Film wie *Walk the Line* verfolgt hingegen eine andere Dramaturgie: Das Liebespaar, das im Gespräch eine gemeinsame

Sprache findet, ist auf dem besten Weg der Selbstvervollkommnung, und auf diese Weise vergewissern sich beide Partner ihres Daseins. »Der Imperativ zum Gespräch (*conversation*)«, erklärt Cavell, »soll die Vorstellung einfangen, dass wir, selbst wenn der Schleier der Unwissenheit gelüftet worden ist, noch immer nicht die ›Stelle‹ kennen, die wir in der Gesellschaft einnehmen; noch immer nicht wissen, was unsere Haltung ist gegenüber einer allgemeinen Gerechtigkeit (*justice*), in die wir bis zu einem gewissen Grad einzuwilligen bereit sind.« Sein Beharren auf der Möglichkeit einer durch Konversation gewonnenen Gewissheit entspricht dabei seiner Intuition, dass man die vom *moral perfectionism* geforderte Außenperspektive nie allein gewinnen kann, sondern »nur in der Widerspiegelung oder Konfrontation mit jenem Anderen, den Aristoteles den Freund nennt« (C: 174).

So finden sich im Atlas der philosophischen Stimmen, mittels dessen Cavell in *Cities of Words* den *moral perfectionism* entfaltet, verschiedene Nachbarschaften zu jener Denkfigur Emersons, nach der eine durch die Enttäuschung an der Welt ausgelöste Krise als Glücksfall zu begreifen ist, weil sich in ihr Möglichkeiten der Veränderung offenbaren. Eine Entsprechung zu diesem Gedanken entdeckt Cavell in Wittgensteins Forderung, die Wörter in den gewöhnlichen Sprachgebrauch zurückzuführen, und eine weitere in Heideggers Vorschlag, auf die Seinsmöglichkeiten des Menschen zu achten. Eine dritte Nähe ergibt sich für ihn sowohl zum Gang der Erkenntnis nach Platon, der aus dunkler Unwissenheit ins Licht des Begreifens führt, wie zu dem von Freud empfohlenen analytischen Gespräch, mit dessen Hilfe psychische Störungen zu einem Wissen des Analysanden werden, das man schlicht nicht *nicht* haben kann. Freuds Formel für diesen Prozess lautet: »Wo Es war, soll Ich werden«, worin Emersons Forderung nachklingt, man solle das eigene Leben auf sich nehmen, um derjenige zu werden, der man ist (*become the one you are*).[15]

Wird der Drang des *moral perfectionism* an dem Streben gemessen, uns selbst der Maßstab zu sein, dann liegt das intellektuelle Pathos von Cavells Gespräch mit seinen »Schutzengeln« darin, sich als Nachfolger jener philosophischen und ästhetischen Stimmen zu begreifen, die es ihm (und uns) erlauben, in den Besitz von Denkfiguren zu kommen, die wir als Teilnehmer unserer Kultur immer schon in uns tragen und uns schlicht nicht *nicht* zu eigen machen können.

Der Gang Fred Astaires

In Anlehnung an Kant rückt Stanley Cavell die eigene Erfahrung ins Zentrum seiner ästhetischen Beurteilung eines Textes. In der *Kritik der reinen Vernunft* schreibt Kant: »Daß alle unsere Erkenntnis mit der Erfahrung anfange, daran ist gar kein Zweifel; denn wodurch sollte das Erkenntnisvermögen sonst zur Ausübung erweckt werden, geschähe es nicht durch Gegenstände, die unsere Sinne rühren und teils von selbst Vorstellungen bewirken, teils unsere Verstandestätigkeit in Bewegung bringen, diese zu vergleichen, sie zu verknüpfen oder zu trennen, und so den rohen Stoff sinnlicher Eindrücke zu einer Erkenntnis der Gegenstände zu verarbeiten, die Erfahrung heißt?«[16] Eine entprechende autobiografische Note hat Cavells Denken von Anfang an begleitet. Seiner Intuition, die das Erleben eines Textes und das Leben mit einem Text zum Maßstab für eine anhaltende Freude an ihm macht, folgt auch diese Einführung.

Als Studentin am Radcliffe College Ende der 1970er Jahre besuchte ich Stanley Cavells Überblicksvorlesung zu den großen philosophischen und ästhetischen Erzählungen der westlichen Kultur, in der er schon damals, einige Jahre vor der Veröffentlichung von *Pursuits of Happiness*, eine klassische Komödie wie Shakespeares *Sommernachtstraum* mit George Cukors *sophistica-*

ted comedy Philadelphia Story in ein Gespräch verwickelte, um schließlich – zu einer Zeit, in der man sich eher dem Autorenkino zuwendete – sein Loblied auf Hollywood zu singen. Unweigerlich prägten diese Vorlesungen meinen eigenen Kinogeschmack. Doch als wir uns Ende der 1990er Jahre wiedertrafen, diesmal auf Tagungen, ergab sich ein anderes Gespräch. Wie mein Vater stammt Stanley Cavell von osteuropäischen Juden ab, die in der Hoffnung auf ein neues, besseres Leben nach Amerika ausgewandert waren. Er erzählte mir von seinem langjährigen, immer von einem Zögern begleiteten Wunsch, seine Autobiografie zu verfassen. Ich gestand ihm meinerseits die ebenso zögerliche Absicht, einen Roman über die merkwürdigen Umstände zu schreiben, die meinen Vater dazu bewegt hatten, anfangs der 1950er Jahre seine Rechtsanwaltspraxis in Fairfax, Virginia, aufzugeben, um nach Bayern zurückzukehren, wo er Ende des Zweiten Weltkriegs an der Entnazifizierung beteiligt gewesen war.

Entscheidend geprägt waren diese Gespräche von dem Vortrag, den Cavell auf diesen Tagungen in stets leicht veränderter Form hielt. Er handelte von den ersten beiden Gesangs- und Tanznummern in Vincente Minnellis *The Band Wagon* (1953) und kreiste um die Frage, warum ihm eben diese Szene wichtig ist, ihn anrührt, ihn angeht. Die drei Essays, die er zu diesem Thema verfasst und in *Philosophy the Day after Tomorrow* veröffentlicht hat, bilden den Abschluss dieser Annäherung an den *moral perfectionism*, weil sie eine weitere für Cavell wichtige Denkfigur in den Vordergrund stellen: die Frage danach, was es heißt, ein Werk, einen Künstler zu loben und das kulturelle Erbe zu preisen, dem er entstammt. Dabei erweist sich die eigene Freude an einem bestimmten ästhetischen Ausdruck (in diesem Fall der zuerst gehemmte und dann begeisterte Tanz Fred Astaires) sowie eine Reflexion darüber, warum diese Gesten ihn weiterhin nachhaltig berühren (*matter to me*), als entscheidend.

Hier die Beschreibung der Szene, von der der Film ausgeht: Der von Fred Astaire gespielte Tony Hunter ist als Musicalstar in Hollywood gescheitert und kehrt mit dem Zug nach New York zurück. Am Grand Central Station angekommen, steigt er zögerlich (*apprehensively*) aus, weil er nicht weiß, was ihn erwartet. Beim Anblick einer Gruppe Journalisten bildet er sich zunächst ein, sie seien dort, um ihn zu begrüßen, und beginnt ein Gespräch mit ihnen, das jedoch bald durch den Auftritt Ava Gardners, die plötzlich aus dem Nebenwaggon aussteigt, unterbrochen wird. Die Presseleute wenden sich von ihm ab, umzingeln den weiblichen Glamourstar und begleiten ihn mit Blitzlicht und atemlosen Fragen zum Ausgang. Unbeachtet bleibt Astaire am Bahnsteig zurück. Ein schwarzer Gepäckträger, der ihn nicht erkennt, erklärt ihm im Vertrauen, Stars seien doch arme Menschen, weil man sie einfach nicht in Ruhe lassen wolle. Astaire antwortet lakonisch: »Ich weiß nicht, wie sie es aushalten (*how they stand it*).« Der Verlust seiner *celebrity* ist offensichtlich.

Wie so oft im Musical, setzt die Musik in *The Band Wagon* in dem Augenblick ein, in dem die Filmfiguren über ihre leidenschaftlichen Gefühle nicht sprechen können. Zum Vortrag des Liedes *By myself* beginnt die Kamera, den Bahnsteig entlang ohne Schnitt rückwärts zu fahren, während Astaire davon singt, wie er allein durch die Menge geht. Sein schlendernder Gang lässt uns ahnen, dass er gleich tanzen wird. Doch scheint er ebenso in das begrenzte Feld der Kamera eingesperrt zu sein, das ihn uns nur in halbnaher Einstellung zeigt und die Beine oberhalb der Knie abschneidet. Am Ende des Liedes hält er, und mit ihm die Kamera, inne. Sie zeigt ihn zum ersten Mal von hinten, während er durch die Ausgangspforte am Ende des Bahnsteigs geht. Im Foyer des Grand Central Station sehen wir ihn noch einmal auf uns zukommen. Nun summt er die Melodie seines Liedes nur noch und verharrt unsicher im Raum, als wüsste er nicht, wohin sein Gang ihn führen soll. Plötzlich stürzt ein Paar auf ihn zu und begrüßt ihn überschwenglich: Es sind die beiden Freunde, mit denen zusammen er eine neue Revue konzipieren und sein Comeback als Musicalstar feiern wird. An dieser Stelle des Films wird er jedoch nur von ihnen – und natürlich von uns Zuschauern, für die Astaire von Anfang an unübersehbar ein Star ist – bemerkt.

Die nicht vollzogene Gesangsroutine versteht Cavell als Inszenierung des *ordinary* im Sinne einer Erfahrung (*experience*), die verloren gegangen ist, weil sie nicht beachtet oder übersehen (*missed*) wurde. An dieser Stelle des *plots* ist die Ankunft des Mannes in New York übersehbar (*dismissable*), analog jener Existenz der Armen, für die Johnny Cash Schwarz trägt. In der vermeintlichen Trivialität einer Szene, die durch den Star, der sie darstellt, alles andere als trivial ist, liegt die Pointe. Zugleich geht es Cavell in seinem Essay »Speaking out of the Ordinary« darum, diese Szene als »Probierstein der Erfahrung« zu lesen, lässt sich ihr ästhetischer Wert doch auf die Freude zurückführen, die ihm die Betrachtung *des* Films und seine Erfahrung *mit* diesem Film beschert. (S: 22) Entscheidend an der Eingangsszene von *The Band Wagon*, in der wir den Musicalstar, der wie kein anderer für die Eleganz seines Gangs berühmt war, zum ersten Mal gehen sehen, ist für Cavell der Umstand, dass hier alles in der Schwebe gehalten wird. Noch kann Astaire nicht zu tanzen beginnen, obgleich wir dies von ihm erwarten. Etwas muss geschehen, bevor er seinen Weg zurück in den Tanz finden kann. Er muss, wie Cavell festhält, nicht einen neuen Körper finden, sondern seinen eigenen Körper *wieder*finden.

Dies tut er in der Szene, die an das Zusammentreffen mit seinen beiden Freunden anschließt. Der Abend ist angebrochen, und gemeinsam schlendern die drei Freunde die 42ste Straße entlang. Befremdet, dass dort, wo einst die berühmten Theater waren, nun eine *Penny Arcade* für Spielautomaten und Jahrmarktbuden steht, verlässt Astaire seine beiden Freunde, um diese fremde Welt zu erkunden. Zuerst kann er sich gar nicht zurechtfinden und landet verdutzt vor einem grauen Spielautomaten mit einem weißen Fragezeichen. Das Hantieren an seinen Hebeln bewirkt nichts. Dann aber stolpert er über die Beine des von Leroy Daniels gespielten schwarzen *shoeshine man.*[17] Während dieser anfängt, ihm die Schuhe zu putzen, setzt das zweite Lied ein: *When There's a Shine on your Shoe*. Der *shine*, den dieser schwarze Musiker seinen Tanzschuhen verpasst, hat Zauberkraft. Er überträgt ein Gefühl der Freiheit auf ihn, löst (so der Liedtext) eine Melodie in seinem Herzen aus, die ein Ausdruck des Glücks ist. Dass im amerikanischen Slang *shine* pejorativ den schwarzen Amerikaner bezeichnet, ist für die ambivalente Dramaturgie der Tanzszene wesentlich.

Zuerst sitzt Astaire auf einem Stuhl, während Daniels mit seinen Bürsten den Gesang rhythmisch begleitet. Langsam beginnt Astaire seine Beine immer begeisterter zu bewegen, bis er, von der Bewegung der Musik gänzlich ergriffen, von seinem Sitz aufspringt und einen ekstatischen Tanz vollführt, zu dem er nur noch Bruchstücke des Liedtextes – *shoe shine, shine on my shoe* – intoniert. Nun läuft er wie von einem Wahn ergriffen zwischen den Spielautomaten hin und her, macht in einer Fotobude eine Aufnahme vom wiedergewonnenen Glanz auf seinem Tanzschuh, lenkt durch seine Darbietung den erschrockenen Blick der Menge auf sich und kehrt schließlich zu dem grauen, mit weißem Fragezeichen versehenen Spielautomaten zurück. Nun versucht er nicht, wie eingangs, mit den Händen die Hebel zu bewegen, sondern berührt sie mit seinen Füßen. Das Gehäuse öffnet sich und gibt eine mit vielen amerikanischen Flaggen geschmückte patriotische Schaubude preis, aus der Marschmusik ertönt. Die Menschenmenge, die ihm jubilierend zuruft, verlässt er jedoch sofort wieder, um zu jenem Mann zurückzukehren, der ihm den tänzerischen Ausdruck zurückgegeben hat. Er lädt nun Leroy Daniels dazu ein, seine unermessliche Freude im Tanz mit ihm zu teilen. Von der Musik begeistert, tanzen sie miteinander. Am Ende des Liedes verharrt Daniels in der aus der Tradition der *Minstrel Show* bekannten Geste der Dankbarkeit. Auf dem Boden kniend, streckt er seine Arme nach Astaire aus, während die begeisterte Menge um ihn herum einen Kreis gebildet hat. Astaire hingegen dreht sich im Rückwärtsgang von seinem Tanzpartner und dem wiedergewonnenen Publikum ab, streckt ihnen als Geste des Danks und der Verabschiedung ein letztes Mal die Arme entgegen und verschwindet langsam in der anonymen Menge der 42sten Straße.

Für Cavell verbirgt sich in diesem musikalischen Gespräch zwischen Astaire und Daniels »eine Gelegenheit, um seine Dankesschuld an den Genius des schwarzen Tanzes für seine Existenz als Tänzer – seine tiefste Identität – anzuerkennen« (S: 24). Das tranceartige Solo, das auf den *pas de deux* der beiden Männer folgt, verhilft ihm zu der »Erkenntnis (*realization*), er habe seinen Weg (*zurück*) zum Tanzen gefunden; eine Einsicht, die ihm im Wiederfinden seiner Füße kommt, im Wiederfinden seines Körpers«. Hörte außer uns Zuschauern in der Eingangsszene niemand seinen Gesang, bemerkte am Bahnsteig niemand jenen Gang, der den Tanz ankündigt, als wäre ihm dieser *noch* verwehrt (*denied*), kippt in der *Penny Arcade* der Zustand der Nichtbeachtung (*unremarkableness*) in einen der Beachtung (*remarkableness*) von Astaires unverwechselbarer (*unmistakeability*) musikalischer und tänzerischer Darbietung. Wie in der *comedy of remarriage* dreht sich diese Transformation um eine Reaffirmation des Daseins mittels einer Selbstvergewisserung. Die gelassene Traurigkeit, mit der Fred Astaire in *The Band Wagon* eingeführt wird und die die Möglichkeiten des Tänzers erwarten lässt, aber zugleich *noch* in der Schwebe hält, versteht Cavell als Ausdruck eines »Zurückhaltens von Sichtbarkeit«, als »Enthüllung (*revelation*) des Gewöhnlichen (*ordinary*) als das Unausgesprochene (*unspoken*) oder das Unaussprechliche (*unsayable*)« (F: 68). Die Pathosgeste des tranceartigen Tanzes hingegen begreift er als einen Akt der Anerkennung des Ursprungs seiner musikalischen Gabe durch den Tänzer, die die Beziehung zu einem intakten Körper wiederherstellt und in einer ekstatischen Bezeugung (*attestation*) seiner Existenz mündet.

In seinem Essay »Fred Astaire Asserts the Right to Praise« greift Cavell dieses Thema noch einmal auf, um die musikalische Begabung an die Frage des kulturellen Erbes zu binden. Denn im Kontext eines auf Trennung der Rassen basierenden Hollywood der 1950er Jahre stellt der begeisterte Tanz, zu dem Astaires Begegnung mit Leroy Daniels führt, eine Kundgebung seiner Dankbarkeit gegenüber der künstlerischen Ausdruckskraft des afroamerikanischen Tanzes dar. Indem die Wiedererlangung seiner magischen Tanzkraft augenscheinlich von der Gabe eines afroamerikanischen Schuhputzers abhängig ist und der Austausch zwischen beiden regelrecht die Bedingung dafür, dass der öffentliche Blick wieder auf Astaire fällt, stellt die Szene in der *Penny Arcade* eine Hommage an die schwarze Musicaltradition dar. Der Historiker Michael Rogin hingegen beharrt darauf, in dieser Szene der Aneignung würden kulturelle Herrschaftsverhältnisse und Ausbeutung erst festgeschrieben, verschwinde doch am Ende der Tanzszene nicht nur Leroy Daniels aus unserem Blickfeld, sondern mit ihm auch jeglicher weitere Verweis auf die schwarze Musiktradition.[18] Weil Cavell in seinem ästhetischen Urteil von der Freude geleitet ist, die ihm die von Vincente Minelli inszenierte Transformation Fred Astaires bereitet, besteht er jedoch darauf, in ihr eine politische Geste zu erkennen: eine »Anerkennung (*acknowledgement*) oder ein Erkennen (*recognition*) nicht *als* Vorherrschaft (*domination*), sondern *der* Vorherrschaft« (F: 70). Ausschlaggebend ist für ihn, dass mit der Überwindung der Schwerkraft im Tanz eine Überwindung jener Unscheinbarkeit einhergeht, die Astaire am Anfang des Films in leise Verzweiflung (Thoreau) versetzt hatte. Die doppelte Gabe des *shoeshine man*, die für die Dauer der Szene ein musikalisches Gespräch der gleichberechtigten Tänzer Astaire und Daniels ermöglicht, versteht Cavell als geglückte Ankunft des Künstlers Astaire und meint deshalb, die Szene handle »ebenso sehr von der Aneignung (*appropriation*) des Tanzes eines Anderen wie [...] von dem Ursprung des Tanzens in der Ekstase« (F: 78).

Im Bewusstsein, dass er das Verschwinden des afro-amerikanischen Schuhputzers Leroy Daniels nicht unkommentiert lassen kann, weil diesem sonst jene Übersehbarkeit (*dismissability*) zum Schicksal wird, aus der Astaire sich dank des gemeinsamen Tanzes befreit, setzt Cavell die ekstatische Erneuerung des weißen Musicalstars in den politischen Kontext der Geschichte des Rassenstreits in Amerika. Er bemerkt, dass am Ausgang, durch den Astaire die *Penny Arcade* wieder verlässt, die Markise eines benachbarten Theaters zu sehen ist, die ein Stück mit dem Titel *The Proud Country* ankündigt. Die Platzierung dieser Leuchttafel deutet Cavell als Hinweis darauf, dass die *Arcade* als allegorisches Porträt jenes stolzen Landes zu verstehen ist, das man Amerika nennt und das nicht nur Schauplatz jener schrillen patriotischen Unterhaltung ist, die sich als Innenleben eines mit Fragezeichen versehenen Automaten entpuppt. Als theatralische Heterotopie ist sie der Ort, an dem zeitlich und räumlich begrenzt die Ausnahmesituation (*exemption*) eines musikalischen Austauschs dargeboten werden kann, die jene demokratische Gleichberechtigung ankündigt, welche dem Projekt Amerika immer eingeschrieben gewesen ist.

In der *Penny Arcade*, abseits des alltäglichen New York, können Astaire und Daniels aufeinandertreffen, miteinander tanzen, sich gegenseitig begeistern und gemeinsam ihre Freude am Tanz kundtun. Zugleich bleibt dies Cavell zufolge ein traumatischer Einblick in eine Utopie, denn die beiden Künstler können die Bühne nicht gemeinsam verlassen. Astaire kann seine Dankesschuld (*debt*) an die schwarze Musiktradition ausdrücken und zugleich an der Ungerechtigkeit einer Unterhaltungsindustrie, die ihre Vertreter ausschließt, nichts ändern. Er ist in seiner wiedergewonnenen Identität nicht unschuldig. Cavells ästhetische Freude an dieser Szene der Transformation ist deshalb von einer politischen Bedeutung überlagert. Er kann dem Tänzer Fred Astaire sein Lob (*praise*) nicht zukommen lassen, ohne gleichzeitig anzuerkennen, dass dessen Ruhm mit einer Zustimmung (*consent*) zur tragischen Ausblendung der Geschichte der Schwarzen in Amerika einhergeht, ja dass dessen *celebrity* durch diese *accomodation* regelrecht kompromittiert (*compromised*) ist. Der Tanzszene schenkt Cavell jedoch eben deshalb seine Aufmerksamkeit, um jener trügerischen Illusion abzuhelfen, die dieses dunkle Kapitel in der Geschichte Amerikas ausblendet.

So kränkend die Aneignung der schwarzen Kultur durch weiße Künstler auch sein mag, sie stellt einen Teil jenes stolzen Projekts dar, das man den *american dream* nennt. Der Ausdruck von Dankbarkeit (*indebtedness*) über eine wiedergewonnene Gabe, der Minelli mit dieser Szene gedenkt, kann von der Anerkennung der politischen Schuld (*debt*), die diesem kulturellen Transfer untilgbar eingeschrieben ist, nicht getrennt werden. Den ausgestreckten Armen Astaires, die bis zum Schluss sowohl auf den schwarzen Tänzer wie auf die Kamera, die über seiner knienden Gestalt hängt, weisen, spricht Cavell eine doppelte Bedeutung zu. Astaire wird uns entrissen und bittet uns, ihm zu folgen. Die Zukunft, in die er rückwärts schreitet, ist ungewiss. Zugleich bringt Cavell sein ästhetisches Urteil über die problematische Tauschszene auf seine eigene Geschichte mit ihr und die Kultur, die sie reflektiert, zurück: »Wenn ich meine eigene Erfahrung in Besitz nehmen soll, kann ich es mir nicht leisten, diese an meine Kultur abzutreten, wie diese Kultur momentan dasteht (*stands*). Ich muss Wege finden, auf dieser Erfahrung zu bestehen, wenn ich feststelle, man würde ihr kein Gehör schenken; Wege finden, die meiner Kultur erlauben, sich in mir zu begegnen (*let the culture confront itself in me*).« (F: 82) Die Freude an dieser Szene wirft für ihn die Frage auf, was es heißt, eine Kultur zu haben.

In dem Aufsatz »Henry James returns to America and to Shakespeare« kehrt Cavell ein letztes Mal zu Fred Astaire und der Abschiedsgeste aus der *Penny Arcade* zurück. An den ausgestreckten Armen und dem Rückwärtsgang Astaires macht er nun jene Einwilligung (*consent*) fest, die der Preis einer Teilnahme an der amerikanischen Öffentlichkeit ist. Diese Einwilligung, erklärt er, ist immer riskant, »wie auch die Demokratie es immer ist, und wird deshalb immer von einem Wissen begleitet, dass man einen Kompromiss eingeht (*of being compromised*)«. Zugleich zeigt sich hier eine Bereitschaft zur Veränderung, zu einer Treue (*allegiance*) gegenüber »einem Gesellschaftszustand, der auf einen Ruf nach Veränderung zu antworten bereit ist« (H: 107). Der von Astaire zurückgelassene Leroy Daniels hingegen steht ein für jenes *unfinished business*, das Amerika seit dem Bürgerkrieg heimsucht. »In das Dasein einzuwilligen«, wie Astaire dies stellvertretend für alle Anderen tut, heißt auch, »diese Existenz zu affirmieren, das Versprechen fortbestehen zu lassen, dass das Dasein etwas sei, für das wir Dankbarkeit schulden (*owe thanks for*)« (H: 109). Diese Danksagung schließt denjenigen mit ein, dessen magischer Gabe, genauer dessen *shine*, sie sich verpflichtet weiß. Indem Astaires *consent* die Kosten der Ausschließung anzeigt, die diesem Austausch zugrunde liegen, wird der Andere nicht verneint. Er ist als derjenige, der aus unserer Aufmerksamkeit herausfällt, deutlich sichtbar. Die moralische Schuld bleibt in der Gegenwart der Filmbetrachtung ebenso wie in den auf den *pas de deux* folgenden Tanzszenen mit Astaire und seinen weißen Tanzpartnern gegenwärtig.

Am Ende der Szene hat Astaire sich in der Menge aufgelöst, während Daniels in der Pathosgeste des sich vor seinem Publikum verneigenden Künstlers verharrt. Der schwarze Schuhputzer hat uns den Rücken zugewandt, was aber zugleich bedeutet: Wir blicken mit ihm auf den Nachfolger, an den er seine Gabe übergeben hat. In diesem Erzählfragment, das Cavell aus dem Film herausbricht, bleibt alles offen, ganz wie Emerson dies für seine Denkfigur des *moral perfectionism* fordert. Die von Astaire und Daniels vollzogene Gemeinschaft bleibt eine Möglichkeit; nicht in *The Band Wagon*, nicht im Amerika der frühen 1950er Jahre, aber in den affektbeladenen Bildern, die nach der Betrachtung dieser Szene im Gedächtnis bleiben. Cavells Versuch, die ästhetische Erfahrung für eine Analyse kultureller und politischer Phänomene fruchtbar zu machen, führt zugleich zu der Frage nach den Bedingungen – sowie der Notwendigkeit – des Preisens (*to praise*) zurück. Eine Beschäftigung mit ästhetischen und philosophischen Formalisierungen, die uns geistig und affektiv angehen, bedeutet einen beständigen Wechsel zwischen Distanz zum Objekt der Analyse und Hingabe an dessen Charme.

Die Lehre der Szene ist eine der permanenten Hinterfragung, der steten Verhandelbarkeit jener kulturellen Bedingungen, die sie wiedergibt und über die sie reflektiert. Die Erfahrung, die wir mit einem Text, einem Bild, einer Filmszene machen, bleibt offen, weil wir immer wieder zu ihr und zu der Kultur, aus der sie entstanden ist und zu der sie wiederum führt, zurückkehren können. Das ist die Logik der kulturellen Heimsuchung sowie jenes Strebens nach Vervollkommnung, das als philosophischer Kommentar den ästhetischen Ausdruck hartnäckig begleitet, sei es die Literatur der *moral imagination*, sei es das Genrekino Hollywoods, sei es Shakespeares Welt der Tragödie als Inszenierung des Skeptizismus. Dies ist Cavells Imperativ zu einem Gespräch zwischen Philosophie und Kultur. Die Art, wie Cavell uns anhält, die Bildformeln der Philosophie im Hinblick auf die kulturellen Effekte zu denken, die sich in der Literatur, im Kino und in der Oper entfalten, soll in den folgenden Kapiteln aufgezeichnet werden. Weil die Kultur sich auf diesen Schauplätzen selbst befragt, ist sie philosophisch. Weil hingegen nur dort zur Erscheinung gelangt, was vom philosophischen Denken nicht direkt berührt werden kann, bedarf es eines Gesprächs zwischen der Philosophie und den Künsten.

1. Stimme als Stimmung der Philosophie

Die Interferenz von Philosophie und Autobiografie

Zwei Anliegen bestimmen die Vorlesungen, die Stanley Cavell im November 1992 an der Hebrew University in Jerusalem gehalten hat und die er später in einer überarbeiteten Fassung unter dem Titel *A Pitch of Philosophy* veröffentlichte. Einerseits sucht er hier jene innere Verbindung zwischen Philosophie und Autobiografie zu entfalten, die beide Arten der Selbstbefragung und Selbstäußerung jeweils eine Dimension der anderen enthalten lässt. Andererseits geht es Cavell darum, dass jene Lebensereignisse, die seine Hinwendung (*dedication*) zur Philosophie bewirkt haben, sich tatsächlich feststellen lassen. Dabei greift Cavell auf die Stimme jenes Denkers zurück, der ihn als amerikanischen Philosophen am nachhaltigsten geprägt hat. In seinem Aufsatz »Der amerikanische Gelehrte« stellt Emerson fest: »Je tiefer der Wissenschaftler sich auf seine persönliche (*privatest*), geheime Ahnung einläßt – so erkennt er erstaunt –, desto mehr berührt er, was annehmbar (*acceptable, most public*) und allgemein wahr ist.«[19] Philosophisches Denken, wie Cavell es erprobt, erforscht systematisch nicht nur das Recht, eine eigene Stimme zu beanspruchen (*arrogation of the voice*), wie anmaßend diese Forderung auch erscheinen mag. Die Philosophie, an der Cavell gelegen ist, maßt sich zudem das Recht an, für das Menschliche zu sprechen, die eigene Stimme im Namen Anderer zu erheben.

Die Wahl des Titels *A Pitch of Philosophy*, erklärt Cavell in der Ouvertüre des Buchs, deutet zudem auf eine Verschränkung semantischer Bereiche hin, die wir in der Einleitung seinen Atlas philosophischer Denkfiguren genannt haben. Der Begriff *pitch* bedeutet einerseits, dass ein Instrument auf eine bestimmte Tonhöhe gestimmt wird oder eine Gesangsstimme eine bestimmte Tonlage einnimmt. Zugleich ruft *pitch* die entscheidende Situation im Baseballspiel auf, in welcher der Wurfmann (»the pitcher«) den Ball in Richtung des Schlagmanns wirft. Schließlich wird das Wort *pitch* im Kontext des Warenverkaufs verwendet. Wie Cavell festhält, spricht die Formel »pitch of philosophy« von einer »bestimmten, jedoch vorübergehenden Behausung (*habitation*) und von einer ungewissen Bewegung, die Dinge aus dem gewohnten Gleis wirft (*unsettling*), eine Bewegung, die zur Philosophie (*state of philosophy*) als kultureller Tatsache passt und zugleich im Gegensatz steht zu jener Philosophie, die sich als Institution verteidigt (*on its institutional guard*)«[20]. Für ihn stellen die Wahl einer Richtung, der Akt des Anpeilens eines erhofften oder erwarteten Ausdrucks sowie die bewusste Ausstellung beider die Kernbewegung jenes noch unentschiedenen Denkens dar, das ihn an der Philosophie interessiert.

Um diese Stimme der Philosophie zu ergründen, eröffnet Cavell drei Schauplätze, die seine eigene philosophische Tonlage als amerikanischer Denker geprägt haben und deren Nachzeichnung hier anstelle einer Zusammenfassung seiner Biografie steht. In seinen Schriften hebt er wiederholt hervor, dass die Entwicklung seines Lebens mit der Erfahrung bestimmter philosophischer wie kinematischer und literarischer Texte aufs Engste verschränkt ist. Aber erst die Einladung, in Jerusalem über die spezifische Stimmung seiner Philosophie zu sprechen, hat ihn schließlich dazu gedrängt, seine Herkunft explizit zum Gegenstand des Nachdenkens über die Möglichkeit und Unmöglichkeit einer Beheimatung in der Sprache zu machen.

Der erste dieser Schauplätze ist die Welt seiner Kindheit zwischen den Weltkriegen in Atlanta, Georgia, und Sacramento, Kalifornien. Geprägt ist dieser Ort von der fragilen Zugehörigkeit seiner aus dem osteuropäischen Judentum stammenden Eltern zu Amerika; sie sind einerseits dort eingewandert (*settled*). Andererseits aber ist ihre Zugehörigkeit zur amerikanischen Kultur, weil sie Einwanderer der ersten Generation sind, noch unbestimmt (*unsettled*). Wenn Cavell das Recht auf eine eigene Stimme einfordert, geht es ihm jedoch nicht nur um die Entfaltung der Ambivalenzen von Anerkennung und Abgrenzung, die sein Familienerbe geprägt haben. Genauso geht es ihm darum, festzustellen, wann ein Selbstausdruck mit dem auszudrückenden Verständnis eines Selbst tatsächlich übereinstimmt. Dabei fragt Cavell sowohl danach, in welchem Tonfall sich über das eigene Leben sprechen lässt, wie auch danach, in welchem Verhältnis die Stimmen anderer Philosophen zur eigenen Stimme stehen. Wie die Stimmen seiner leiblichen Eltern müssen auch die seiner Lehrmeister zunächst gefunden werden, um dann überwunden werden zu können; auch sie bleiben veränderlich, sein Verhältnis zu ihnen unentschieden (*unsettled*).

Deshalb wendet sich Cavell, dies ist der zweite Schauplatz seiner Erforschung der Interferenz von Philosophie und Autobiografie, der Lehre John L. Austins zu, die sein Philosophiestudium buchstäblich aus der Bahn geworfen hat, stellt diese aber zugleich in einen Bezug zu seiner konkreten Erfahrung als *second generation* Amerikaner.[21] Denn die von Austin als Gegenstand der Philosophie postulierte Alltagssprache, in die die Sprache der Metaphysik zurückgeführt werden soll, ist für den Sohn osteuropäischer Einwanderer keine selbstverständliche. Jede sprachliche Verständigung, die gewonnen werden kann, bleibt ungewiss und muss stets von Neuem errungen werden. Fragilität prägt auch den dritten Schauplatz, dem Cavell sich zuwendet, um darüber nachzudenken, welches Verhältnis sich zwischen der Philosophie und der Forderung, mit einer eigenen Stimme zu sprechen, ergibt; zwischen der Selbstreflexion und einem idiosynkratischen Stimmklang, der zugleich für und im Namen Anderer spricht. In den Arien der großen Heroinen, die seit Monteverdi auf der Opernbühne erklingen, entdeckt Cavell ebenfalls jenen Anspruch auf eine Stimme (*arrogation of the voice*) als Ausdruck des philosophischen Selbstgesprächs, der wie die Stimmen seiner philosophischen Vorbilder Emerson, Austin und Wittgenstein zugleich einen allgemeinen Tonfall anstrebt. Mit seinen Gedanken zum Operngesang kehrt Cavell aber auch zum kulturellen Erbe seiner Künstler-Mutter zurück, die sich, obgleich im Gegensatz zu seinem Vater bereits in Amerika geboren, ihre Heimat in der Welt ihres Klavierspiels geschaffen hatte.

Obgleich Cavell in *A Pitch of Philosophy* zum ersten Mal explizit über seine jüdische Herkunft nachdenkt, besteht er darauf, seine eigene autobiografische Stimmung (*mood*) immer schon mit seinem Anspruch auf eine philosophische Stimme zusammenzudenken. Zwar hat der Ort der Vorlesungen, die Hebrew University, wo er die erste Fassung dieser Essays vortrug, dazu beigetragen, dass er den seine Schriften von Anfang an kennzeichnenden autobiografischen Gestus nun detailreich verstärkt. Doch das jüdische Erbe als eine der entscheidenden Prägungen der Stimmlage seiner Philosophie wird von ihm ohne Bezug auf den Zionismus gedacht. Vielmehr geht es ihm darum, dass Amerika der Name jenes Ortes ist, der die Realität des jüdischen Exils zerstört hat, weil man dort als säkularer Jude ein Zuhause finden kann. Sein orthodoxer Vater, erklärt er in der Einleitung zu *A Pitch of Philosophy*, hätte eine solche Aussage nicht machen können, obgleich er Amerika und Präsident Franklin D. Roosevelt verehrte. Denn seine Erinnerungen waren auf ewig von der falschen Sicherheit assimilierter deutscher Juden in den Jahrzehnten vor dem Ersten und dem Zweiten Weltkrieg getrübt, die fest daran geglaubt hatten, in Deutschland ihre Heimat gefunden zu haben.

Dennoch hält Cavell sich freilich zurück, seine kulturelle Erbschaft zu eindeutig festzulegen, und überträgt die Erfahrung der gesellschaftlichen Entortung, von der seine Eltern nicht absehen konnten, immer auch auf seine philosophische Haltung. »In den folgenden Kapiteln gehe ich nicht auf die Frage ein, auf welche Weisen meine jüdische und meine amerikanische Identität sich gegenseitig bedingen (*inflect each other*)«, erklärt er. »Ich fühle mich an dieser Stelle hingegen zu der Bemerkung veranlasst, dass ich bestimmte Formen, die meine Verehrung für Thoreau und Emerson angenommen hat, als Ausdruck der Frage meines kulturellen Erbes verstehen kann, besonders, wie ich annehme, meine Wahrnehmung, dass sie im Philosophieren für und gegen Amerika eine Philosophie der Einwandererschaft (*immigrancy*) bereitstellen, eine Philosophie vom Menschen als einem Fremden, und deshalb ein Interesse an Fremdheit nehmen, welches ohne Zweifel mit der eigenen Fremdheit beginnt.« (P: xv)[22]

In dem ersten der drei Essays, »Philosophie und die Anmaßung (*arrogation*) der Stimme«, rückt die Frage, ob, und wenn ja, wie die »Arroganz« der Philosophie, genauer jene anmaßende Beanspruchung einer Stimme, mit deren Gefühlsambivalenz gegenüber einem lebensweltlichen Selbstausdruck in Verbindung zu bringen ist. Einerseits sucht die Philosophie das Autobiografische zu vermeiden, nimmt sie für sich doch die Universalität der Rede in Anspruch.[23] Andererseits finden sich in den Annalen der Philosophiegeschichte immer wieder Szenen, die das Denken im Leben verankern: Am Anfang seiner *Meditationen* zeichnet Descartes ein Bild seiner selbst im Morgenmantel, am Feuer sitzend. Thoreau entwirft in *Walden* die selbst gebaute Hütte am Walden Pond bewusst als Entsprechung eines Denkens in der Einsamkeit, das sich in diesem Werk niederschlagen wird. Die Stelle in den *Philosophischen Untersuchungen*, in der Wittgenstein das Ende einer Verteidigung seiner Art des Denkens auf die Formel bringt »›so handle ich eben‹« (PhU, § 217), entfaltet sich als eine Szene, in der er die Suche nach Gründen mit dem Graben mithilfe eines Spatens vergleicht. Dieses Spannungsfeld von Vermeidung und Hinwendung zur Lebenswelt interessiert Cavell vor allem deshalb, weil er das philosophische Nachdenken mit der Frage der Stimme verschränken will; mit dem Klang, dem Akzent, der Intonation des Ausdrucks und dem Recht, diese Tonlage (*tone*) für sich in Anspruch zu nehmen.

Seine eigene intellektuelle Stimme hat Cavell als Schüler John L. Austins entdeckt, bei dem er im Frühlingssemester 1955 in Harvard studierte. An der Philosophie der normalen Sprache beschäftigte ihn von Anfang an deren systematische Nähe zum Autobiografischen. Wittgenstein hält in jener Passage, auf die Cavell immer wieder zurückkommt, fest: »Wenn die Philosophen ein Wort gebrauchen [...] und das Wesen des Dings zu erfassen trachten, muß man sich immer fragen: Wird denn dieses Wort in der Sprache, in der es seine Heimat hat, je tatsächlich so gebraucht?« Seine Bestimmung der Aufgabe der Philosophie angesichts dieses Zweifels lautet: »Wir führen die Wörter von ihrer metaphysischen, wieder auf ihre alltägliche Verwendung zurück.« (PhU, §116) Entscheidend an der Forderung, das zu sagen, was gesagt werden muss, um dem Zweifel des Skeptizismus zu widerstehen, ist für Cavell der Umstand, dass diese Anmaßung (*arrogation*) ihre Autorität von der Behauptung bezieht, sie sei repräsentativ, weil sie sich autobiografisch ausdrückt. Sein Interesse an Austins alltagssprachlicher Erneuerung der Philosophie gilt dem offenen Eingeständnis, dass der autobiografische Hang seiner Sprachanalyse nicht ein persönliches Bedürfnis betrifft, sondern die strukturellen Merkmale der Notwendigkeit zu sagen, was man meint. Die autobiografische Tendenz der Philosophie besteht laut Cavell in der Behauptung, sie spreche für die Menschheit, für alle. Die philosophische Tendenz der Autobiografie hingegen beruht darauf, »dass das Menschliche repräsentativ ist, sozusagen nachahmend, und dass jedes Leben für alle anderen exemplarisch ist, eines jeden eine Parabel« (P: 10).

Indem er seine eigene Lebensgeschichte als seine Erfahrung mit verschiedenen ästhetischen und philosophischen Stimmen erzählt, nähert Cavell sich einer Philosophie, die von seiner Autobiografie nicht zu trennen ist. Dabei dient ihm die erwähnte Stelle in den *Philosophischen Untersuchungen* als Leitstern. Wittgenstein hält dort fest, dass er, an den Punkt geraten, an dem sich alle Rechtfertigungen dafür, warum er so spricht, wie er es tut, erschöpft haben, nur feststellen kann: »mein Spaten biegt sich zurück. Ich bin dann geneigt zu sagen: ›So handle ich eben.‹« (PhU, § 217) Cavell erkennt in dieser Szene die Aufforderung zu einem pädagogischen Austausch. Die hochmütige Beanspruchung (*arrogation*) Wittgensteins auf ein Recht, so zu sprechen, wie er es tut, fordert eine kritische Intervention (*interrogation*) des Schülers oder Lesers. Und die Frage der doppelten Erbschaft, um die *A Pitch of Philosophy* kreist (nämlich der familiären und der intellektuellen), basiert somit auf der Herausforderung, die die Stimme eines Anderen für den Denker darstellt. Dass Cavell sich der Philosophie zugewandt und anfangs der 1960er Jahre einen Ruf als Professor der Philosophie an die Harvard University angenommen hat, entpuppt sich jedoch nicht nur als Antwort auf eine Forderung (*demand*) seiner Lehrer, ihr Denken zu beerben (*to be inherited*) und es weiterzutragen (*to bequeath*). Die Sprachtalente seiner Familie haben sich nachträglich ebenso sehr als Inspiration seiner Philosophie erwiesen.

Drei Schauplätze der Stimme der Philosophie

Geboren wurde Stanley Louis Cavell am 1. September 1926. Die erste Stimme, die seine Jugend in Atlanta, Georgia (von Mitte der 1920er bis Mitte der 1930er Jahre), und in Sacramento, Kalifornien (bis Anfang der 1940er Jahre), prägte, war die seiner Mutter. Fannie Segal entstammte einer musikalisch begabten Familie und zeichnete sich vor allem durch ihr ungewöhnliches Talent, Musik vom Blatt zu spielen, aus. Auch während der Großen Depression fand sie deshalb immer Arbeit, ob für Vaudeville-Shows, für Stummfilm-Aufführungen, beim Radio, am Jiddischen Theater oder als Begleiterin Carusos, der in Atlanta einen Auftritt hatte und eine Pianistin benötigte. Ihr geschicktes Vom-Blatt-Lesen erkennt Cavell nachträglich als Vorbild für seine eigene Art des Lebens. Was sie ihm dabei vorführte, war »eine Fähigkeit, jegliche Einmischung, jeglichen Konflikt (*interference*) wie durch ihren eigenen Willen auszublenden (*put aside*) und den Körper auf unmechanische Art und Weise bewegen zu lassen durch den Geist (*mind*) jener jagenden Noten« (P: 28). Seine Mutter war es auch, die ihm jenen Rückzug von der Welt vorlebte, den er später als dramaturgische Inszenierung des Skeptizismus auf der Shakespeare-Bühne und im Hollywood-Kino philosophisch erörtern wird. Denn Fannie Segal zog sich auf ihr Klavierspiel zurück, wann immer eine Stimmung der Melancholie, die sie als Migräneanfälle erlebte, sie überwältigte. Als beschwöre er eine Heroine des Melodramas herauf, erinnert Cavell sich an seine in ihrem Klavierspiel Zuflucht suchende Mutter, die dann für ihn in dieser Welt keinen Platz mehr gelassen habe.

Hatte seine Mutter das, was man den *perfect pitch* nennt, so verfügte sein Vater über die Begabung, Geschichten zu erzählen, die um ein moralisches Dilemma kreisen. Irving Goldstein hatte in der großen Überschwemmung in Florida Ende der 1920er Jahre sein Juweliergeschäft verloren und arbeitete daraufhin als Geschäftsführer in verschiedenen Pfandleihgeschäften sowohl in Atlanta wie auch in Sacramento für seinen Bruder, was dazu führte, dass die Familie in den 1930er Jahren mehrmals zwischen Georgia und Kalifornien hin und her zog. Cavells Beharren auf der restitutiven Macht der gewöhnlichen Sprache, von der er bei seinem intellektuellen Vater Austin lernte, gewinnt ihr autobiografisches Fundament aus der Tatsache, dass sein leiblicher Vater über keine amerikanische Alltagssprache verfügte, sondern nur gebrochenes Englisch mit starkem Akzent sprach, zugleich aber auch das Russische, Polnische und Jiddische seiner Eltern nur noch bruchstückhaft beherrschte. Seine Faszination für die Intonation der Stimme – sei es die semantische Nuance eines bestimmten sprachlichen Ausdrucks, sei es die ironische Wendung einer Metapher Shakespeares, sei es die Stimmung einer Hollywoodszene – entwirft Cavell daher als logische Konsequenz seines Familienerbes. Sein Anliegen, als Philosoph ein Ohr für die kaum hörbaren Feinheiten des philosophischen und ästhetischen Ausdrucks zu entwickeln, rührt dabei aus dem Zwiespalt seines Vaters zwischen der peinigenden Ausdruckslosigkeit (*inexpressiveness*) und der Liebe für die Eloquenz des Amerikanischen, von der er wusste, dass er sie nie erreichen würde. Das unaussprechbare Wissen, das seine Mutter in ihrem Klavierspiel fand, ist der zweite Referenzpunkt seiner Suche nach einem *perfect pitch* in der Philosophie.

Der alltägliche Streit seiner Eltern, den Cavell nachträglich als eine gegenseitige Zerstörung des Interesses an der Welt begreift, hat ihn schließlich den Wert des Argumentierens gelehrt. Die Sprachlosigkeit, in die Fannie Segal und Irving Goldstein sich verschlossen hatten, sensibilisierte ihn für jene Fragen, die er in seinen Lektüren der Stücke Shakespeares und seinen Schriften zur Hollywood-Komödie wieder aufgreifen wird: Wie lässt sich ein Gespräch wieder in Gang setzen? Was heißt es, sich dem Anderen gegenüber verständlich zu machen? Am sprachlichen *deadlock* seiner Eltern hat er eine Vorstellung von Philosophie entwickelt, die diese als »das Erreichen (*achievement*) einer unpolemischen Haltung« versteht, »die Weigerung, bei einer metaphysischen Streitfrage für die eine oder andere Seite Partei zu ergreifen und für mein Bestreben zu zeigen, dass jene keine nützlichen Haltungen (*sides*) sind, sondern unnötige (*needless*) Konstruktionen« (P: 22).

Ein Ereignis, das dazu beitragen wird, sein Leben ein für alle Mal aus dem gewohnten Gleis zu werfen, entzündet sich in Cavells autobiografischer Wiedergabe seiner Suche nach der Stimme der Philosophie am Klang seines Nachnamens bzw. an einem Ohrenleiden. Im Jahr 1942, als er im Alter von 16 Jahren in den Krieg ziehen wollte, aber aufgrund einer Beschädigung seines Ohrs, die er sich bei einem Autounfall als Kind zugezogen hatte, abgelehnt wurde, hegte er die Fantasie, Saxophonist bzw. Klarinettist zu werden. Er hatte bereits in der High School in diversen Jazz-Bands gespielt. Weil er wissen wollte, »welchen Unterschied es machen würde, wenn ich mein Judentum nicht bereits schon mit meinem Namen ankündigen würde«, fasste er den Entschluss, seinen Nachnamen zu ändern. (P: 24) Das Verlangen nach Anonymität bzw. danach, nicht aufgrund seines Nachnamens sofort als Jude erkannt zu werden, das mit der Entscheidung einherging, den Namen Goldstein aufzugeben und durch den Namen Cavell zu ersetzen, entpuppt sich zugleich als logische Konsequenz der Tradition jüdischer Einwanderung in die USA. Auch der Nachname seines Vaters war nicht dessen Eigenname, sondern wurde Yitzchak von einem Immigrationsbeamten verliehen, als er um 1905 im Alter von 16 Jahren aus einem Schtetl in Byalistok in New York ankam.

Der ursprüngliche Name seines Vaters lautete Kavalieruski. Auch bei der Umwandlung in einen amerikanischen Namen beweist Cavell ein feines Gehör: »In meiner späteren, ekstatischen Improvisation, mit der ich meine Identität auslöschte und umgestaltet habe, befand ich, die ersten beiden Silben seien in angemessener Weise zurückhaltender.« (P: 29) Das perfekte Gehör (*perfect pitch*) seiner säkularen Mutter, die pointierten Anekdoten (*pointed stories*) seines orthodoxen Vaters, die Konsequenzen einer Mittelohrentzündung – die Instanz des Ohrs wird von Cavell noch aus einem weiteren Grund mit der Entdeckung der eigenen Stimme enggeführt. Denn die Bruchstücke seines Lebens, die er in *A Pitch of Philosophy* aufzeichnet, entfalten die Spur philosophischer Texte, die als Nachwirkungen seiner Ablehnung durch die U.S. Navy und die darauf folgende Namensänderung entstanden sind. Nicht in den Krieg zu ziehen hatte für Cavell zur Folge, dass er auch eine Karriere als Jazz-Musiker aufgab, zuerst an der University of Berkeley einen B.A. in Musik erhielt, dann im Herbstsemester 1947 für Komposition an der Julliard School of Music angenommen wurde, nach wenigen Wochen jedoch aufhörte, seine Kurse zu besuchen und stattdessen am Broadway ins Kino und ins Theater ging, Freud zu lesen begann, um dann in dem darauf folgenden Sommer an der U.C.L.A. mit dem Studium der Philosophie zu beginnen, das er schließlich erfolgreich mit einer Dissertation in Harvard anfangs der 1960er Jahr abschließen sollte. Zuvor war er bereits etliche Jahre in Berkeley am Philosophischen Seminar als Assistant Professor tätig gewesen, um jene Berufung zum Walter M. Cabot Professor für Ästhetik und allgemeine Werttheorie an die Harvard University annehmen zu können, die er dann Zeit seines Lebens innehatte.

Auch die Szene des Aufnahmegesprächs, das an einem beschädigten Ohr scheitert, hat eine Pointe, die die kulturelle Ungewissheit, Sohn jüdischer Immigranten aus Osteuropa zu sein, mit jener veränderlichen Bewegung (*unsettling motion*) verschränkt, die Cavell der Philosophie zuschreibt. Auf die Frage eines Offiziers, was er werden wolle und warum die Navy ihn unterstützen solle, hatte er nicht angemessen antworten können, so als habe er die Nuancen der Befragung nicht richtig gehört. Nachträglich hält er fest: »Wenn ich nicht so isoliert gewesen wäre, so unwissend über die Welt jenseits des Musizierens und des Ausstellens von Pfandscheinen, und wenn ich nicht ständig versucht hätte, den Streitereien meiner Eltern zu entkommen, die dazu bestimmt waren, nie zu einem Ende zu kommen, dann hätte ich von dem Interview gewusst und wäre darauf vorbereitet gewesen, mich im Gespräch durchzuschlagen.« Und er fügt hinzu: »Vielleicht eine sehr amerikanische Reaktion, und ich kam zu einem sehr amerikanischen Schluss – dass ich anonym werden musste, woanders hingehen und von Neuem anfangen.« (P: 33-34) Der Beweggrund für Cavells Namensänderung entpuppt sich hier als Anspruch auf einen eigenen *american dream*, der ihn in der Welt der Akademie ankommen lassen sollte, weit entfernt vom Pfandleihgeschäft seines Vaters und dem Klavierspiel seiner Mutter.

Seine Autobiografie zu erzählen heißt für Cavell, sich mit seiner eigenen Stimme verständlich zu machen und die Bedingungen jener Sprache zu ergründen, in der seiner Auffassung zufolge eine Philosophie vererbbar werden kann. Dabei geht es ihm darum, gegen seine Eltern, gegen deren Lebensalltag und ihre Erwartungen an ihn sein Recht zu behaupten, sich so zu entfalten, wie eine innere Notwendigkeit es ihm aufträgt. Dieses Recht auf Existenz, das Cavell in Anlehnung an die amerikanischen Transzendentalisten ein Recht auf eine selbstbestimmte Neugeburt nennt, versteht er als Unterbrechung des Gesprächs seiner Eltern und zugleich als dessen Übersetzung, die ihn eine idiosynkratische Version des perfekten Gehörs (*perfect pitch*) in seinem philosophischen Schreiben finden lässt. Die Erbschaft seiner Eltern (die Musikalität seiner Mutter, das Anekdotenerzählen seines Vaters) anzuerkennen heißt, jene Haltung der Beunruhigung zu kultivieren (*unsettling motion*), die ihn aus gewohnten Sprachgleisen aufbrechen lässt, ohne diese gänzlich zu verlassen. Ein Neuansatz gelingt nur, wenn sich jenem vorgegebenen Wissen etwas entlehnen lässt, das man seinen Bedürfnissen entsprechend umzuschreiben versuchen kann; sei dies die Sprache und Kultur der Eltern, sei dies das Schreiben der intellektuellen Vorbilder. Diese Verpflichtung (*indebtedness*) muss anerkannt werden.

Philosophie und Autobiografie können von Cavell in einen Bezug zueinander (*in terms of each other*) gesetzt werden, weil jener Grundzug seiner intellektuellen Leidenschaft, jene Frage nach der angemessenen Stimmlage (*perfect pitch*), die ihn zur Philosophie geführt hat, durch seine private Erfahrung verbürgt ist. Dabei bezieht sich die Fähigkeit, Nuancen des Ausdrucks zu bemerken, nicht nur darauf, wie man sich selbst verständlich macht, sondern ebenfalls darauf, dass man die Stimmlage des Anderen zu erfassen vermag. Am Ende von »Philosophy and the Arrogation of Voice« kehrt Cavell deshalb nochmals zu jener Szene aus Wittgensteins *Untersuchungen* zurück, in der dieser erklärt, er könne keine weiteren Rechtfertigungen für sein philosophisches Selbstverständnis liefern. Er könne nur darauf insistieren, dass er eben so handle. Als philosophische Tragödie empfindet Cavell es, diese Szene derart weiterzuspinnen, dass sie dramaturgisch dem ersten Akt aus König Lear entspricht: Der Sprechende bleibt unempfänglich (*unresponsive*) für die Art, wie der Gesprächspartner auf seine Weigerung, sich weiter zu rechtfertigen, reagiert. Bei Shakespeare erweist der Vater sich als unfähig, das Schweigen der Tochter zu ertragen, unfähig, zu ertragen, was die Andere zu sagen oder nicht zu sagen hat (*has, and has not, to say*). Die sinnträchtige Differenz zwischen einem Schweigen, und dem, was dieses Schweigen sagt, hören zu können, würde für Cavell hingegen bedeuten, den *perfect pitch* in der Philosophie errungen zu haben.

Hat Cavell sich in dem ersten Essay jenen autobiografischen Bruchstücken gewidmet, die zur Änderung seines Namens geführt haben und in einer Entscheidung für die Philosophie mündeten, so wendet er sich in »Gegen-Philosophie und der Pfand (*pawn*) der Stimme«, dem zweiten Kapitel von *A Pitch of Philosophy*, der Stimme jenes Lehrers zu, durch den er seine eigene philosophische Stimme gefunden hat. Als er im Frühjahr 1955 die von John L. Austin gehaltenen William James Lectures sowie dessen Seminar zum Sprechakt der »Entschuldigung« an der Harvard University besuchte, entdeckte er jenes intellektuelle Projekt für sich, das seine als *Claim of Reason* fast zwei Dekaden später veröffentlichte Dissertation auf gänzlich neue Bahnen bringen sollte. Wie Wittgenstein war auch Austin daran gelegen, die menschliche Stimme erneut in die Philosophie einzuführen, eine Stimme, die dem philosophischen Denken durch das vom Skeptizismus in Umlauf gesetzte Misstrauen gegenüber der gewöhnlichen Sprache abhanden gekommen war. Seine kritische Auseinandersetzung mit Jacques Derridas Logozentrismus-Vorwurf an die westliche Metaphysik, die auch einer Verteidigung seines Lehrers Austin diente, fußt darauf, dass die Stimme, von der Derrida feststellt, sie sei in der westlichen Kultur überbewertet und seit Platon gegenüber der Schrift privilegiert worden, nicht genau die Stimme ist, »auf die Austin und später Wittgenstein ihre Hoffnung setzen, unsere gebräuchliche (*unastonishing*), jedoch erstaunliche (*astonishing*) Fähigkeit, das zu sagen, was wir sagen, ich für dich, du für mich« (P: 59)[24].

Die Gefahr, die die Verzauberung der Philosophie durch die metaphysische Stimme bedeutet, liegt Cavell zufolge nicht in einer Herabsetzung der Schrift (als Instanz unbeschränkter Differenz, Fremdheit und Distanz), sondern im Ersticken der gewöhnlichen Stimme (*ordinary voice*). Dies bewirkt eine Ausblendung der beschränkten Gegenwart (*limited presentness*), die der Einzelne gegenüber der Welt und den Anderen, die diese mit ihm teilen, einnehmen kann, sowie eine Achtlosigkeit gegenüber jenen kleinen Unterschieden und Intimitäten, in denen jede einzelne Existenz sich mitteilt. Für Cavell besteht demzufolge ein unbeabsichtiger Nebeneffekt von Derridas *Grammatologie* darin, dass er mit seiner Dekonstruktion des Phonozentrismus zu dieser Erstickung des Gewöhnlichen beigetragen und damit die Flucht der Philosophie vor dem Gewöhnlichen selbst fortgesetzt hat. Denn entscheidend für Austin ist die Frage, ob man philosophisch sprechen kann und jedes Wort, das man ausspricht, auch meint.

Austin und Wittgenstein berufen sich also auf die alltägliche Sprache, um ihre Forderung nach einem verbindlichen Selbstausdruck von dem Appell und der Verlockung (*appeal*) der Metaphysik abzusetzen. Zwar deckt sich ihre Diagnose mit der von Derrida. Zugleich ist für Cavell aber entscheidend, dass die Stimmung (*mood*) der Philosophie Austins und Wittgensteins ihren Anfang auf der Straße hat, im Hof, auf der Türschwelle. Dort entdecken sie jene Sprache wieder, die von der Metaphysik nicht anerkannt, sondern zurückgewiesen wird (*repudiate*), obgleich das Selbstverständnis der Philosophie auf ihr beruht (*depends*). Für Wittgenstein, hält Cavell fest, ist »der Ursprung der gewöhnlichen Stimme [...] die Rückkehr aus dem Bereich des Metaphysischen«. Die Beunruhigung, die Derrida konstatiert, betrifft den Umstand, »dass es nie einen ›Weg‹ gab, der an einen Ursprung führte«, während an Wittgensteins Formulierung die Vorstellung beunruhigend ist, »es gäbe kein ›Zurück‹ (*back*), zu dem man zurückkehren könnte« (P: 67)[25].

Nicht nur Cavells Vorstellung, er könne einen *perfect pitch* des philosophischen Gehörs erlangen, ist durch private Erfahrungen gedeckt und dient als Anhaltspunkt, dass Philosophie und Autobiografie in Bezug zueinander erzählt werden müssen. Auch seine lebenslange Anerkennung sowohl der Notwendigkeit des Skeptizismus wie auch der Notwendigkeit, diesen abzuwehren, erhält dadurch, dass er diesen Widerspruch mit der Welt seiner Jugend in Verbindung bringt, eine besondere Intonation. Denn in jener philosophischen Schule, die sich der Alltagssprache verschrieben hat, eine eigene Stimme als Philosoph zu finden, bedeutet eine Rückkehr und eine Überwindung in mehrfachem Sinn: des Vaters Irving Goldstein, der keine amerikanische Alltagssprache hatte, der Mutter Fannie Segal, die in der Sprache der Musik Zuflucht vor Anfällen des Zweifels (und der Verzweiflung) fand, sowie des eisigen Schweigens, in das der Ehestreit seiner Eltern oft mündete. Die Idee einer Zurückführung (*return*) der Stimme in die Philosophie kommt einer Herausforderung jenes Verbots des persönlichen Berichts (*confession*) gleich, das im Namen der Rationalität und der Logik von der Philosophie gefordert wird. Dieses Verbot entspricht aber auch einem Unvermögen seiner Eltern, miteinander und mit ihm eine gemeinsame Sprache zu finden, das ebenfalls als Verdrängung der Stimme begriffen werden kann.

Dem autobiografisch erfahrenen Abbruch des gewöhnlichen Sprechens entnimmt Cavell auch den Antrieb für seine Kritik an Austins Abwehr des Skeptizismus. Diese Ablehnung versteht er als Weigerung seines Lehrers, die Möglichkeit in Betracht zu ziehen, dass gewöhnliche Sprachbegriffe ihre Glaubwürdigkeit selbst in Abrede stellen und bezweifeln können (*repudiation of ordinary concepts by themselves*); ein Vermögen, das er als Kind von Immigranten jedoch alltäglich vor Augen hatte. Wie im nächsten Kapitel noch genauer ausgeführt werden soll, bedeutet dies, eben jene Hinfälligkeit (*impotence*) der Wörter anzuerkennen, an der zwar der Skeptizismus seine Macht gewinnt, die gleichzeitig aber auch die kulturelle Überlebenskraft der Sprache ausmacht. Denn die vom Skeptizismus in den Vordergrund gerückte Hinfälligkeit selbst der alltäglichen Sprache besagt, sie sei unvoraussagbar (*unpredictable*) und unbegrenzt in weitere Kontexte projizierbar (*projectible*). Wie Cavell festhält: »Es gibt keinen Ort, an den Worte nicht gelangen, nicht reichen können (*fail to reach*); das bedeutet jedoch nicht, dass sie sich unbegrenzt bewegen (*go places*).« (P: 97)

Zwar teilt er mit seinem Lehrer Austin ein Interesse für jene Sprechakte, in denen ein gesprochenes Wort zugleich eine Verpflichtung (*bond*) darstellt. Zugleich stellt der Bruch eines Versprechens, der darauf hinweist, dass eine sprachlich vollzogene Bürgschaft (*bond*) als Pfand auch verfallen kann (*forfeit*), für Cavell keinen Beweis für die Unaufrichtigkeit (*insincerity*) von Sprache dar, die Austin auf ihre metaphysischen Wurzeln zurückzuverfolgen versucht hat. Zwar räumt Cavell ein: »Wenn mein Wort meine Bürgschaft (*bond*) darstellt und ich dieses Pfand verliere (*forfeit my bond*), dann büße ich die Sprache selber ein (*forfeit*), denn kein Wort ist wirklich in dem Sinn mein Besitz, dass ich gänzlich frei darüber verfügen (*dispose*) könnte.« (P: 104) Dennoch versteht er die Möglichkeit, ein Wort als Pfand (*bond*) für die eigene Intention zu verspielen (*forfeit*), weil man sich an die Regel der Verpflichtung nicht gehalten hat, nicht ausschließlich als Indiz dafür, wie Sprache verloren gehen kann. Diese Möglichkeit wertet die Sprache als Medium moralischer Selbstverpflichtung eher auf, weil in der Möglichkeit der Einbuße auch die Möglichkeit zur gegenseitigen Anerkennung liegt.

Cavell erinnert sich an die Mahnung seiner Eltern, wer seine Versprechen nicht einhalte, werde von Anderen nicht mehr beim Wort genommen (*will not take your word again*). Diese Vorstellung beunruhigte den kleinen Stan schrecklich, weil er dies so verstand, er werde den Anderen dann unverständlich (*unintelligible*): »dass die Worte, die ich in meinen Äußerungen (*utterances*) von mir gebe, unverständlich (*ungraspable*) würden, nicht annehmbar (*receivable*), keine Währung (*currency*) hätten« (P: 104). An der Rückführung der Stimme in die Philosophie ist ihm deshalb so sehr gelegen, weil er darin eine Antwort auf den Skeptizismus zu erkennen glaubt, dessen Stilllegung der Stimme (*silencing*) mit einer Auslöschung jenes Kontextes, jener autobiografischen Situation einhergeht, die über die Frage der Intention auch die Aufrichtigkeit bestimmt, mit der ein Wort als Pfand eingesetzt wird, und somit auch die Wahrscheinlichkeit gewährleistet, dass das verpfändete Wort eingelöst (*redeem*) werden kann. Im Gegensatz zu Austin ist Cavell jedoch ebenfalls daran gelegen, die Möglichkeit und Notwendigkeit des Skeptizismus anzuerkennen und zugleich, in der Hinwendung zur gewöhnlichen Sprache, eine Antwort auf dessen Zweifel zu suchen.

So sucht er nach den philosophischen Denkformeln, die dieses unentschiedene (*unsettled*) Vertrauen stützen, eher bei Wittgenstein. Am Anfang des *Tractatus* schreibt dieser: »Die Welt ist alles, was der Fall ist. Die Welt ist die Gesamtheit der Tatsachen, nicht der Dinge.« Am Ende des Buchs räumt Wittgenstein ein: »Nicht *wie* die Welt ist, ist das Mystische, sondern *daß* sie ist.«[26] Entlang dieser beiden Behauptungen entwirft Cavell seine eigene philosophische Kosmogonie, die sein Anliegen dezidiert von der Dekonstruktion Derridas absetzt. Ist die Welt die Gesamtheit nicht der Dinge, sondern der Tatsachen, so ist das, was vor der Welt existiert, nicht *nichts*. Es ist, erklärt er, »das Etwas des Chaos« (P: 118). Und ist sein Vertrauen in eine gewöhnliche Sprache daran geknüpft, dass es in dieser (und vielleicht nur in dieser) möglich ist, sich einem Anderen verständlich zu machen, so zeigt sich darin auch eine Verbindung zum *moral perfectionism*.

Denn für Cavell stellt eine geglückte Beziehung zum Anderen (*moral relationship*) nicht die Alternative zur Immoralität dar, sondern zu jenem moralischen Chaos, dass nicht nichts, sondern einen Mangel an Moralität darstellt.

Was Cavell an der Philosophie der normalen Sprache Wittgensteins bestrickt, ist dessen Betonung der Weltgerichtetheit (*world-bound*) von Sprache: Die Welt ruft nach Wörtern, damit sie durch Sprache erfahren und damit mit Sprache auf sie geantwortet werden kann. Wörter werden auf eine Weise benutzt, die die Bedingungen, welche es der Sprache unmöglich machen, den Skeptizismus auszublenden, zugleich als jene Bedingungen erkennen lässt, die es erlauben, die Welt als eine gemeinsam erfahrene wiederzugeben (*recount a world one shared*). Dabei privilegiert Cavell nicht die Vorstellung des sprachlichen Zeichens in seiner Referenzialität, sondern stellt stattdessen das Wort in den Vordergrund, das nicht vorwiegend auf ein Außersprachliches gerichtet (*bound*) ist. Wörter sind für ihn vielmehr Träger der Stimme, die jene Unentschiedenheit (*unsettling motion*) gewahr werden lässt, um die es in Cavells Unternehmen geht.

Diese Stimme, hält er fest, wird mir immer wieder entschwinden und zugleich ihren Weg immer wieder zu mir zurückfinden. Keineswegs hat, wer einmal etwas zum Ausdruck gebracht hat, für immer gesprochen, sondern »die Verantwortung (*responsibility*) dafür, weiterzusprechen, auf sich genommen [...], die Verantwortung der Empfänglichkeit (*responsiveness*), der Verantwortlichkeit (*answerability*), sich verständlich zu machen« (P: 126). Über die Wahl der kritischen Metaphern, die Sprache semantisch mit der Pfandleihe verschränkt, mit einem Versprechen, das eingelöst werden muss, wird einmal mehr die für Cavell entscheidende innere Verbindung von autobiografischem und philosophischem Schreiben deutlich, war doch die Arbeitsstätte seines Vaters der erste Ort, an dem ihm die Verpflichtung vor

Augen geführt wurde, die an den Einsatz des Wortes geknüpft ist. Seine Beschreibung der Welt jüdischer Immigration in die USA vor und zwischen den beiden Weltkriegen ist – wenn auch äußerst zurückhaltend – von der stillen Hoffnung getragen, dass diese durch die Stimme, die er ihr verleiht, verständlich wird und nicht in Vergessenheit gerät.

Die beiden äußeren Bereiche der Stimme führen Cavell zu seinem dritten Schauplatz, der Opernbühne, denn dort wird eine weitere Ambivalenz des Selbstausdrucks ausgetragen. An die Grenzen seiner Sprache geraten, erkennt der Mensch, dass er ausdruckslos und unverständlich ist und zugleich mehr auszudrücken hat, als sich mit den beschränkten Mitteln der gesprochenen Sprache ausdrücken lässt. In »Oper und die Pacht (*lease*) der Stimme« entfaltet Cavell eine weitere Antwort auf den Skeptizismus und den Entzug von Welt sowie das Ersticken der Stimme, die dieser Entzug zur Folge hat. Für eine kulturwissenschaftliche Betrachtung ist entscheidend, dass er in den Opern Monteverdis eben jene Fragen gestellt findet, die er in den Stücken Shakespeares und in den Filmkomödien der 1930er und 1940er Jahre wiederentdeckt. Man gewinnt fast den Eindruck, dass so nicht nur die Romanzen Shakespeares in der Oper ein Nachleben führen, sondern beide ihrerseits im Hollywood des klassischen Studiosystems. Sie beide blenden ein der Heroine zugesprochenes Wissen aus, von dem der Zuschauer weiß, dass es nicht auszublenden ist. Das Erlangen einer Stimme, der weder der Held sich entziehen kann, noch wir, die Zuschauer, entpuppt sich jeweils als Chiffre einer eigenständigen Wirksamkeit (*agency*) der Frau.

Hält Cavell in seiner Auseinandersetzung mit Austin an der Überzeugung fest, dass die Möglichkeit und Notwendigkeit des Skeptizismus anzuerkennen ist, so interessiert ihn am *cross-mapping* der Tragödie Shakespeares und der Oper seit Monteverdi der Umstand, dass beide Gattungen die weibliche Stimme als Pfand im metaphysischen Ringen des Helden einsetzen. In der Frühen Neuzeit werden im Theater die Bedingungen jener Katastrophe im menschlichen Wissen erprobt, die die Sprache als unfähig erweist, die Welt darzustellen. Selbst ein Rückgriff auf die Frage, was sie gemeint hat, als sie ihm sagte, sie würde ihn nicht mehr lieben als ihren Gatten, hält König Lear nicht davon ab, die Stimme seiner Tochter Cordelia zu ersticken. Ebenso halten alle Erklärungen Desdemonas auch Othello nicht davon ab, seine Gattin zu erwürgen. Am Abbrechen der weiblichen Stimme wird jene doppelte Angst vor der Unverständlichkeit und des Ungenügens des menschlichen Selbstausdrucks (*inexpressiveness*) inszeniert, auf die Wittgenstein mit der Untersuchung der Regeln einer gewöhnlichen Sprache antworten wird: einerseits die Unfähigkeit, mich verständlich zu machen, andererseits ein überbordender Ausdruckswunsch, den ich nicht mehr im Griff habe. Die Konsequenz des Skeptizismus Descartes', die besagt, dass wir keine Gewissheit erlangen können, ist somit zutiefst mit dem Schicksal der menschlichen Sprache verbunden und mit ihr das Schicksal der menschlichen Stimme, die dieser als Medium dient. Denn diese Stimme ist immer vor dem sprechenden Subjekt und jenseits seiner Rede angesiedelt.[27]

Monteverdi verfasst seinen *Orfeo* zur gleichen Zeit wie Shakespeare sein *Wintermärchen*. In Shakespeares Romanze, auf die Cavell in seinen Schriften wiederholt zurückkommt, wird die Zerstörung einer Ehe, aber auch die erneute Einlösung (*redeem*) des versagten Vertrauens ihres Gatten Leontes am Verlust der Stimme der Heldin Hermione durchgespielt, indem die verschollene Frau zurückkehrt und so das Eheversprechen ein zweites Mal erfüllt werden kann (*redeem*). In Monteverdis musikalischer Umschrift des antiken Mythos hingegen gelingt es Orpheus nicht, Eurydike aus der Unterwelt auszulösen (*redeem*). Als Parabel des Skeptizismus rückt das Libretto Cavell zufolge dafür die Frage in den Vordergrund, warum Eurydike schweigt, während sie Orpheus ans Tageslicht folgt. Nichts in dem Pakt, den dieser mit der Unterwelt eingeht, besagt, es sei der Verstorbenen untersagt, Orpheus ihrer Gegenwart zu versichern. Cavell folgert: »Eurydike macht ihm ihre Gegenwart sichtbar auf die einzige Art, die ihm offensteht; sie lässt ihn ihre Abwesenheit spüren, was er nicht ertragen kann.« (P: 140) Wie so viele tragische Helden Shakespeares kann auch Monteverdis Figur die Distanz (*separateness*) der Geliebten nicht anerkennen.

Der glückliche oder unglückliche Ausgang des Geschehens hängt von der Wirkungskraft des Gesangs ab. Einerseits feiert Monteverdi musikalisch Orpheus' Begeisterung darüber, dass die Ausdruckskraft seiner Stimme die im Pakt mit der Unterwelt als Pfand eingesetzte Gattin zurückzuholen vermag. Andererseits wohnt diesem Gesang die Trauer darüber inne, dass das wiedergewonnene Ehebündnis nicht halten kann. Zwar ist es in beiden Fällen die Stimme des Gatten, die sowohl die überwältigende Kraft wie auch die erschütternde Begrenzung der Macht des Gesangs zum Ausdruck bringt. In der Intonation der Freude wie des Leids schwingt jedoch zugleich die verstummte Stimme Eurydikes mit. Zudem bildet der Umstand, dass auch in dieser Oper der Skeptizismus dramaturgisch als Gefährdung einer Ehe figuriert, die entscheidende Brücke zur Tragödie Shakespeares und dem Hollywood-Melodrama, die dem skeptischen Zweifel an der Gewissheit der Welt (und an einer gemeinsamen Sprache ihrer Bewohner) eine Stimme verleihen. Es wird hier aber auch die Verbindung zu jener philosophischen Richtung noch einmal deutlich, in der Cavell ebenfalls eine Auseinandersetzung mit dem Skeptizismus entdeckt. Denn der vom Zweifel abgewiesene (*denial*) Zustand der Ehe, »in der Vorstellung einer gegenseitigen, täglichen Treue (*diurnal devotion*), stellt eine Figur dar für das Gewöhnliche (*ordinary*), für die Art, wie einen die alltägliche Welt einen stets bedrängt (*everyday exactions*)« (P: 141).

Zugleich erweist sich die Stimme auf der Opernbühne in einem weiteren Sinn von der Bedrohung des Skeptizismus affiziert, indem sie auf eine grundlegende Doppelheit des Subjekts hinweist. Die Sängerin verschränkt an ihrem Leib nicht nur die Musikerin mit der Heroine. Ihre Arie spaltet nicht nur die Stimme, die man vernimmt, von der Gestalt, die man betrachtet, und erinnert auf diese Weise an Descartes' Dualismus von Leib und Seele. Der musikalische Klang der Stimme, der uns in der Oper vornehmlich affiziert, ist zwar das Medium der Wörter, zugleich aber in seiner Ausdruckskraft von deren Bedeutung abgelöst. Deshalb nennt Cavell die Opernstimme den Ausdruck (*expression*) des Unaussprechlichen (*inexpressible*). Die Sängerin gibt sich dem gesungenen Wort hin (*abandonment*). Sie vergisst sich im Akt ihres Vortrags und verkörpert mit ihrer Stimme eine Bereitschaft, sich aus ihrer Verortung zu lösen, die Cavell mit dem Begriff der *unsettling motion* als kulturelles Merkmal der Philosophie versteht.

Cavell nennt die von der Opernstimme vollzogene ekstatische Selbstdarbietung (*display*) und Preisgabe (*exposure*) ein Denken des Narzissmus: nicht jedoch in einem psychoanalytischen Sinn, der den Narzissmus als Schutz einer Fantasie von Unversehrtheit und Intaktheit des Selbst versteht, die über die Widerspiegelung im Anderen gewonnen werden kann. Vielmehr geht es Cavell um die Inszenierung eines Denkens, das die Fragilität der im Akt des Singens geschaffenen Welt der Gefühle und Erkenntnisse mitreflektiert, sind diese doch so flüchtig wie der Atem, der jeden Stimmklang trägt. Die Stimme in der Oper kann, wie Orpheus beweist, eine verlorene Welt zurückrufen, wie sie einen unverwindbaren Verlust als reinen Affekt darbieten kann. Der Stimme in der Oper, folgert Cavell, eignet jene Doppelheit der

Ekstase, die uns im Glück und in der Trauer außerhalb unserer selbst stehen lässt. Diese Doppelheit will Cavell als ein Singen verstanden wissen, das aus jener Welt führt, aber auch jener Welt entstammt, die in das Singen eingreift und in ihm vermittelt. Dies ist eine Welt, der die Sängerin sozusagen angehört, indem sie sich im Singen verliert. Für Cavell entfaltet sich dieses Singen als ein Denken: »Denken als narzisstische Reflexion; Narzissmus als das Einfangen sowohl der Primitivität (*primitiveness*) der Oralität des Singens und der künstlerischen Gekonntheit (*sophistication*), die der enthüllenden Preisgabe (*exposure*) und der virtuosen Entfaltung (*display*) des Gesangs innewohnt. Die Preisgabe richtet sich auf eine Welt und führt somit eine Trennung (*separation*) des Selbst vom Selbst vor [...].« (P: 151)

Die Stimme als Pfand

In dem Aufsatz »Das Gewöhnliche als das Ereignislose« (»The Ordinary as the Uneventful«) hält Cavell ein gemeinsames Anliegen der anglo-amerikanischen und der kontinental-europäischen Philosophie fest, das in der Frage liegt, was das Sagen wert sei (*worth saying*) in Anbetracht der Tatsache, dass vieles, was gesagt wird, leer (*empty*) und ein nichtssagendes (*pointless*) Sprechen ist. Seine autobiografische Inflektion behauptet hingegen, ernsthaft von sich zu sprechen (*speak seriously*), mit einer Pointe (*point*) oder eben einem *pitch*. Für Heidegger erweist sich der Wert eines vollen, aussagekräftigen Sprechens darin, dass es das Dasein, das Ereignis im Hinblick darauf bedenkt, was zu befragen es wert ist (*worth questioning*). Für Wittenstein geht es, wie im nächsten Kapitel genauer gezeigt wird, darum, die Rolle eines Ausdrucks in der gewöhnlichen Sprache des Alltags zu finden und zu verstehen. Zwar verlaufen diese beiden Anliegen scheinbar in entgegengesetzte Richtungen. Heideggers »Verstummung« (*stupefaction*) rührt von der ungenügenden Befähigung her, das Gerede der Alltagssprache zu verlassen, während für Wittgenstein das Problem darin besteht, dass wir das Alltägliche nur unzulänglich durchdringen.

Gemeinsam ist beiden Denkhaltungen hingegen die Ambivalenz, den Skeptizismus zugleich abzuwehren und seine Notwendigkeit anzuerkennen. Denn für Cavell besteht das Scharnier zwischen Autobiografie und Philosophie darin, dass man zwar als Denkender einerseits mit Gewissheit nicht sagen kann, die Welt existiere und man könne an diese Existenz glauben. Gleichzeitig darf man daraus nicht den Schluss ziehen, dass wir nicht an die Existenz der Welt, der wir verhaftet sind, glauben sollten. Es ist, folgert Cavell, ebenso falsch zu sagen, wir wüssten mit Sicherheit, dass die Welt existiert, wie zu sagen, dass wir an diesem Wissen scheitern (*fail to know this*). Somit bleibt sein Denken einer Gefühlsambivalenz verhaftet, die die Psychoanalyse dem Fetischismus zuschreibt: ›Ich weiß es, aber trotzdem glaube ich es nicht.‹ Oder auch: ›Obwohl ich es besser weiß, glaube ich es trotzdem.‹ Offen bleibt dabei, welche Aussage stimmt, welche wirklich unsere Überzeugungen in unserer Verhaftung in der Welt zum Ausdruck bringt. Nicht um eine Verteidigung jenes gewöhnlichen Glaubens ist es Cavell zu tun, den Heidegger als Geschwätz und Freud als Illusion abtut. Vielmehr geht es ihm (wie Emerson und Wittgenstein) darum, dass wir uns abgewöhnen, unsere Gedanken in Redensarten auszudrücken, die uns nicht befriedigen können: »aufhören, uns zu zwingen, Dinge zu sagen, die wir nicht gänzlich meinen« (OU: 190).

Unser Verhältnis zur Welt mag von Flüchtigkeit und Ungewissheit geprägt sein. Vor allem in der Moderne mag die Entortung zu einem allgemeinen Zustand geworden sein, die *unsettling motion* der Philosophie zu einer Realität.[28] Zugleich sind unsere Verhaftung in der Welt, die Forderung, uns diese anzueignen, und die Beanspruchung eines Rechts, über sie zu sprechen, uns näher, als jede Vorstellung von Glauben, Wissen und Gewissheit dies zu vermitteln fähig wäre. In diesem Vertrauen überlagern sich die philosophische und die autobiografische Stimme. Selbstbefragung und Selbstverortung halten sich die Waage, und in ihrem Oszillieren entfalten wir unsere Stimme, um auf die Welt zu antworten und ihr gegenüber verantwortbar zu bleiben. Die Stimme ist das Pfand, das wir bei dieser Wette einsetzen, ein Versprechen und ein Anspruch, den wir stets von Neuem einlösen müssen.

2. Die Erbschaft des Skeptizismus

Müssen wir meinen, was wir sagen?

Eines der zentralen Motive, zu denen Stanley Cavell in seinen Schriften wiederholt zurückkehrt, ist Ludwig Wittgensteins Hinwendung zur Alltagssprache. Philosophieren in Wittgensteins Sinne bedeute, in eine Art beheimatetes Chaos hinabzusteigen und sich dort zu Hause zu fühlen. Diese merkwürdige Rückkehr zu einem heimlich/unheimlichen Chaos habe Wittgenstein mit dem Satz aus § 116 seinen *Philosophischen Untersuchungen* letztlich im Sinn, wenn er schreibt: »Wir führen die Wörter von ihrer metaphysischen, wieder auf ihre alltägliche Verwendung zurück.« Das ursprüngliche Chaos wird zwar als ein vorgängiger, vertrauter Zustand verstanden, der Philosophierende schenkt diesem Chaos nun aber seine reflektierende Aufmerksamkeit, um aus ihm Sprache zurückzugewinnen. Den § 116 der *Philosophischen Untersuchungen* beginnt Wittgenstein mit der Feststellung: »Wenn die Philosophen ein Wort gebrauchen [...] und das Wesen des Dings zu erfassen trachten, muß man sich immer fragen: Wird denn dieses Wort in der Sprache, in der es seine Heimat hat, je tatsächlich so gebraucht?« (PhU, § 116) Mit der Anerkennung und Zerstreuung von Chaos steht Cavell zufolge allerdings mehr auf dem Spiel als nur ein sprachliches Verständnis von Heimat (*home*) im Sinne der Philosophie der normalen Sprache (*ordinary language philosophy*). (IST: 48)[29]

Tatsächlich geht es Cavell seit jenen frühen Aufsätzen, die er in seiner ersten Aufsatzsammlung *Must We Mean What We Say* (1969) zusammengestellt hat, stets um die Frage, was es heißt, Wörter in die Heimat ihres gewöhnlichen Gebrauchs zurückzuführen. Genauer: Dieses Verfahren zielt auf die Rückgewinnung einer Sprache, die das Nacherzählen des Gewöhnlichen (*ordinary*) ermöglicht. Zugleich erklärt sich seine Hinwendung zu den Dramen Shakespeares, den Schriften der amerikanischen Transzendentalisten und zum Hollywood-Kino aus der für Cavell ebenfalls charakteristischen Annahme, der Skeptizismus könne von der Philosophie der normalen Sprache nicht zurückgewiesen (*repudiated*), sondern allenfalls umgewendet werden – indem man nämlich eine andere Haltung zu ihm einnehme. Lediglich in einer Aufwertung des Gewöhnlichen könne dem Zweifel, ob man mit Gewissheit von der Existenz der Welt und der Anderen wissen kann (und ob sich Kenntnis des Fremdpsychischen erlangen lässt), eine Haltung der Zuversicht an der Welt und eine Anerkennung des Anderen abgewonnen werden. Weil diese beiden nur scheinbar gegenläufigen Anliegen das gesamte philosophische Schreiben Cavells begleitet haben, stellt dieses Kapitel drei wichtige Etappen seines anhaltenden Gesprächs mit den *Philosophischen Untersuchungen* Wittgensteins paradigmatisch dar.

Für Cavells Frage nach dem Skeptizismus soll zunächst der frühe Aufsatz »Must We Mean What We Say« (1957) als eine Art Urszene behandelt werden, in der er seine Berufung (*appeal*) auf die Philosophie der normalen Sprache zum ersten Mal eingehend thematisiert. In einem zweiten Schritt wird dann der Essay »Knowing and Acknowledging« zusammen mit seiner über zwei Jahrzehnte immer wieder überarbeiteten Dissertation *Claim of Reason* (1979) vorgestellt. Beide Texte unternehmen nämlich nicht nur eine Verteidigung des Skeptizismus gegenüber der Philosophie der normalen Sprache (Cavell hält den Skeptizismus für unabwendbar), sondern sie entfalten auch jenes philosophische Selbstverständnis, jene Vorstellung philosophischer Kritik (*ideal of criticism*), an der Cavell sein eigenes Schreiben orientiert. In einem letzten Schritt soll schließlich der Frage nachgegangen werden, inwiefern auch nach der Veröffentlichung von *Claim of Reason* die Weiterführung des wittgensteinschen Erbes eines seiner zentralen Anliegen geblieben ist, das sich nun jedoch vorwiegend auf jene Ungewissheit bezieht, die jeder Vorstellung eines *ordinary*, in das man die Sprache zurückführen könnte, innewohnt. In diesen späteren Essays findet sich eine Umschrift seiner Ansichten zur Philosophie der normalen Sprache im Hinblick auf die Möglichkeit einer Rückgewinnung des Gewöhnlichen, die nunmehr sowohl die Interpretation der tragischen Inszenierung des Skeptizismus auf der Shakespearebühne wie auch das Thema der Aufwertung des Exils als moderne Geisteshaltung bei Emerson und Thoreau durchlaufen hat. So stellt auch die Arbeit am Skeptizismus im Widerstreit mit der *ordinary language philosophy* wie auch die Arbeit am *moral perfectionism* ein beständiges Rekartografieren dar: eine Rückkehr zu jenen Denkformeln Wittgensteins, die einer Reformulierung bedürfen und die, gleich philosophischen Widergängern, Cavells Denken begleitet haben.

Cavells erster veröffentlichter Essay »Must We Mean What We Say« widmet sich dem eigenartigen Verhältnis zwischen dem, was man explizit sagt, und dem, was mit einer Aussage implizit gemeint ist. Dabei geht er grundsätzlich davon aus, dass der Gebrauch von Wörtern in der Alltagssprache bestimmt, was mit Gewissheit über die Existenz der Welt und der Anderen gesagt werden kann, und arbeitet heraus, warum es für das Philosophieren bedeutsam ist, vom gewöhnlichen Sprechen auszugehen. Ganz der Grundauffassung der Philosophie der normalen Sprache folgend setzt er voraus, dass der Alltagsgebrauch von Wörtern immer in einen Handlungszusammenhang eingebettet ist.

Dass wir mit unserem Sprechen auch etwas meinen, ist ein Hinweis darauf, wie wenig unser Weltbezug von diesem Sprechen abzutrennen ist. Deshalb ist Cavell auch nicht an einer abstrakten Sprachtheorie interessiert und will stattdessen die Aufmerksamkeit auf den konkreten Gebrauch der Sprache lenken; darauf, wie das Sprechen funktioniert und welche Handlungen es vollzieht. Als problematisch erweist sich das Verhältnis von Sagen und Meinen allerdings, weil wir mit jeder sprachlichen Aussage etwas meinen, ohne notwendigerweise Herr über die daran geknüpften Implikationen zu sein. Für Cavell liegt das Problem nicht darin, *ob* der Gebrauch der Alltagssprache legitimiert ist oder nicht, sondern es liegt in den Obertönen der Wörter, in den nicht direkt ausgesprochenen Intentionen, die im alltäglichen Gebrauch der Sprache mitschwingen.

Ohne auf die kritische Auseinandersetzung mit einzelnen Vertretern der Philosophie der normalen Sprache in diesem Aufsatz näher einzugehen, lässt sich Cavells Argument etwa folgendermaßen skizzieren: Wenn wir etwas sagen, dann müssen wir auch etwas meinen. Dieser Zusammenhang ist aber weder eine Angelegenheit der Logik noch der Konvention. Immer, wenn wir etwas sagen, müssen wir auch etwas meinen, aber die implizierte Bedeutung kann jeweils nur in der konkreten Sprechsituation bestimmt und nicht auf einer allgemeinen Ebene beschrieben oder legitimiert werden. Anders formuliert: In der Muttersprache zu sprechen benötigt keine Begründung. Wenn wir sprechen, können wir allerdings nicht ohne Weiteres sicher sein, dass das, was wir sagen, auch tatsächlich einen Sachverhalt trifft. Weil es also keine allgemeingültigen Regeln für das Verhältnis von Sprechen und Meinen gibt, mit dem Sprechen aber notwendig die Erzeugung von Bedeutung einhergeht, legt Cavell in der Formulierung der Regel, unser Sprechen *müsse* etwas bedeuten, die Betonung nicht auf das Wort meinen (*mean*), sondern auf das

Wort müssen (*must*). Dies führt ihn zu einer zweiten, für seine Moralphilosophie entscheidenden Annahme: In jeder Situation, in der wir etwas sagen, müssen wir auch die Verantwortung für unsere Aussage übernehmen. Sprechen hat nicht nur immer einen Bezug zur Welt, sondern ist immer auch Voraussetzung für ein Gespräch, in dem der Sprechende dem Anderen, an den sie oder er die Worte richtet, Rede und Antwort stehen können *muss*. Sprechen heißt für Cavell, eine Haltung einzunehmen gegenüber sich selbst, dem Anderen und der Welt, die wir gemeinsam bewohnen bzw. mit denen wir uns im gemeinsamen Gespräch verständigen.

Die Logik der *ordinary language* besagt, dass die Verwendung eines Wortes zu bestimmten Schlussfolgerungen über seine Implikationen berechtigt. Der Spracherwerb beinhaltet das Lernen dieser Implikationen: »Wir sind, deshalb, genauso verantwortlich für die spezifischen Implikationen unserer Äußerungen, wie wir es für deren explizite faktuelle Behauptungen (*factual claims*) sind«, sagt Cavell, »und es kann ebenso wenig ein allgemeines Verfahren geben, das sicherstellt, dass das, was man impliziert (*implies*), angemessen (*appropriate*) sei, wie es eines geben kann, um festzustellen, dass das, was man sagt, wahr sei.« (M: 12) Einem Philosophieren, das von den Regeln der normalen Sprache (*ordinary language*) ausgeht, liegt keineswegs daran, den Gebrauch von Sprache unter Verdacht zu stellen, schließlich geht dieses Denken davon aus, dass sich das Sprechen einfach vollzieht. Weil Sprechende in konkreten Alltagssituationen innerhalb der von ihnen gebrauchten Sprache situiert sind, ist die Frage danach, ob man diese bestimmte Sprache sprechen will, die zur Einnahme einer kritischen Distanz führt, gewissermaßen witzlos (*pointless*); »die einzige Bedingung (*condition*), die für solch ein Philosophieren relevant ist«, erklärt Cavell, »ist, dass du sprichst. [...] Punkt.« (M: 16) Weil Sprechen immer eine Handlung darstellt und diese immer in einem Handlungszusammenhang steht, hebt Cavell vor allem den konkreten Kontext hervor, in dem das gewöhnliche Sprechen stattfindet. Entscheidend für seine Behauptung, wir müssten mit unseren Worten etwas meinen, auch wenn der Kontext, in dem dieses geschieht, endlos komplex ist, bleibt die Rückbindung an die Welt: »Wir ›müssen‹ mit unseren Worten meinen, was diese Worte *gewöhnlich* (*ordinarily*) meinen.« (M: 19)

Die Bedeutung von Wörtern kann nur geklärt werden, indem man die Situation klärt, in der sie gebraucht werden. Steht diese normalerweise nicht unter Verdacht und macht normalerweise auch keine nähere Befragung nötig, so sind für Cavell jene Augenblicke entscheidend, in denen wir gezwungen sind, uns daran zu erinnern, was wir sagen wollten. Wenn zu viele Tatsachen gegeben sind und der Kontext zu komplex geworden ist (oder wenn noch nicht ersichtlich ist, welche neuen Tatsachen sich ergeben könnten), entsteht jener Bedarf nach einer Klärung des eigenen Wissens (*a clear view of what you already know*), die für ihn der Imperativ des philosophischen Denkens (*when you need to do philosophy*) ist. Somit rückt selbst unter den Bedingungen einer starken Rückbindung von Sprache an Welt jene Begrenzung des Wissens ins Blickfeld, die seine eigene Haltung gegenüber der Sprache prägt. Jenes Gewöhnliche, das er als Ausgangspunkt einer philosophischen Betrachtung von Sagen und Meinen voraussetzt, wird eben nur dann als Maßstab für einen befriedigenden Gebrauch von Sprache kenntlich, wenn es gefährdet ist und wir deshalb eine Distanz zu den Regeln und Gebräuchen der Alltagssprache einnehmen müssen. Oder anders formuliert: Vom *ordinary* als einem Zustand, auf den man sich zurückbesinnen muss, sprechen wir dann, wenn wir uns von eben jenem Kontext, in den wir die Sprache zurückführen wollen, im Akt der philosophischen Reflexion kurzfristig absetzen.

Cavell ist überzeugt, dass Sprachregeln rein deskriptiv sind. Sie schreiben nicht vor, wie Wörter gebraucht werden *sollten*, sondern beschreiben lediglich, wie sie gebraucht *werden*. Deshalb können sie uns auch nicht davor bewahren, dass Bedeutungsintentionen in bestimmten Kontexten fehlschlagen. Eben weil Cavell von den Wirkungen ausgeht, die das Sprechen als Handlung auf den Kontext hat, in dem es situiert ist, verknüpft er bereits in diesem frühen Essay die Berufung (*appeal*) auf den Gebrauch von Wörtern in der Alltagssprache mit einem Appell an die Verantwortung. Dem Kontext, in dem unser Sprechen situiert ist, Aufmerksamkeit zu verleihen, heißt achtzugeben, wie und wann wir sprechen; eine Achtsamkeit, die ihrerseits mit einer der Sprache inhärenten Möglichkeit des Scheiterns behaftet ist. »Eine Behauptung (*statement*) dessen, was wir tun (oder sagen) müssen«, erklärt Cavell, »ergibt nur Sinn (*has point*) im Kontext (vor dem Hintergrund) des Wissens, dass wir tatsächlich eine Sache tun (oder sagen); dies jedoch schlecht, unangemessen, gedankenlos, taktlos, selbstvernichtend tun (oder sagen) – oder dies zumindest definitiv riskieren.« (M: 27) Die Verantwortung für das eigene Sprechen zu übernehmen heißt nicht, sich einen Gebrauch von Sprache vorschreiben zu lassen (*you must say*). Es heißt vielmehr, richtig einzuschätzen, welche Wörter wann verwendet werden sollten, weil man die Umstände der Sprechsituation im Hinblick auf den Anderen, an den man sein Sprechen richtet, in angemessener Weise würdigt. Sprachregeln sind somit zwar nicht präskriptiv, können aber durchaus beschreiben, was ein Kontext normativ voraussetzt.[30]

Cavells Beschreibung des eigenartigen Verhältnisses zwischen dem, was explizit gesagt, und dem, was implizit gemeint ist, läuft auf folgende Feststellung hinaus: Wir müssen das, was wir sagen, auch meinen (*we must mean what we say*). Der impliziten Bedeutungen, die bei jeder Aussage mitschwingen, können wir zwar nie sicher sein, zugleich sind diese Bedeutungen aber von uns intendiert. Sie sind ein essenzieller Teil dessen, was wir meinen, wenn wir etwas sagen, ein essenzieller Teil dessen, was es überhaupt bedeutet, etwas zu meinen (*what it is to mean something*). Was wir mit unserem Sprechen intendieren, ist deshalb etwas, wofür wir verantwortlich sind. Die Frage nach dem Gebrauch von Wörtern in der Alltagssprache (wie auch die nach einer etwaigen Abweichung zwischen Ausdruck und Intention), stellt sich, wie erwähnt, mit wirklicher Brisanz jedoch erst in Situationen, in denen wir einen Grund für die Vermutung haben, dass der Sprechende das Wort auf eine ungewöhnliche Weise gebraucht. Erst der Bruch mit dem Gewöhnlichen bringt die Frage nach dem Gewöhnlichen auf.

Darin liegt jedoch auch eine Ungewissheit, die aus dem Verhältnis von Sagen und Meinen nicht zu tilgen ist, vor allem dann nicht, wenn es sich um Aussagen über uns selbst handelt. Man muss das, was man zu sagen beabsichtigt, dem gewöhnlichen Gebrauch von Wörtern angleichen, anstatt diesen eine idiosynkratische Bedeutung zu geben, die dem, was man eigentlich meint, vielleicht näher läge. Daraus ergibt sich eine prekäre Interferenz zwischen Sagen und Meinen: »Was du bei einer spezifischen Gelegenheit sagst, ist womöglich nicht, was du wirklich meinst«, erklärt Cavell, denn zu sagen, was man wirklich meint, hieße, anders zu sprechen, als der gewöhnliche Gebrauch von Wörtern es vorschreibt, hieße, die konventionelle Bedeutung eines Wortes zu verändern. (M: 39) In »Must We Mean What We Say« wird die psychoanalytische Vorstellung des Unbewussten noch nicht thematisiert. Erst in späteren Schriften wird Cavell darauf eingehen und festhalten, dass das bewusste Subjekt nie mit Gewissheit von seinen Wünschen und Ängsten und somit auch nicht zuverlässig von seinen Sprechintentionen wissen kann. Schließlich liegt es im Wesen der Verdrängung, dass sie dem neurotischen Selbstbetrug des Subjekts dient und sein alltägliches Leben unheimlich erscheinen lässt.

Auch die Bedrohung jeglicher Gewissheit durch den Skeptizismus klingt in diesem frühen Essay nur insofern an, als Cavell auf einer entscheidenden Differenz zwischen dem gewöhnlichen Gebrauch von Wörtern und einem spezifischen, idiosynkratischen Selbstausdruck beharrt. Im Hinblick auf das Verhältnis von explizitem Sprechen und impliziter Intention macht er zwar einen Rekurs auf den konkreten Kontext (*natural environment*), in dem Sprache benutzt wird und der es erlaubt, die konventionelle Bedeutung eines Wortes unzweideutig festzustellen. Auch kann als Regel festgehalten werden, dass wir, wenn wir sprechen, immer *etwas* meinen. Damit wird aber das Problem der Diskrepanz zwischen Selbstausdruck und sprachlichem Medium nie ganz gelöst, denn das sprechende Subjekt überschreitet die Zuweisungen, die es durch den Gebrauch von Wörtern in der Alltagssprache erfährt, unablässig. So bleibt uns lediglich eine Würdigung der Flexibilität, mit der die gewöhnliche Sprache ihre Bedeutung kulturellen Veränderungen anpasst, und auf diese Weise lässt sich auch erklären, warum die Sprache, die wir täglich verwenden, für einen philosophisch Denkenden so viele noch zu entdeckende Schätze enthält.

Behauptung und Anspruch der Vernunft

Wie das Wort *pitch*, von dem im Zusammenhang mit der Stimme und der Stimmung der Philosophie im letzten Kapitel die Rede war, ist auch das Wort *claim*, das Cavell für den Titel seiner großen Monografie gewählt hat, vieldeutig. Bedeutet dieses Wort, das sowohl als Hauptwort wie auch als Verb benutzt werden kann, einerseits eine Forderung, einen Anspruch, so bezeichnet *claim* andererseits auch eine Behauptung. Dabei sucht Cavell Wittgensteins Vision der Sprache mit der Herausforderung des Skeptizismus zu verknüpfen. Mit *Claim of Reason* eine Vernunft zu behaupten bzw. zu beschreiben, was im Namen der Vernunft behauptet werden kann, bedeutet für Cavell, auf einen Anspruch hinzuweisen, den die Vernunft an uns stellt. Diese Vieldeutigkeit des Titels macht eine Doppelgleisigkeit (*division*) des philosophischen und literarischen Schreibens sichtbar, die Cavell in der Einleitung zu diesem Buch zu einem Grundzug seiner interdisziplinären Denkversuche erklärt: die Vieldeutigkeit eben jener Sprache, mit der wir im Zuge einer Überwindung unseres skeptischen Zweifels ein Stück Gewissheit zurückgewinnen, indem wir unser Sprechen in den Kontext des Gewöhnlichen zurückführen – und dies im Hiblick auf einen Anderen, den wir nie kennen, sondern nur in seiner Andersartigkeit anerkennen können, mit dem wir aber durch das Sprechen und das Gespräch (*conversation*) verbunden sind.

Das philosophische Denken verdankt sich zwar den Ansprüchen der Vernunft, erschöpft sich jedoch nicht in diesen, weshalb Cavell sich immer an den unsauberen Schnittflächen zwischen Philosophie und Literatur bewegt hat. Doppelgleisig ist sein Projekt schon deshalb immer gewesen, weil sein Schreiben den strengen Gestus des akademischen Diskurses mit der schöpferischen Innovation der Künste konfrontiert, um beispielsweise in den Stücken Shakespeares eine dramatische Umschrift des Skeptizismus zu entdecken oder in den Hollywood-Komödien eine kinematische Erzählung der Rückkehr ins Gewöhnliche. In *Claim of Reason* wird diese Konversation mit den *Philosophischen Untersuchungen* Wittgensteins enggeführt, auf die sich die folgende Darstellung dieses *magnum opus* deshalb auch konzentrieren wird.[31]

Wie Cavell in seiner Einleitung ebenfalls festhält, hatte er sich nach dem Besuch eines Seminars über »Entschuldigungen«, welches John L. Austin 1955 an der Harvard University abhielt, entschlossen, seine eher traditionelle Dissertation über den Begriff der menschlichen Handlung abzubrechen, um sich nun den Implikationen zu widmen, die Austins Sprachphilosophie für die Moralphilosophie haben könnte. Im dritten Teil von *Claim of Reason* finden sich diese als Dissertation eingereichten Überlegungen darüber, wie die menschliche Stimme zu einer moralischen Bestimmung ihrer selbst im Licht der Philosophie der normalen Sprache zurückgeführt werden kann.

Ausschlaggebend für die Überarbeitung seiner Dissertation, die er im April 1961 an der Harvard University einreichte, war hingegen seine Entdeckung der späten Schriften Wittgensteins, denn erst Cavells Auseinandersetzung mit dessen Vision von Sprache führte zu jenem Verständnis des Gewöhnlichen (*ordinary*), dem zufolge die Existenz von Welt und der Anderen in ihr nicht mit Gewissheit gedacht werden kann , weil es keine sicheren Kriterien für dieses Wissen gibt.[32] Man kann auf die Bedrohung des Skeptizismus (*threat of skepticism*) nur antworten, indem man ihn abwendet (*aversion of skepticism*). Wie im Folgenden noch genauer gezeigt werden soll, gibt es nach Wittgenstein zwar kein Sprechen ohne Kriterien, zugleich können die Ansprüche, die er mit dem Begriff der Kriterien verbindet, aber nicht eingehalten werden. Kriterien sind enttäuschend, weil sie jene Versicherung des Wissens, die man sich von ihnen verspricht, nicht einlösen können. Wesentliche Teile von *Claim of Reason* wurden, wie Cavell in der Einleitung des Buchs bemerkt, verfasst, nachdem er sich einerseits den Stücken Shakespeares zugewandt hatte, weil ihm klar geworden war, dass jener Skeptizismus, der die Kenntnis des Fremdpsychischen (*knowledge of other minds*) betrifft, nicht Skeptizismus, sondern letztlich Tragödie sei. Andererseits hatten ihn seine Ausführungen zur Filmsprache in *The World Viewed* und seine Gedanken zu Thoreaus *Walden* den Begriff des *ordinary* im

Hinblick auf Wittgensteins Vision von Sprache schärfen lassen, so dass in *Claim of Reason* die Frage in den Vordergrund rückt, was es heißt, sich im Zuge einer Konversion erneut dem Gewöhnlichen zuzuwenden und dort einen Aufenthalt zu finden.

Die Doppelgleisigkeit von Cavells Denken ist auch hier entscheidend. Einerseits stellt das *ordinary* jenen Zustand alltäglicher Unverständlichkeit (*unintelligible*) dar, die uns die Hinfälligkeit von Kriterien und die Grenze des Wissbaren erfahren lässt und somit überhaupt auf den Weg einer philosophischen Untersuchung bringt. Andererseits ist das Gewöhnliche jene Beheimatung von Welt, zu der man zurückkehrt, nachdem man nicht mehr am Skeptizismus verzweifelt, sondern dessen Anspruch anerkennt und auf die Verbindlichkeit des Gesprächs setzt: Nur weil man den Wörtern und den Kriterien nie gänzlich und nie für immer trauen kann, heißt dies nicht, dass man sie gänzlich verwerfen müsste. Man soll und kann sie vielmehr in ihrer Vieldeutigkeit benutzen. Um herauszuarbeiten, warum Kriterien enttäuschen und somit die Behauptung des Skeptizismus nicht zurückgewiesen werden kann, hält Cavell am Anfang von *Claim of Reason* fest, welche Erwartungen Wittgenstein an die Kriterien für die Benutzung der gewöhnlichen Sprache stellt. Sie sind ein Mittel, um die Existenz von etwas mit Gewissheit festzustellen. Das berühmteste Beispiel, auf das wir noch genauer eingehen werden, sind jene Kriterien des Schmerzes, die es uns erlauben, mit Gewissheit vom Schmerz des Anderen zu wissen.

Wittgensteins Grundüberzeugung ist nach Cavell diese: Unser gesamtes Wissen, alles, was uns wundern, vermuten oder zweifeln lässt, lässt sich nicht dadurch regulieren, dass wir es durch Wahrheitsbedingungen (*conditions of truth*) eingrenzen, sondern wird von Kriterien bezüglich einer Übereinstimmung in der Benutzung der gewöhnlichen Sprache geleitet. Diese Kriterien bestimmen die Anwendung von Begriffen (*concepts*), also jene Grammatik, welche es uns Wittgenstein zufolge erlaubt, die sich stets wandelnden Bedingungen für ein verbindliches Gespräch (*conversation*) zu kennen und zu etablieren. Gleichzeitig räumt Cavell von Anfang an ein, dass Kriterien diese Aufgabe nicht erfüllen können. Zwar sind sie notwendig, zugleich aber äußerst anfällig für Enttäuschung (*dissatisfaction*) und Zurückweisung (*repudiation*), weil sie den an sie gestellten Ansprüchen nicht genügen können. Es ist ihr Schicksal (*the fate of criteria*), die Wahrheit des Skeptizismus offenzulegen. Immer dann, wenn wir über einen bestimmten Zustand (wie Schmerz) etwas wissen wollen, von dem wir zugleich ahnen, dass er uns an die Grenzen unserer Erkenntnis bringen wird, fragen wir uns, welche Kriterien wir für das, was wir darüber aussagen wollen, eigentlich haben. Entscheidend ist, dass Wittgenstein für das Funktionieren dieser Grammatik voraussetzt, die Sprache sei zwar eine mit Anderen geteilte. Die Formen, auf die ich mich im Zuge der Erzeugung von Sinn verlassen muss, legen mir jedoch zugleich Begrenzungen auf, weil sie *menschliche* Formen sind. Indem ich festlege, was über ein Phänomen gesagt oder nicht gesagt werden kann, verleihe ich jenen Notwendigkeiten eine Stimme, die auch von Anderen anerkannt werden können. Dabei bringe ich aber zugleich die Grenze meines Wissens ins Spiel, weil dieses Wissen sowohl meine eigene Separatheit (*separateness*) wie auch die Isoliertheit des Anderen betrifft.

Das Problem einer unumgänglichen Nichtwissbarkeit ergibt sich dadurch, dass Kriterien (die bei Wittgenstein eng mit Sprachregeln verknüpft sind) jene Basis sein sollten, aufgrund deren bestimmte Urteile gefällt werden können. Die Einigung über Kriterien (*agreement over criteria*) macht demzufolge auch eine Einigung über Urteile (*judgments*) möglich; der Appell an Kriterien ist ein Weg, zu einem Urteil zu gelangen. Wie Cavell bemerkt, lautet die entscheidende Stelle bei Wittgenstein: »Zur Verständigung durch die Sprache gehört nicht nur eine Übereinstimmung in den Definitionen, sondern (so seltsam dies klingen mag) eine Übereinstimmung in den Urteilen.« (PhU, § 242) Und im vorangehenden Paragraphen hält Wittgenstein fest: »Richtig und falsch ist, was Menschen *sagen*; und in der Sprache stimmen die Menschen überein. Dies ist keine Übereinstimmung der Meinungen, sondern der Lebensform.« (PhU, § 241) Es gibt also für Wittgenstein eine Gemeinschaft in der Sprache, die darauf basiert, dass wir zu einer Übereinstimmung in den Urteilen finden können, und zwar, indem wir in unseren Kriterien übereinstimmen. Wie in dem Aufsatz »Must We Mean What We Say« für die Implikationen von Wörtern bereits festgestellt wurde, hängt für Cavell jedoch »unsere Fähigkeit, Kriterien zu etablieren, von einer diesen vorausgehenden Übereinstimmung von Urteilen ab« (M: 30), womit die Bedrohung des Skeptizismus ins Blickfeld der Betrachtung rückt. Wenn Kriterien enttäuschend sind, weil sie das Versprechen einer Übereinstimmung nicht zuverlässig einhalten können, so gibt es auch keine unanzweifelbare Übereinstimmung in den Urteilen.

»An Kriterien zu appellieren beinhaltet nicht eine Erklärung oder einen Beweis des Umstandes unserer Übereinstimmung in Worten (und somit in Lebensformen)«, hält Cavell fest. »Es ist lediglich ein Appell, den wir unternehmen, wenn Übereinstimmung gefährdet oder verloren gegangen ist.«[33] Forderungen an offizielle Kriterien stellen wir vorwiegend dann, wenn wir nicht weiter wissen, wenn wir uns unserer Worte und der Welt, die sie bezeichnen sollen, unsicher geworden sind. Wir beginnen uns wiederzufinden, indem wir jene Kriterien aufspüren, für die es eine Übereinstimmung gibt, um uns dann auf eben diesem schmalen Pfad der Sicherheit zu bewegen. Die Doppelgleisigkeit der Philosophie, die Cavell in Wittgensteins *Philosophischen Untersuchungen* verankert sieht, besagt also, dass das philosophische Denken unsere sichere Beheimatung im Gewöhnlichen verlässt, weil es dazu führt, dass der Philosophierende nicht länger mit dem gewöhnlichen Gebrauch der Wörter übereinstimmt. Gleichzeitig stellt die Philosophie seit Platon eine Therapie dieses Verlusts dar, indem sie den Weg zurück ins Gewöhnliche öffnet. Wörter und die Kriterien, die ihren Gebrauch bestimmen, fungieren somit wie jenes *pharmakon*, von dem Platon sagt, es sei, abhängig von der Dosierung, Giftstoff und Heilmittel zugleich. Kriterien beinhalten insofern sowohl die Möglichkeit des Gelingens wie auch des Scheiterns einer zwischenmenschlichen Übereinstimmung. An Wittgensteins Sprachanschauung fasziniert Cavell, wie dieser ein vollständiges (*completed*) und unerschütterliches (*unshakable*) Gebäude der gemeinsamen Sprache (*shared language*) errichten konnte, obgleich er von anscheinend fragilen und intimen Momenten der sprachlichen Äußerungen ausgeht. Bei diesen privaten Äußerungen handelt es sich um Phänomene des Zählens und Berechnens (*counts*) sowie des Aussprechens (*out-calls*) von etwas (*phenomenon*), das gerade noch Interpretation ist und kaum mehr auf Konventionen des Sprechens Anspruch erheben kann. (Cl: 36)

Ist die zentrale Frage somit die nach der Gewissheit, die Kriterien bieten können, so ist die Antwort, die Cavell in Wittgensteins *Philosophischen Untersuchungen* entdeckt, eine Antwort, die die an sie herangetragenen Erwartungen entschieden einschränkt. Kriterien können zwar die Existenz von etwas (einer Schmerzempfindung zum Beispiel) nicht erklären, dafür aber eine Aussage über dessen Beschaffenheit stützen; »nicht darüber, dass es so *sei* (its *being* so), sondern dass es *so* sei (its being *so*)« (Cl: 45). Die Berufung auf Kriterien liefert keine Begründung von Existenzsätzen. Cavell meint, Wittgensteins Appell an Kriterien sei eben keine Widerlegung (*refutation*) des Skeptizismus, weil er die beunruhigende Erkenntnis, dass wir mit Gewissheit weder von der Existenz der Welt wissen, noch Kenntnis des Fremdpsychischen haben können, nicht negiert. Im Gegenteil, Wittgensteins Lehre ist gänzlich von einer Antwort auf den Skeptizismus durchtränkt. Festzuhalten ist, dass für Cavell der Skeptizismus nicht einfach eine Strömung der Philosophie ist, sondern das grundlegende Phänomen, von dem Fragen ausgehen, Zweifel eintreten, von dem aus wir aber auch ins Staunen geraten können. Denn der Skeptizismus bedrängt die Vernunft mit Fragen, auf die sie Antworten geben muss, und stellt in diesem Sinn seinerseits einen Anspruch (*claim*) an die Vernunft dar. »Des Skeptikers Verweigerung unserer Kriterien (*denial of our criteria*) ist eine Verweigerung, der gegenüber Kriterien offen sein müssen«, meint Cavell. »Wenn der Umstand, dass wir Kriterien teilen (*share*) oder diese etabliert haben, die Bedingung (*condition*) ist, unter der wir denken und in Sprache kommunizieren können, dann ist der Skeptizismus eine natürliche Möglichkeit dieser Bedingung; er enthüllt am perfektesten die anhaltende Bedrohung (*standing threat*) der Gedanken und der Kommunikation, nämlich dass sie nur menschlich sind.« (Cl: 47)

Den *Philosophischen Untersuchungen* Wittgensteins entnimmt Cavell also die Erkenntnis, dass Kriterien, die uns mit Gewissheit ein Wissen über den Anderen erteilen könnten, enttäuschend sein müssen. Hinter der Differenz zwischen dem Wissen davon, was ein Kriterium für etwas ist, und dem Wissen, ob ein Etwas existiert, tut sich eine Kluft zwischen äußerem Verhalten und innerer Erfahrung auf. Kriterien können eine Übereinstimmung hinsichtlich äußerer Erscheinungen untermauern, nicht aber eine Übereinstimmung mit der Innerlichkeit des Anderen. So führen sie unweigerlich zur Einsicht in die gegenseitige Separatheit (*separateness*) der Menschen. Zwar greift Cavell auf folgende Feststellung Wittgensteins zurück: »Erwartung ist, grammatikalisch, ein Zustand; wie: einer Meinung sein, etwas hoffen, etwas wissen, etwas können. Aber um die Grammatik dieser Zustände zu verstehen, muß man fragen: ›Was gilt als Kriterium dafür, daß sich jemand in diesem Zustand befindet?« (PhU, § 572). Dennoch kehrt er fortwährend zu seinem Grundsatz zurück, dass, was immer Kriterien uns über den Zustand eines Anderen sagen, sie aufs Äußere gerichtet bleiben und somit im Gegensatz zur Innerlichkeit stehen.

Für die Unmöglichkeit, den Skeptizismus einfach zurückzuweisen (*refutation*), die Cavell im Herzen von Wittgensteins *Philosophischen Untersuchungen* entdeckt, ist entscheidend, dass seine Vorstellung von Grammatik und Kriterien die Koinzidenz von Seele und Leib, Bewusstsein (*mind*) und Welt anspricht bzw. die Schwierigkeit, Bewusstsein in der Welt zu verorten. Zwar sieht Wittgenstein in der Würdigung und Anerkennung partikularer Lebensformen und menschlicher Konventionen die Möglichkeit, die Lücke zwischen Intention und Ausführung sowie zwischen der Ausführung und den Konsequenzen dieses Vollzugs zu schließen. Dennoch müssen wir uns gegenüber dieser vom Skeptizismus geschlagenen Lücke zwischen Bewusstsein und Welt verhalten. Die philosophische Erbschaft, die Cavell seiner Lektüre Wittgensteins entnimmt, ist eine Doppelgleisigkeit, die zwar in der Grammatik Regeln dafür entfaltet, wie ich vom Anderen wissen und somit auf den Skeptizismus antworten kann. Zugleich macht sie unweigerlich auf eben diese Lücke aufmerksam. Die Brücke, die Cavell zwischen dem Bewusstsein und der Welt spannt, um ein heimliches Einverständnis (*collusion*) zwischen beiden zu bekräftigen, beruht deshalb auf jenen Kriterien oder Lebensformen, die mich an meine Kultur binden und die mich fragen lassen, warum wir so handeln und urteilen, wie wir es tun. Sie verleiten mich dazu, nach der natürlichen Basis (*natural ground*) kultureller Konventionen zu fragen.

»Notwendig«, erklärt Cavell »ist ein Versammeln (*a convening*) der Kriterien meiner Kultur, um sie mit meinen Worten und meinem Leben zu konfrontieren.« Dabei geht es ihm einerseits darum, wie er sich seine Welt vorstellt (*imagine*) und in Sprache fasst. Andererseits geht es ihm darum, dass die Kriterien der Kultur dem eigenen Leben und den eigenen Worten gegenübergestellt werden. Ziel dieser Konfrontation ist es, »die Kultur sich selbst an den sprachlichen, gelebten und vorgestellten Nahtstellen gegenüber zu stellen, und zwar an denjenigen Stellen, an denen sich die Kultur in mir begegnet (*along the lines in which it meets in me*)« (CL: 125)[34]. Eben in der Literatur, jenem Doppelgänger philosophischer Betrachtungen, findet Cavell wiederholt Situationen, in denen diese Konfrontation von Bewusstsein und Welt durchgespielt wird – als kritischer Dialog zwischen dem Denkenden und seiner Kultur. Denn gerade im Bereich des kulturellen Imaginären kann eine Übereinstimmung zwischen der eigenen Sprache, dem partikularen Leben, dessen Innerlichkeit einem Anderen nie gänzlich zugänglich sein wird, und jener öffentlichen Kultur nachvollzogen werden, die diese prägt. Die Dramen Shakespeares und das Hollywood-Kino sind Bühnen, auf denen solche verbindlichen Kriterien der Kultur sich darstellen können, um eine Brücke zwischen dem individuellen Bewusstsein und der Welt, aber auch zwischen dem Einzelnen und dem Anderen zu schlagen.

Der zweite Teil von *Claim of Reason* setzt nochmals bei der Frage an, wie wir etwas über die Welt wissen können und worin mein Wissen von der Welt bestehen kann. Diese Fragen versteht Cavell jedoch vornehmlich als Reaktion auf eine reale Erfahrung desjenigen, der im Besitz von Sprache ist, weil diese die Möglichkeit aufwirft, dass der Mensch von der realen Welt womöglich nichts weiß. Dabei räumt er dem Anspruch (*claim*) der klassischen Erkenntnistheorie durchaus eine Berechtigung ein, denn schließlich gibt es vernünftige Gründe (*reasonable grounds of doubt*) für epistemologischen Zweifel. Diese Begründbarkeit liest Cavell allerdings im Sinne der Philosophie der normalen Sprache, um auf die Bedrohung des Skeptizismus mit der Forderung (*claim*) zu antworten, dass ein epistemologischer Verdacht erst dann vernünftig ist, wenn jedem einsichtig sein muss, warum an der Welt und der Existenz des Anderen gezweifelt werden kann und sich der Aufwand der skeptischen Beweisführung überhaupt lohnt. Denn die Doppelgleisigkeit, die Cavells Denken in seiner Auseinandersetzung mit dem Skeptizismus kennzeichnet, besteht auch in dem Bemühen, zwischen diesen beiden philosophischen Ausrichtungen eine Brücke zu schlagen und ihr gemeinsames Anliegen aufzuweisen: eine Forderung nach Plausibilität (*reasonableness*) nämlich, die sowohl der Philosophie der normalen Sprache wie der traditionellen Epistemologie als Denkfigur dient.

Die für Cavell entscheidende Szene betrifft jenen Gedankensprung von einem Fall, in dem Zweifel angebracht sind, zu einer Situation, in der plötzlich alle Fälle bezweifelbar werden. »Es ist unwiderstehlich, den Schritt von einer Schlussfolgerung über einen bestimmten Gegenstand zu einer moralischen (*moral*) Aussage über ihn zu machen und somit zugleich zu einer Aussage über Wissen (*knowledge*) überhaupt zu gelangen«, erklärt er. Was mit der Vorstellung eines Idealfalls des Wissens (*best case of knowledge*) gemeint ist, lässt sich Cavell zufolge durch die Prämisse ausdrücken: Wenn ich überhaupt etwas weiß, dann dieses. Dann stellt sich aber – als wäre es ein überzeitliches Faktum – heraus, dass ich das, was ich zu wissen meine, gerade nicht weiß. (Cl: 144) Nachträglich zeigt sich, dass der Skeptizismus unsere schlimmsten Ängste hinsichtlich der Fehlbarkeit unseres Wissens bestätigt. Denn im Zuge einer skeptischen Befragung wandelt sich die Einsicht in die Grenze des Wissens nahtlos in die Vermutung, dass, wenn ich in diesem Fall etwas nicht mit Gewissheit wissen kann, ich nichts mit Gewissheit wissen kann. Oder, wie Cavell in seiner Lektüre von Shakespeares *Othello*, mit der *Claim of Reason* schließt (und auf die im vierten Kapitel noch genauer eingegangen wird), sagt: Die verhängnisvolle Verführung des Skeptizismus liegt darin, von einem einzelnen Beispiel aus (*a best case*) auf alle möglichen Fälle zu schließen. Auf die Frage, wie es möglich ist, dass das Scheitern eines partikularen Wissensanspruchs (*claim*) die Gültigkeit von Wissen auch im besten Fall (*best case of knowledge*) unter Verdacht stellt, muss zwingend geantwortet werden, etwas sei oder könne mit dem Wissen als Ganzem verkehrt sein.

Entscheidend jedoch ist, dass dieser Ausbruch des Zweifels, der, ausgehend von einem spezifischen Fall, allumfassend wird, nicht auf konkrete Begründungen zurückzuführen ist, sondern auf ein diffuses Gefühl des Unbehagens. Auf dieses Problem antwortet die Philosophie der normalen Sprache mit einem Appell an die Kriterien der Alltagssprache. Die stete Erinnerung daran, *was* wir in *welchen* Situation sagen sollen und *wie* Sprache gewöhnlich benutzt wird, kann auch eine Frage des Selbstwissens sein. Vornehmlich bei Wittgenstein entdeckt Cavell nämlich nicht nur den Anspruch, die Sprache aus der metaphysischen Verwendung in ihre Heimat zurückzuführen, sondern auch den Versuch, den Menschen von einem selbst- und weltzerstörenden Verdacht abzubringen und ihm eine Übereinstimmung mit sich und seiner Welt zurückzugeben (*reclaim*).

In seinem »Excursus on Wittgenstein's Vision of Language« wird diese Heilung, die die Philosophie sich selbst ermöglicht, entlang der Frage erörtert, inwiefern die Sprache als Mittel gegenseitiger Verständigung von gemeinsam geteilten Lebensformen abhängig ist – auch wenn die Kriterien, die diese Übereinstimmung gewährleisten sollen, zurückgewiesen werden können. Das Besondere an Wittgensteins Vision der Sprache besteht Cavell zufolge darin, dass Wittgenstein eine neue Betrachtungsweise des Problems anbietet, wie Sprache erworben und angemessen eingesetzt (*projection*) werden kann. Sein Vorschlag ist, nicht zu denken und zu erklären, wie Sprache *passiert*, sondern zu sehen und zu schauen, wie Sprache *funktioniert*. Um zu erfassen, was dieses Sehen in den Blick nimmt, ist immer der konkrete Gebrauch von Wörtern in der Alltagssprache ausschlaggebend. Somit legt Wittgenstein den Akzent nicht auf Sprache als Zeichensystem, sondern versteht sie als Handlung in einem konkreten Gebrauchszusammenhang. Zwar bleibt diese Betrachtung jeweils der spezifischen Situation verhaftet, in der Sprache erlernt und eingesetzt wird, zugleich lenkt sie den Blick aber auf den vielfältigen Gebrauch, den ein Wort in unterschiedlichen Situationen haben kann. Und dies bedeutet eben (wie oben bereits für die Unterscheidung von Meinen und Sagen festgehalten wurde): Man muss auf den spezifischen Gebrauch von Wörtern achten, um deren Überdeterminiertheit gerecht zu werden.

Mit dem Umstand, dass eine Zurückführung der Sprache in ihren gewöhnlichen Gebrauchszusammenhang notwendig ist, aber nie gänzlich gelingen kann, müssen wir leben: Er erzeugt eine Unheimlichkeit des Gewöhnlichen, in der wir Gefahr laufen, unverständlich zu sein, die uns jedoch die einzige Möglichkeit bietet, mittels Sprache uns selbst und dem Anderen verständlich zu werden. Entscheidend an Wittgensteins Vorstellung einer Zurückführung der Sprache in ihre Heimat ist die Vorstellung, dass wir immer schon in der Sprache sind, obgleich wir sie nicht immer schon beherrschen: »Man muß schon etwas wissen (oder können), um nach der Benennung fragen zu können«, hält Wittgenstein fest, fügt jedoch hinzu: »Aber was muß man wissen?« (PhU, § 30)

Die Beherrschung von Sprache geht einher mit dem Hineinwachsen in Lebensformen. Aber sprechend ist man immer schon in einer Lebensform. Sprache erweist sich als etwas Unabgeschlossenes, weil es zahllose Ausprägungen einer Lebensform gibt. Unsere Sprachbeherrschung erweist sich zugleich als fehlbar, weil wir nicht immer sagen, was wir meinen, und nicht immer meinen, was wir sagen: »Wenn man unter Philosophie jene Kritik (*criticism*) zu verstehen hat, die eine Kultur an sich übt, und wenn Philosophie im Wesentlichen so verfährt, dass sie vorgängige Versionen dieser Kritik kritisiert, dann liegt Wittgensteins Originalität darin, eine ganz bestimmte Art (*modes*) der Kritik entwickelt zu haben.« Die Besonderheit seiner philosophischen Kritik besteht laut Cavell darin hervorzuheben, »dass gerade diejenige Person, die ein Urteil fällt (*assertion*), nicht wirklich weiß, was er oder sie damit meint, und nicht wirklich ausgesagt hat, was er oder sie sagen wollte« (Cl: 175).

Ausschlaggebend ist also, dass Cavell Sprache zwar vom Standpunkt ihrer Fragilität und Enttäuschungsanfälligkeit her denkt, aber dennoch an ihr nicht verzweifelt, so angebracht dieser Zweifel auch sein mag. Kommt das Lernen von Sprache einem Hineinwachsen in Lebensformen gleich, also in jene Handlungssituationen, die für den Gebrauch von Sprache relevant sind, so kann es allerdings auch in der erschreckenden Erkenntnis münden, dass diese Sprache »auf einem sehr wackligen Fundament ruht« (Cl: 178). Wir können uns nicht sicher sein, ob die gewöhnliche Sprache weiterhin bedeuten wird, was sie für uns jetzt bedeutet, und ob Andere es weiterhin nötig finden werden, uns verstehen zu wollen und sich uns verständlich zu machen. Die Sicherheit des Konkreten, die Lebensformen bieten, erweist sich deshalb als prekär, weil ihr Überleben (außer im Vertrauen auf einen fortwährenden Prozess der Verständigung) nie gesichert werden kann. In Wittgensteins Betrachtungsweise von Sprache kann Irrtum nie ausgeschlossen werden. Als Antwort auf die Grenze (*limitation*) eines Appells an die gewöhnliche Sprache bringt Cavell deshalb eine imaginäre Dimension ins Spiel, indem er auf gelingende Projektionen (*appropriate projections*) von Sprache in andere Kontexte zu sprechen kommt. Mithilfe der Fantasie lassen sich neue Lebensformen entwerfen. Sie eröffnen einen unendlichen Raum, in dem das Nachleben eines bestimmen Sprachgebrauchs sich – ganz im Sinne von Warburgs Denkraum – endlos entwickeln könnte.

Dennoch geht es Cavell vornehmlich darum, wie ein von Lebensformen bestimmter Sprachgebrauch die Wiedergewinnung einer verbindlichen Fundierung in der Welt ermöglicht. Wenn Wittgenstein sagt: »Das *Wesen* ist in der Grammatik ausgesprochen« (PhU, § 371), so bedeutet dies für Cavell eine Rückgewinnung dieses Begriffs. Ein Bemühen um das Wesen wird von der Grammatik der gewöhnlichen Sprachen immer dann belohnt, wenn wir unser reales Bedürfnis berücksichtigen (*see our real need*). Wenn Wittgenstein zeigen will, dass es keinen Sinn ergibt, eine allgemeine Erklärung für den Erwerb und den Gebrauch von Sprache zu suchen, dann nicht zuletzt deshalb, weil es beim Erlernen einer auf ihren Handlungsraum orientierten Sprache darum geht, eine kulturelle Erbschaft anzutreten: »die Sprache ist nicht nur ein Erwerb (*acquirement*), sondern auch ein Vermächtnis (*bequest*)« (Cl: 189). Ein bedrohtes Vermächtnis freilich, das es weniger in Besitz zu nehmen gilt, als eine Verantwortung für sein Überleben anzunehmen. In die Vorstellung der Projektion von Sprache in neue Kontexte legt Cavell schließlich sein Vertrauen, genauer: Er vertraut auf jene Verwobenheit von gewöhnlicher und metaphorischer Sprache in der Doppelgleisigkeit von Philosophie und Literatur, deren Möglichkeiten der Sprachverwandlung einander bedingen und entgegenkommen: »Essenziell für die Projektion eines Wortes ist, dass diese natürlich ihren Weg nimmt (*proceed naturally*)«, erklärt er. Und: »Essenziell für das Funktionieren einer Metapher ist der Umstand, dass deren ›Transfer‹ unnatürlich ist – er spaltet die etablierte, normale Fluchtbahn der Projektion.« (Cl: 190) Beide dieser Linien sind für Cavells Verständnis eines Nachlebens kultureller Lebensformen notwendig.

Auch nach seiner Erörterung von Wittgensteins Vision von Sprache bleibt die Frage des Skeptizismus für Cavell eine offene, weil es kein allgemeingültiges Kriterium für die Verwendung von Wörtern gibt, das in allen möglichen Lebensformen und Handlungskontexten angebracht wäre. Es muss stattdessen immer neu gefunden werden, wie auch dem Zweifel nur im fortwährenden Gespräch mit dem Skeptizismus begegnet werden kann. »Wie können Philosophen überhaupt an den Punkt gelangen, der ihnen das Gefühl vermittelt, eine Aussage wie ›Dies existiert‹ würde tatsächlich etwas bedeuten, etwas Informatives, und ferner etwas, für das wir einen Beweis erbringen können, diesen regelrecht erbringen müssen?«, fragt Cavell am Ende des zweiten Teils von *Claim of Reason* (Cl: 237). Entscheidend ist also nicht nur die Frage, für welche Existenz wir Beweise finden müssen, sondern der Umstand, dass der Zweifel, der in diesen Beweisfuror mündet, einem radikalen Entzug von Welt gleichkommt.

Wie in der Darstellung von Cavells Shakespeare-Lektüren deutlich werden wird, kann das Verlangen (*claim*), die Existenz von Welt um jeden Preis zu beweisen, einen Rückzug auf das Selbst zur Folge haben, auf den wiederum nur mit der entgegengesetzten Forderung (*claim*) nach einer absolut festen Verbindung mit der Welt geantwortet werden kann. Den gewöhnlichen Lebensformen entzogen, in denen diese Verbindung gesichert ist, versucht der Skeptiker – ob Philosoph oder tragischer Held – diese Verbindung in seinem unmittelbaren Bewusstsein wieder herzustellen, entdeckt aber, dass sie sich in dieser Form nicht herstellen lässt. Denn vom Standpunkt der Subjektivität ist man zwar in der Welt, zugleich aber von ihr geschieden (*separate*). Eine feste Verbindung zur Welt kann nur als Anspruch und Behauptung (*claim*) existieren. Eine Basis, von der aus man mit Gewissheit von solch einer Verbindung zur Welt wissen könnte, ist, wie die Kriterien Wittgensteins, fehlbar, nicht weil es dort, wo es diese Basis geben sollte, keine gibt, sondern weil es keinen Anspruch gibt, der die Relevanz solch einer Basis behaupten könnte (*provide the relevance of a basis*).

Cavell bezieht sich hier auf Kants Vorrede zur *Kritik der reinen Vernunft*: »Die menschliche Vernunft hat das besondere Schicksal in einer Gattung ihrer Erkenntnisse: daß sie durch Fragen belästigt wird, die sie nicht abweisen kann; denn sie sind ihr durch die Natur der Vernunft selbst aufgegeben, die sie aber auch nicht beantworten kann; denn sie übersteigen alles Vermögen der menschlichen Vernunft.«[35] Es gibt keine wirklichen Grundlagen des Wissens, weil wir, so Cavell, Wahrheitskriterien für Erkenntnis geschaffen haben, die diese gar nicht befriedigen könne, und uns damit selbst um das sichere Wissen von Existenz beraubt haben. Deshalb mündet sein Gespräch mit Wittgenstein in die Einsicht, dass ein menschliches Fundament (*basis*) in der Welt und für die Beziehung des Menschen zu ihr (*relation*) nicht eines des Wissens sein kann. Es ist vielmehr eines der Anerkennung.

Um diesen zentralen Begriff, den Cavell nicht als eine Alternative zum Wissen, sondern als dessen Interpretation versteht, genauer zu erläutern, soll im Folgenden der Fokus auf den Aufsatz »Knowing and Acknowledging« gelegt werden. Anhand eines spezifischen Beispiels, nämlich der Wissbarkeit des Schmerzes des Anderen, wird hier benannt, worum die letzten beiden Teile von *Claim of Reason* kreisen. An der Thematik des Schmerzes lässt sich nämlich besonders gut darstellen, dass auf die Erkenntnis der Begrenztheit des Wissens eine andere Haltung folgen muss als die der Verzweiflung – eine Haltung der Anteilnahme. Angesichts des Schmerzes des Anderen steht eine Forderung (*claim*) im Raum, nämlich die, etwas zu tun. Hier geht es um ein auf einen spezifischen Kontext bezogenes Handeln, welches aus dem Zweifel heraus die Verzweiflung überspringt, und an diesem Beispiel wird die Brücke zwischen der Philosophie der normalen Sprache und dem Skeptizismus ein weiteres Mal geschlagen. Cavell hält fest: Ich muss vom Schmerz des Anderen nicht wissen, sondern mich, meiner Ungewissheit gewahr, in eine praktische Situation begeben. Das Beispiel des Schmerzes macht so zugleich auch jenes dialektische Verhältnis von Wissen und Anerkennung sichtbar, um das (wie wir im vierten Kapitel sehen werden), Cavells Lektüre von Shakespeares *König Lear* kreist. Die Anerkennung bringt das Eingeständnis zum Ausdruck, dass ich zwar vom Schmerz des Anderen unmöglich wissen kann, dafür aber von seiner Andersartigkeit.

Die für *Claim of Reason* zentrale Behauptung, dass jeder Appell an den gewöhnlichen Gebrauch von Sprache als Widerlegung des Skeptizismus selbst widerlegbar ist, wird in »Knowing and Acknowledging« entlang der Frage erörtert, ob zwei Menschen denselben Schmerz haben können. Aus der Sichtweise der Philosophie der normalen Sprache hieße dies, mithilfe von Beschreibungen ein allgemeines Kriterium für Schmerz aufzustellen, anhand dessen dann überprüft werden könnte, ob dieses Kriterium beiden Betroffenen gemeinsam ist. Wenn der Schmerz durch dieses Kriterium identifiziert werden kann, ist es derselbe wie der, von dem ich meine, ich hätte ihn. Doch Cavell hält fest, dass diese Identitätskriterien nicht genügen, um die Vorstellung, es sei ›derselbe‹ Schmerz, gänzlich verständlich zu machen. Die genaue physische Ähnlichkeit (*similarity*), folgert er, sei nicht in jedem Fall ausreichend, um die verschiedenen Vorkommnisse des Schmerzes als gleiche auszuweisen, weil in der Beschreibung jener verbindliche Standard fehlt, der notwendig wäre, um die Frage nach der Gleichheit zweier Dinge in jedem Sinn beantworten zu können. Über den Weg einer Beschreibung kann man nie mit

Gewissheit wissen, ob jemand einen Schmerz hat oder nicht. Somit kann die Anzweiflung verbindlicher Kriterien für den Schmerz des Anderen durch den Skeptiker nicht widerlegt werden: Wir können nie sicher sein, ob wir denselben Schmerz haben wie der Andere. Solange wir die Gefühle des Anderen nicht mit unseren Empfindungen austauschen können (*have the same feeling*), können wir mit Gewissheit weder wissen, ob der Andere überhaupt Schmerz empfindet, noch ob dieses Gefühl uns verständlich ist.

Die Teilbarkeit (*sharability*) von Gefühlen übersteigt die sprachliche Beschreibung und schlägt somit jene entscheidende Lücke in der Kenntnis des Fremdpsychischen, in die laut Cavell die Anerkennung treten muss: »Kenntnis des Fremdpsychischen zu haben (*knowing another mind*) beinhaltet eine Folgerung (*inference*), so wie wir eingestehen, dass uns ein Wissen des Anderen fehlt; oder anders gesagt, es besteht ein Mangel in unserem Wissen des Anderen.« (Cl: 253) Als Umschrift der Einsicht in die Fragilität des eigenen Wissens im Hinblick auf den Anderen bietet sich ihm die Haltung einer Erwiderung (*response*) an. Wenn es eine Sache des Erschließens (*inference*) ist, dann kann ich zwar kein sicheres Wissen vom Anderen haben. Es wird aber ersichtlich, dass jede Vorstellung vom Wissen des Anderen durch meine Unabhängigkeit vom Anderen, von allen Anderen bestimmt ist. Die Denkfigur, die Cavell für die über ein Wissen hinausgehende Haltung der Erwiderung entwirft, besagt: Eine Situation wie die des Schmerzes, in der ich die Grenze meines eigenen Wissens nicht überschreiten kann, lässt mich die unumgängliche Separatheit des Anderen von mir (*separateness*) ins Blickfeld meines Bewusstseins rücken. Einen Anderen in die eigene Erfahrung zu bringen, von ihm und seinen Empfindungen zu wissen, läuft somit notwendigerweise darauf hinaus, die eigene Separatheit (*separateness*) anerkennen zu müssen.

Die Behauptung des Skeptikers, Gewissheit über Schmerzaussagen sei unmöglich, kann man also entschärfen (wenn auch nicht zurückweisen), indem man die Differenz zwischen Wissen und Anerkennung in den Vordergrund rückt. Der Skeptiker behauptet lediglich, dass nur der Andere wissen kann, ob er Schmerzen hat oder nicht. Er behauptet hingegen nicht, dass *nur* der Andere seinen eigenen Schmerz anerkennen kann. Ich hingegen kann von diesem Schmerz zwar mit Gewissheit nicht wissen, kann – und muss sogar – den Schmerz des Anderen aber anerkennen. Anerkennung reicht also über Wissen hinaus, und zwar in der Anforderung (*requirement*), auf der Basis dieses unzulänglichen Wissens zu handeln. Es mag zwar sein, dass man keine Gewissheit vom Schmerz des Anderen hat, doch dieser Mangel darf nicht (wie in den Tragödien Shakespeares) zu der Schlussfolgerung führen, dass wir vom Anderen nichts wissen können, weil dessen Gefühle uns unvermeidlich verborgen bleiben müssten. Nur weil man ein Wissen vom Schmerz eines Anderen im strengen Sinn nicht hat, heißt dies nicht, dass dieser Schmerz einem verborgen ist. Entscheidend gegenüber jenem Anspruch des Skeptikers, der nicht widerlegt werden kann, ist für Cavell, dass man sich gar nicht erst auf dessen Grundannahme einlässt, die ein Wissen des Anderen letztlich auf die Frage der Gewissheit bezieht. So lässt sich die grundsätzliche Erkenntnis, dass Gewissheit für ein Wissen des Anderen nicht ausreicht, zwar teilen, die Schlüsse jedoch sind andere als die eines radikalen Zweifels an der Welt.

Das von Cavell vertretene dialektische Verhältnis von Wissen und Anerkennung besagt stattdessen, dass die unumgängliche Andersartigkeit des Anderen einen Begriff des Wissens aufruft, der keine Funktion von Gewissheit ist. Den Schmerz des Anderen anzuerkennen führt zu der Einsicht, dass es in diesem Szenario eine Position gibt, die von meiner gänzlich unterschieden ist; anders nicht nur darin, dass sie zutreffender ist, sondern auch darin entscheidend, dass sie mir die Einsicht auferlegt, dass mein eigenes Wissen immer nur ein nachempfundenes (*second hand*) sein kann. Der Skeptiker hebt lediglich hervor, was jede gewöhnliche Alltagssituation deutlich macht: Beim Betrachten des Schmerzes des Anderen bin ich nicht in dessen Position und könnte es auch nie sein. Abwenden lässt sich die Behauptung des Skeptizismus jedoch dadurch, dass man die nicht zu schließende Lücke zwischen mir und dem Anderen als eine Chance begreift. An den Punkt eines unumgänglichen Unvermögens gelangt, bleibt es uns offen, wie wir auf die eigene Erfahrung der Getrenntheit (*separateness*) von allen anderen Menschen reagieren. Was sich nämlich den Augenschein eines Unvermögens gibt, würde womöglich verschwinden, wenn ich mir stattdessen Klarheit darüber verschaffte, wozu ich in meinem Bezug zum Anderen tatsächlich befähigt bin.

Jene Getrenntheit, die die Grundvoraussetzung von Individualität ist, erweist sich in Cavells geschickter Umwendung des Skeptizismus somit als Ausdruck einer ebenso bezeichnenden Abhängigkeit. Gegen das Unvermögen, vom Anderen zu wissen, sind wir machtlos und eben deshalb von ihm abhängig. In der Konfrontation mit den Schmerzen des Anderen wird mir unweigerlich deutlich, dass ich mich, sofern ich bereit bin, diesem Ausdruck von Schmerz zu erwidern, auf dessen Aussage verlassen muss, ohne je Gewissheit zu haben, dass auf die Rede des Anderen Verlass ist. Zugleich trägt der Schmerz des Anderen einen Anspruch an mich heran. Ich kann diesen Schmerz zwar nicht mit Gewissheit wissen, aber seine Darbietung fordert mich heraus, auf ihn mit einem ›Ich weiß, du hast Schmerzen‹ als Ausdruck von Teilnahme (*sympathy*) zu antworten. Der Augenblick, in dem ich begreife, dass ein nicht wissbarer Schmerz einen Anspruch an mich stellt (*makes a claim upon me*), markiert den entscheidenden Umschlag von Wissen in Anerkennung, in dem Cavell einen Ausweg aus dem Skeptizismus sucht, handelt es sich doch um ein Wissen, das nichts mit Sprachkriterien zu tun hat, sondern mit moralischem Handeln: »Es ist nicht ausreichend, für mich zu wissen (mir gewiss zu sein), dass du leidest. – Ich muss auch etwas tun oder etwas zeigen (was immer getan werden kann). Mit anderen Worten, ich muss deinen Schmerz anerkennen (*acknowledge it*), sonst weiß ich nicht, was der Satz ›(dein oder sein) Schmerz haben‹ bedeutet.« (K: 263)

Die Geste der Anerkennung stellt einen Sprung dar, der von einer Einsicht in die Begrenztheit des eigenen Wissens hervorgerufen wird, die Cavell zufolge keine überprüfbare Beschreibung einer spezifischen Erwiderung auf eine konkrete Situation beinhaltet, sondern eine Grundgegebenheit darstellt, »eine Kategorie, in Bezug zu der eine bestimmte Antwort (*response*) evaluiert werden kann« (K: 264). An dieser Stelle grenzt sich Cavell durch seine Bereitschaft, von der Arbeit mit der gewöhnlichen Sprache abzusehen, wenn eine konkrete Situation wie die des Schmerzes des Anderen dazu auffordert, entscheidend von Wittgenstein ab. Seine Haltung gegenüber dem Skeptizismus lässt ihn zu einer anderen Art des Ausdrucks gelangen; zur Anteilnahme als empathische Handlung: »Zu wissen, dass du Schmerzen hast, heißt, diesen Schmerz anzuerkennen oder diese Anerkennung zurückzuhalten (*withhold*). – Ich kenne deinen Schmerz, so wie du ihn kennst.« (K: 266) Dieses Wissen ist nur im Imaginären möglich. Davon zehrt u. a. die Literatur. Eine auf die Stabilität ihrer Kriterien überprüfbare gewöhnliche Sprache richtet hier hingegen nichts aus; was bleibt, ist eine offene Erwartung, eine Hoffnung.

Diese Öffnung hin zu Orten des Sprechens, die sowohl über das Wissen wie über den Gebrauch von Wörtern in der Alltagssprache hinausführen, prägt auch die beiden letzten Teile von *Claim of Reason*. Die Epistemologie ist begrenzt, aber diese Begrenzung ist nicht als Grenze wichtig, sondern als Aufforderung, eine Wende im Denken einzuschlagen, nämlich zu einer ethischen Haltung, die sich daraus ergibt, dass Sprechen immer auch Handeln ist und eine verantwortungsvolle Verankerung in der Welt gleichermaßen ermöglicht wie voraussetzt. Cavell tradiert Wittgenstein als Ethiker und verschränkt schließlich im dritten Teil von *Claim of Reason* eine Bestimmung der Ansprüche des Wissens (*claims to knowledge*) mit einer Bestimmung moralischer Ansprüche (*moral claims*). Von der Begrenztheit des Wissens ausgehend zeigt Cavell, dass moralische Argumente ein anderes Verhältnis zum Anderen festlegen, ein Verhältnis nämlich, in dem die Bereitschaft, Verantwortung für die Position zu übernehmen, die man in einem Gespräch einnimmt, thematisiert werden kann, vor allem dann, wenn sie nicht offensichtlich ist.

Auch im Hinblick auf Argumente, die das moralische Handeln betreffen, ist der Kontext, in dem dieses situiert ist, ausschlaggebend, denn nach Cavell gibt es in der Moral wie in den Sprachspielen zwei Grundhaltungen der Vernunft, mit denen wir konfrontiert werden können. Die eine nennt er Basis der Sorge (*basis of care*), die zweite Grund zur Verpflichtung (*ground for commitment*). Eine theoretische Begründung der Moral, die die Vernunft (*rationality*) moralischer Urteile offenbart, besteht für ihn darin zu zeigen, was diese beiden Grundhaltungen der Vernunft tragfähig macht. Und wieder sind hier jene Grenzfälle entscheidend, in denen man sich nicht auf die Konvention der Lebenswelt verlassen kann. Damit weist Cavell auf jene Situationen voraus, die ihn in den Tragödien Shakespeares und im Hollywood-Melodrama interessieren werden: Eine Konfrontation mit dem Anderen kann schiefgehen. Es kann uns passieren, dass wir die Sorge und die Verpflichtung Anderer missverstehen oder diese uns plötzlich ihre Anteilnahme entziehen. Die philosophische Konsequenz daraus ist jener Begriff der Anerkennung, den Cavell bereits als Antwort auf die Begrenzung sprachlicher Wahrheitskriterien angeboten hat. »Was erforderlich ist in der Begegnung (*confrontation*) mit einer anderen Person, ist nicht, ob du ihn oder sie magst, sondern deine Bereitschaft, aus welchem Grund auch immer, seine oder ihre Position mit in Betracht zu ziehen (*take his or her position into account*) und die Konsequenzen dieser Betrachtung zu ertragen (*bear the consequences*).« (Cl: 326)

Auch im letzten Teil von *Claim of Reason*, den Cavell als ein philosophisches Tagebuch konzipiert hat, unterstreicht er die ethische Haltung, die er Wittgensteins Vision der Sprache entnimmt. Hatte bereits seine Auseinandersetzung mit der Fehlbarkeit von Sprachkriterien ihn wiederholt auf das Problem einer fehlenden Übereinstimmung zwischen innerem Selbstverständnis und äußeren Selbstaussagen gestoßen, so benennt er nun Wittgensteins Bemühen um ein richtiges Verhältnis von Intimität und Öffentlichkeit, von Seele und Gesellschaft als die Moral (*moral*) der *Philosophischen Untersuchungen*. Zur Fantasie einer Sprache der Intimität, die einem Individuum ganz eigen wäre, schreibt Wittgenstein: »Soweit es *Sinn* hat, zu sagen, mein Schmerz sei der gleiche wie seiner, soweit können wir auch beide den gleichen Schmerz haben.« Eine emphatische Betonung der Schmerzbezeichnung stellt für ihn jedoch kein Kriterium der Identität dar, denn er fährt fort: »Die Emphase spiegelt uns vielmehr nur den Fall vor, daß ein solches Kriterium uns geläufig ist, wir aber daran erinnert werden müssen.« (PhU, § 253)

Die moralische Lehre, die Cavell seinerseits aus der Fantasie der Intimität des Selbstausdrucks zieht, wendet die Grenze sprachlicher Übereinstimmungsfähigkeit, wie sie sich im Fall des Schmerzes des Anderen besonders deutlich zeigt, zu einem moralischen Anspruch, den das Individuum an sich selbst stellt. Er stellt den Versuch dar, Rechenschaft abzulegen (*account for*) von unserer Separatheit (*separateness*), von unserer mangelnden Bereitschaft (*unwillingness*) oder unserem Unvermögen (*incapacity*), etwas zu wissen oder dem Wissen zugänglich zu machen (*to know or to be known*), und soll diese Singularität zugleich beschützen. Scheitert diese Fantasie, dann müssen wir erkennen, dass es jene von der Sprache nicht auszulotende Tiefe der Intimität des Selbst *nicht* gibt, und wir müssen einsehen, dass unsere Separatheit unbegrenzt und unbegründet ist. Die moralische Wende, die Cavell den *Philosophischen Untersuchungen* entnimmt, besagt, dass wir für diese Separatheit, diese unumgängliche Lücke zwischen mir und dem Anderen sowie zwischen meinem bewussten Selbst und jener seelischen Instanz, die mir fortwährend das Scheitern einer Übereinstimmung in der Sprache vor Augen führt, verantwortbar (*answerable*) sind – nicht weil wir diese Fantasie eines authentischen Selbst gegen die Enttäuschung durch eine unzulängliche Sprache verteidigen wollen, sondern weil selbst die vollkommenste Übereinstimmung in den Lebensformen, den Kriterien der gewöhnlichen Sprache, die Andersartigkeit des Selbst (als dessen grundsätzliche Bedingung) nicht tilgen kann.

So mündet *Claim of Reason* in eine Diskussion der Anerkennung, die diesem Begriff noch eine weitere ethische Wendung gibt. Eine zentrale Denkfigur, die in Cavells Lektüren sowohl von Shakespeares Dramen wie des Hollywood-Melodramas fortwährend wiederkehrt, besagt, dass die Alternative zur Anerkennung des Anderen nicht meine Unwissenheit (*ignorance*), sondern meine Vermeidung (*avoidance*) des Anderen ist, die einer Verneinung gleichkommt. In dieser Denkfigur fällt die Enttäuschung über Sprachkriterien, die Cavell seiner Lektüre Wittgensteins entnimmt, mit einer Enttäuschung über die Möglichkeit des Wissens überhaupt zusammen. Die Rückführung der Wörter in die Heimat eines gewöhnlichen Gebrauchs stellt angesichts der Unwissbarkeit des Anderen keine Befriedigung dar: »Es gibt keine *alltägliche* Alternative zum Skeptizismus, was die Kenntnis des Fremdpsychischen betrifft.« (Cl: 440) Denn dieser Skeptizismus betrifft weniger meinen Zweifel darüber, *ob* ich etwas wissen kann, als meine Enttäuschung darüber, *dass* ich den Anderen in seiner Andersheit nie erkennen werde. In der Anerkennung sowohl meiner unvermeidlichen Separatheit wie auch der Begrenztheit des Wissens vom Anderen liegt hingegen eine lebbare Alternative, nicht zum Skeptizismus zwar, aber zu jenem Verlust von Welt, den dieser mit sich bringt. So können wir das Wissen über die Begrenztheit des eigenen Wissens und des Vermögens, in der Sprache Übereinstimmung zu schaffen, selbst ins Gewöhnliche zurückführen und dort als jenen unvermeidlichen Zustand akzeptieren, den Cavell ein Leben mit dem Unheimlichen des Gewöhnlichen (*uncanniness of the ordinary*) nennt.

Sündenfall der Sprache oder das Sein im Gewöhnlichen

Auch nach der Veröffentlichung von *Claim of Reason* ist Cavell immer wieder zu den *Philosophischen Untersuchungen* zurückgekehrt, um seine Vorstellung von Philosophie als produktive Erfahrung von Heimatlosigkeit herauszuarbeiten. In dem Aufsatz »Declining Decline« wird an Wittgensteins Forderung einer Rückführung der Wörter von ihrer metaphysischen in ihre alltägliche Verwendung die Frage der Umgangssprache auf jene idiosynkratische Prägung des Begriffs des Gewöhnlichen (*ordinary*) gebracht, der für Cavells doppelgleisiges Denken ebenso zentral ist wie jener der Anerkennung. Obgleich Cavell nämlich die Veralltäglichung (*diurnalization*) als einen der entscheidenden Ansprüche der Philosophie an die Vernunft versteht, weist er zugleich darauf hin, dass der alltäglichen Sprache eine eigentümliche Rastlosigkeit innewohnt. Der Vorstellung von Heimat eignet stets etwas Unheimliches, weil aus der Rückkehr ins Gewöhnliche jener

Verlust, den diese Rückführung mit sich bringt, nicht zu tilgen ist. Wenn Wittgenstein danach fragt, ob wir »denn dieses Wort in der Sprache, in der es seine Heimat hat, je tatsächlich so gebrauch[en]« (PhU, § 116), so antwortet Cavell: »In der Philosophie sind Wörter irgendwie unterwegs (*away*), als wären sie im Exil, da Wittgensteins Wort seine Heimat sucht.« (D: 34)

Wörter sind stets auf Achse, unterwegs, sie schwänzen ihre Arbeit (*truant*); Letzteres wahrscheinlich eine Anspielung auf den letzten Absatz des § 38 der *Philosophischen Untersuchungen*: »Denn die philosophischen Probleme entstehen, wenn die Sprache feiert.«[36] Es liegt an *uns*, sie zurückzuführen zu ihrer Arbeit im Alltäglichen. Dies kann indes nur gelingen, wenn sie uns angehen (*attract*) und wir sie regulieren (*command*), was für Cavell zugleich bedeutet, auf sie zu hören. Zugleich hebt er hervor, dass Wittgensteins Bild vom Verlust oder Exil der Wörter weit extremer ist, als die Möglichkeit ihrer Rückführung in die Heimat ihres Gebrauchs suggeriert, denn diese stellt für ihn keineswegs eine endgültige Ankunft dar. Für die Rückführung von Wörtern ins Gewöhnliche sind wir selbst verantwortlich, weil wir sie durch den metaphysischen – aber auch durch den literarischen – Gebrauch selbst ins Exil getrieben haben. Ihre Rückführung bedeutet zudem keine Festschreibung, sondern eher eine kontextuelle Überprüfung, wie sie auch für die Klärung von Begriffsintensionen nötig ist. So wie die Vorstellung, Wörter seien unterwegs (*as away*) die *Philosophischen Untersuchungen* durchzieht, entpuppt sich das Exil als eine grundsätzliche Haltung des modernen Philosophierens. Erst eine Erfahrung der Befremdung oder der Störung in Übereinstimmungen führt schließlich überhaupt zu einer Hinterfragung von Bedeutungen und Wissen.

In Wittgensteins Satz »Ein philosophisches Problem hat die Form: ›Ich kenne mich nicht aus.‹« (PhU, § 123) macht Cavell jenes fast melodramatische Verlorensein in Wittgensteins Erkenntnisbemühungen aus, die dessen *Philosophische Untersuchungen* als einen fortwährenden spirituellen Kampf (*spiritual struggle*) zwischen Skeptizismus und neuer Beheimatung lesbar machen. Cavell zitiert nochmals Wittgensteins Philosophen, der mit emphatischer Betonung die Einzigartigkeit des eigenen Schmerzes behauptet: »Aber der Andere kann doch nicht DIESEN Schmerz haben!«, (PhU, § 253), greift diese Szene nun aber auf, um das Exil der Wörter (*exil of words*) in den Vordergrund zu rücken. In der Verzweiflung will er nämlich auch die Sehnsucht nach einem gänzlich intimen, dem Anderen unzugänglichen Selbstausdruck vernehmen. Wittgensteins Einsicht, dass durch die emphatische Betonung der Einzigartigkeit des eigenen Schmerzes kein Kriterium der Identität zu gewinnen sei, versteht Cavell nun als Bekenntnis zu jener uneinholbaren Begrenztheit (*finitude*) des Menschen, die die Einzigartigkeit des Anderen in der Anerkennung seiner Verzweiflung und Hoffnung würdigt, ohne ihn doch für sich zu vereinnahmen.

Die Veralltäglichung (*diurnalization*), die Cavell an Wittgensteins Vision von Sprache entfaltet, will das Gewöhnliche als Kriterium zurückgewinnen und stellt somit einen Rückgriff auf den antiken Anspruch der Philosophie dar, uns aufzuwecken (*awaken us*), uns zur Vernunft zu bringen. Da wir dabei jedoch nicht in einen vertrauten Zustand zurückkehren (*anything we have known*), handelt es sich bei dieser Rückkehr eher um eine Kehrtwendung (*turning*) der Weltanschauung.[37] Und so gelangt man schließlich an einen Punkt, der sich von jenem, den man verlassen hatte, signifikant unterscheidet.

Die Doppelgleisigkeit, die bereits das Argument von *Claim of Reason* prägte, wendet Cavell ein weiteres Mal und verweist auf die ethische Verpflichtung des Denkenden, ein Erbe anzutreten. »Wenn die Philosophie fortbestehen will«, konstatiert Cavell, »muss sie weiterhin beerbt (*inherited*) werden.« (D: 71) Diese Erbschaft, in seinem Fall die stete Rückkehr zu Wittgenstein, besteht darin, in der Nachfolge Wittgensteins in eine ungeschützte Offenheit (*unguardedness*, *openness*) einzutreten, besteht doch eine weitere Moral der *Philosophischen Untersuchungen* für ihn in der Empfänglichkeit (*responsiveness*) als der zentralen Tugend der Philosophie. Was diese Teilnahme für die Philosophie kennzeichnend macht, ist nicht die Vorstellung, dass Erwiderung (*response*) allumfassend sei, »sondern dass sie unermüdlich (*tireless*) sein wird, wach, während Andere schlafen« (D: 74). Was Wittgenstein nämlich gegen das unermüdliche Unterwegssein der Sprache in die Schale wirft, ist die Behauptung, von einer philosophischen Praxis (*practice*) des Gewöhnlichen (*ordinary*) müsse zwar angenommen werden, dass ihr mit Zweifel begegnet werde. Zugleich liegt in ihr aber die Hoffnung auf eine Erwiderung, in der mich der Andere in einem doppelten Sinn angeht: Er betrifft mich und er trägt seine Andersartigkeit an mich heran.

In dem Aufsatz »What is the Scandal of Skepticism?« kehrt Cavell elf Jahre später nochmals zu jener erwidernden Verantwortung zurück, die er als das philosophische Erbe Wittgensteins betrachtet. Die nicht zurückzuweisende Bedrohung des Skeptizismus (*standing threat of skepticism*) siedelt er dabei weiterhin in der gewöhnlichen Sprache selbst an. Die Frage, auf die er nun eine Antwort zu finden sucht, ist jedoch weder die These noch die Schlussfolgerung des Skeptikers, sondern warum die Philosophie chronisch eine Flucht aus dem Gewöhnlichen befördert hat. Das Gewöhnliche, vor dem das philosophische Denken flieht, erweist sich dabei selbst als Schöpfung des Skeptizismus. »Dieses Regime eines versehrten Gewöhnlichen (*vulnerable ordinary*) bedeutet für mich«, erklärt Cavell, dass »wir [...] die Richter (*judges*) dessen [sind], was Veränderungen in unserer Art, zu denken und die Welt mit Worten zu versehen (*wording the world*), hervorruft und toleriert.« (W: 134) Während der Skeptiker an der Fehlbarkeit des Gewöhnlichen verzweifelt und schließlich auf eine Beheimatung in der Sprache verzichtet, führt die metaphysische Unbegründetheit (*ungroundedness*) der Sprache Wittgenstein zu einer anderen Schlussfolgerung. Entscheidend für Cavell ist hierbei eine Szene aus den *Philosophsichen Untersuchungen*, in der ein Schüler eine Rechenaufgabe falsch löst und die Wittgenstein folgendermaßen kommentiert: »Es würde uns nun nichts nützen, zu sagen: ›Aber siehst du denn nicht ...‹ – und ihm die alten Erklärungen und Beispiele zu wiederholen.« (PhU, § 185) Stattdessen führt diese Szene Wittgenstein dazu, wenige Abschnitte später von der Begrenztheit (*limitation*) und Endlichkeit (*finitude*) aller Erklärungsversuche zu sprechen: »Habe ich die Begründungen erschöpft, so bin ich nun auf dem harten Felsen angelangt, und mein Spaten biegt sich zurück. Ich bin dann geneigt zu sagen: ›So handle ich eben‹.« (PhU, § 217)

Für Cavell liegt die Konsequenz dieser fehlgeschlagenen Unterweisung nun bezeichnenderweise nicht darin, die Fragilität von Kategorien beweisen zu wollen. Dass mein Spaten sich zurückbiegt, heißt lediglich: ›Ich kann mich nicht weiter vorwärts bewegen, kann dafür aber eine andere Antwort abwarten.‹ Hatte Cavell in *Claim of Reason* die Anpassung (*accommodation*) interessiert, welche die Unmöglichkeit von Übereinstimmung in der gewöhnlichen Sprache überbrückt, so beschäftigt ihn nun, in welchen Situationen eine Anpassung nicht mehr möglich ist, weil auch in diesem Fall das Scheitern einer Lebensform uns erst dazu anhält, nicht nur deren Grenzen anzuerkennen, sondern überhaupt über die Möglichkeiten der gegenseitigen Teilnahme zu reflektieren: über jenes Gespräch (*conversation*), das im besten Fall die Lücke zwischen mir und dem Anderen überbrückt. Der Skandal, den Wittgensteins *Philosophische Untersuchungen* darstellen, besteht deshalb für ihn darin, dass sie fortwährend jene Stelle im gewöhnlichen Gebrauch von Wörtern umkreisen, an der der Skeptizismus als Möglichkeit aufscheint, jedoch *nicht* angenommen werden *muss*.

Der untilgbare Zweifel, mit dem Wittgenstein befasst ist, besteht darin, dass wir aufgrund unserer Endlichkeit nie alle Konsequenzen des eigenen Handelns und Sprechens überblicken können und dennoch zu jeder Zeit ohne ausreichende Begründung handeln. Entweder man vertraut dem eigenen Vermögen, sich gegen allfälliges Unglück zu wehren. Oder man reagiert auf die irreduzible Fremdheit der Welt, indem man ihr mit Gleichgültigkeit begegnet. Das Gegengift zu dieser durch den Skeptizismus hervorgerufenen Abtötung der Anteilnahme findet Cavell hingegen ebenfalls bei Wittgenstein: »Wenn Einer in der Hand Schmerzen hat, so sagt's die *Hand* nicht (außer sie schreibt's), und man spricht nicht der Hand Trost zu, sondern dem Leidenden; man sieht ihm in die Augen.« (PhU, § 286) Das Gewöhnliche erweist sich im Denken Cavells also nicht nur als Ort der Ruhelosigkeit und Wachsamkeit. Es ist auch der Ort, an dem die Begrenztheit des Wissens eine fortwährende Forderung nach Empfänglichkeit (*responsiveness*) für die Ansprüche, die die Existenz des Anderen an mich stellt, erzeugt.

Läuft der vierte Teil von *Claim of Reason* darauf hinaus, dass wir, an jenem Punkt angelangt, an dem es in der Übereinstimmung mit dem Anderen nicht vorwärtsgeht, einsehen müssen, dass wir den Anderen zwar nicht erkennen, dafür aber anerkennen können, so präzisiert Cavell in diesem späten Aufsatz nochmals, woran ihm in seiner Antwort auf die Bedrohung des Skeptizismus weiterhin gelegen ist. Zweifel an der Erkennbarkeit des Anderen stellen keinen allgemeinen intellektuellen Mangel dar, sondern die Haltung, die ich in Anbetracht der Opazität des Anderen einnehme. Jener Skeptizismus, der sich als Tragödie in den Dramen Shakespeares vollzieht, betrifft die Verneinung (*denial*) des Anderen. Sie kommt einer Vernichtung (*annihilation*) gleich, denn auf einen Ausdruck des Schmerzes reagiert sie nicht mit dem Blick ins Auge des Anderen, sondern vermeidet eben diesen Austausch der Blicke. Zwar versuchen wir uns an das jüdisch-christliche Gebot ›Du sollst nicht töten‹ zu halten. Doch gerade der Schauplatz des Gewöhnlichen ist eine Bühne für jene unzähligen Verneinungen (*denial*) des Anderen, von deren kulturellen Energien die Pathosformeln der Tragödie und des Melodramas zehren: Verärgerung, anhaltender Groll, falsches Schweigen, Glauben an Gerüchte, Angst vor einer Überwältigung durch den Anderen, Fantasien der Einsamkeit und der Selbstverschwendung. *Anagnorisis* würde laut Cavell deshalb bedeuten, »an mir zu erkennen, dass ich den Anderen verweigere, an mir zu verstehen, dass ich Chaos in mir trage« (W: 151). Die Unmöglichkeit, den Skeptizismus zurückzuweisen, führt uns somit nicht nur zu einem Verständnis der gewöhnlichen Sprache, der die Spuren ihrer eigenen Fehlbarkeit immer eingeschrieben sind, zurück. Sie mündet im besten Fall auch in einer Anerkennung des Anderen, im Wissen um jene Fremdheit, die nicht nur der Andere, sondern vor allem das Selbst immer in sich trägt.

In »The Wittgensteinian Event« blickt Cavell noch ein weiteres Mal auf die Beziehungen, die er auf seinem Atlas philosophischer Denkfiguren zwischen Wittgensteins Kriterien, dem Schauplatz des Gewöhnlichen und der Bedrohung des Skeptizismus entworfen hat. Diesmal geht es ihm jedoch um eine mythologische Erzählung des Sündenfalls der Sprache, darum, jene grundsätzliche Rastlosigkeit der Vernunft zu ergründen, die für die Sehnsüchte und Verzweiflungen des denkenden Menschen verantwortlich ist. Nochmals hält er fest, das Gewöhnliche zeige sich in den *Philosophischen Untersuchungen* als jener Sprachgebrauch, jene Lebensformen, die der Skeptizismus in Abrede stellt (*deny*) und die die Metaphysik zu transzendieren sucht: »wenn man so will, ein fiktionaler Ort, der nachträglich hergestellt wird durch die Flucht der Philosophie vor der alltäglichen Grundlosigkeit oder vor deren Vorurteilen und fixierenden Bestimmungen« (WE: 195). Sein Gegenmythos zum Garten Eden, der ein Gegenentwurf unserer sprachlichen Versehrtheit ist, verfolgt weiterhin ein doppelgleisiges Erkenntnisinteresse. Einerseits hält Cavell uns an, jene Kraft zu erkennen, die uns wiederholt dazu verführt, den Schauplatz des Gewöhnlichen zu verlassen – ein Nachleben von Luzifers Sprachzauber, der in Miltons Epos *Paradise Lost* Eva zum Baum der Erkenntnis führt. Andererseits lenkt Cavell unseren Blick auf das Unglück, das unweigerlich auf diese Verführungen folgen muss.

Bei Wittgenstein findet er ein treffendes Denkbild für die Doppeldeutigkeit dieser Verführung: »Wir sind aufs Glatteis geraten, wo die Reibung fehlt, also die Bedingungen in gewissem Sinne ideal sind, aber wir eben deshalb auch nicht gehen können.« (PhU, § 107) Die mythologische Beschreibung unseres Verlangens nach einem anderen Sprachmedium als jenes festen Bodens des Alltäglichen, der den menschlichen Gang trägt (*supports*), birgt die Gefahr, das Vermögen des Selbstausdrucks gänzlich zu verlieren. Wittgensteins Szene endet deshalb mit der ernüchternden Forderung: »Wir wollen gehen; dann brauchen wir die *Reibung*. Zurück auf den rauhen Boden!« (PhU, § 107); eine Rückkehr, die Cavell analog zu jenem anderen Anspruch des Gewöhnlichen versteht, die Wörter aus ihrer metaphysischen wieder in ihre alltägliche Verwendung zurückzuführen. Es ist der philosophisch Denkende, der die Wörter ins Exil schickt (oder aufs Glatteis), um schließlich in der Rückkehr zum Gewöhnlichen und in der Reibung, die dieses *ordinary* bietet, eine Rettung zu entdecken, die zwar weniger gefährlich scheint, aber dennoch Spuren des Unheimlichen trägt. Sich an den gewöhnlichen Gebrauch eines Wortes zu erinnern bedeutet zwar, den vertrauten Ort des Alltäglichen zurückzugewinnen. Zugleich wirft dies für Cavell jedoch eine Frage auf: »Wenn es so leicht ist, ins Exil zu geraten, oder aufs Glatteis, was ist, oder war, unser Leben in unserer vermeintlichen Heimat, und was würde es bedeuten, dorthin ›zurückzukehren‹?« (WE: 199)

Wittgensteins mythische Szene einer Wiedererlangung des rauen Bodens des Alltäglichen will Cavell deshalb als Rückführung der Wörter in eine Zirkulation von Sprache und ihre Projektionen verstanden wissen und nicht als Fixierung in einer imaginären Vorstellung von Heimat. Es handele sich dabei weniger um eine Rückkehr (*return*) als um eine Wende (*turn*), »darum, daß wir uns umkehren« (*to reverse ourselves*). Denn Wittgenstein hält fest: »Die Betrachtung muß gedreht werden, aber um unser eigentliches Bedürfnis als Angelpunkt.« (PhU, § 108) An diesen eigentlichen Bedürfnissen wird die Praxis des *ordinary* gemessen, im Sinne einer Haltung, die sich dezidiert gegen falsche Bedürfnisse wendet. Ausschlaggebend für die Vision des menschlichen Lebens, die Cavell den *Philosophischen Untersuchungen* entnimmt, ist somit jene Aufforderung Wittgensteins zum Innehalten und Hinsehen, die einem Ende jeglicher Selbstverblendungen und Illusionen gleichkommen würde (und die deshalb auch Cavells Lektüren der Shakespeare-Dramen und der Hollywood-Melodramen leitet): »Sag nicht: ›Es muß ihnen etwas gemeinsam sein, sonst heißen sie nicht ›Spiele‹ – sondern schau, ob ihnen allen etwas gemeinsam ist.« (PhU, § 66)

Zwar räumt Cavell durchaus ein, dass diese ›mythischen‹ Szenen eines Sündenfalls der Sprache nur wenige Passagen der *Philosophischen Untersuchungen* betreffen. Um die unsaubere Schnittfläche zwischen Philosophie und Literatur aber als Horizontlinie seines Denkens zu kennzeichnen, besteht Cavell ebenfalls darauf: »Für Wittgenstein besteht das Mythologische darin, dass der Philosoph eine selbstkritische Sichtweise bereitstellen muss zu dem, was seine philosophische Arbeit ausmacht, was er an dieser Arbeit für wichtig hält, warum sie in ihrer Art schwierig ist, warum sie die Gestalt angenommen hat, die sie hat.« (WE: 200) Das Gewöhnliche ist Schauplatz eines uns unserer Verhaftung in der Welt versichernden Sprachgebrauchs. Dieses Gewöhnliche erhält seine Brisanz eben dadurch, dass die Umkehrung, die zum *ordinary* führt, aus einer Erfahrung moralischer Verwirrung (*moral perplexity*) entsteht. Erst die philosophische Befragung eines Wortgebrauchs, die dieses Wort unheimlich erscheinen lässt, bewirkt nämlich die Einsicht, dass unser Leben fragwürdig geworden ist und einer Umkehr bedarf.

Um das Außerordentliche und die Befremdung hervorzuheben, die dem philosophischen Staunen innewohnt, kehrt Cavell nochmals zu Wittgensteins Definition zurück: »Ein philosophisches Problem hat die Form: ›Ich kenne mich nicht aus.‹« (PhU § 123). Angesichts des Desiderats einer »übersichtlichen Darstellung« (PhU, § 122) stellt die Philosophie eine Bewegung von Verwirrung und Chaos zu Klarheit und Ordnung dar; eine Bewegung von dem Gefühl, in der Welt verloren zu sein, zu einem Wiederfinden unserer selbst (*from being lost to finding ourselves*). Der erste Schritt besteht Cavell zufolge deshalb darin, uns vor Augen zu führen, »dass wir tatsächlich verloren, verwirrt, chaotisch sind, selbst wenn wir mit voller Überzeugung (*full of conviction*) über uns nachdenken« (WE: 201).

Zwar lässt laut Wittgenstein die Philosophie »alles, wie es ist« (PhU, § 124). Jener tatsächliche Gebrauch der Sprache, die die Philosophie nicht antasten darf, umfasst nach Cavell allerdings zwei zeitlich unterschiedene Erfahrungen des Gewöhnlichen. Das philosophische Denken wird ja gerade von unserem Unvermögen hervorgerufen, unser alltägliches Leben zu lassen, wie es ist. Eine (noch nicht) philosophisch hinterfragte Existenz im Gewöhnlichen gleicht einem Exil und lässt uns die eigene Fremdheit erfahren, auch wenn wir damit aufs Glatteis geraten. Cavells Begriff des *ordinary* erweist sich so auch in dem Sinne als immanent doppelgleisig, als er die zwei extremen Pole möglicher Haltungen zur Welt und zu sich selbst umfasst: Illusion und Realität (Platon), Konformität und Selbstvertrauen (Emerson), vor allem aber – mit Wittgenstein – das Versprechen einer Ruhe nach der Rastlosigkeit. Die Rückgewinnung des Gewöhnlichen hat den tatsächlichen Gebrauch der Sprache zwar nicht angetastet, bedeutet dafür aber eine veränderte Haltung ihr gegenüber, die in der Versicherung, die sie verspricht, gleichwohl nie sicher ist. Deshalb beharrt Cavell darauf, dass die »Spezifizität der Satzteile (*clauses*) in Wittgensteins Mythologie des Gewöhnlichen [...] die Haltung (*sense*) eines fortwährenden Versuches her[stellt], das Außergewöhnliche inmitten des Gewöhnlichen unseres Lebens zu erkennen« (WE: 202).

Cavell besteht also nicht nur darauf, Wittgenstein als Ethiker zu lesen, er rückt auch die Leidenschaft und Dringlichkeit, mit der er eine Rückkehr ins Gewöhnliche fordert, in die Nähe von Emersons *moral perfectionism*. Zudem will er jene literarischen Momente der *Philosophischen Untersuchungen* begründen, die ihm vor allem im Hinblick auf die Vorstellung eines Exils der Wörter bedeutsam erscheinen. Das Schicksal des menschlichen Subjekts, an seiner Sprache und seinem Wissen zu verzweifeln, weil die Kriterien der gewöhnlichen Sprache notwendigerweise enttäuschen müssen, kann anscheinend nur in einer mythologischen Szene beschrieben werden. Die letzte Drehung seiner Behauptung, die *Philosophischen Untersuchungen* stellten für die herkömmliche Philosophie der normalen Sprache einen Skandal dar, besteht für Cavell darin, dass man dieser Schrift durchaus Wittgensteins Anspruch entnehmen kann, die Lösung eines philosophischen Problems könne, an der Grenze von Sprachkriterien angelangt, einer ästhetischen Interpretation bedürfen (*require*) und zu dieser regelrecht einladen (*invite*).

Am Denkbild jener Luftgebäude, die Wittgenstein mit seiner Philosophie zerstören will, macht Cavell schließlich fest, wie seine eigene Philosophie die Geste einer schöpferischen Rastlosigkeit nicht jenseits, sondern im Gewöhnlichen beerbt hat. »Mein eigenes Gefühl der Befreiung, als ich den *Philosophischen Untersuchungen* begegnete, bestand darin, dass diese Schrift mir die Freiheit gab, jede Erfahrung oder jeden Text (egal in welchem Medium), der mich genuin interessierte, zu ergründen.« Vorwiegend von Wittgenstein hat er die Vorstellung übernommen, dass die Aufgabe der Philosophie im Antworten liegt und eine Haltung der Erwiderung, der Empfänglichkeit (*responsiveness*) beinhaltet, die nahtlos in Verantwortung übergeht. Seinen Anspruch auf die Erbschaft (*inheritance*) Wittgensteins führt er deshalb auf einen Anspruch an sich selbst zurück: »Es gilt, dasjenige in Worte zu fassen, was immer mich bewegt; es gilt zudem, Widerstand zu leisten gegen die Versuchung, der Welt meiner eigenen Erfahrung gegenüber verloren zu gehen, was bedeuten würde, meine Befähigung, die Gerechtigkeit meiner Welt zu beurteilen, abzugeben.« (WE: 212)

3. Etüden zu Thoreau, Emerson und Freud

Walden: Ein Buch über das Schreiben

In einem ergreifenden Exkurs schweift Cavell in seiner Lektüre des *König Lear* von der Shakespearebühne ab, um im letzten Essay der Sammlung *Must We Mean What We Say* den Blick auf die Gründungsszene jener britischen Kolonie zu werfen, die nach Königin Elizabeth I. benannt wurde. Aus seiner Verzweiflung über den Vietnamkrieg schreibt er bereits der Landung der ersten amerikanischen Siedler an der Küste Nordamerikas eine besondere Schicksalhaftigkeit zu. »Klassische Tragödien waren immer national«, stellt er fest. »Deshalb ist es vielleicht kaum verwunderlich, dass Nationen tragisch geworden sind.« Bei keiner der großen modernen Nationen, fährt er fort, ist hingegen die Tragödie so sehr mit ihrer Geschichte und ihrer Identität verschränkt wie in Amerika. Die Besetzung der neuen Welt stellte von Anfang an die Erfüllung einer biblischen Schrift dar. Die ersten Pilgerväter traten an Land wie auf eine Bühne, auf der ein von den Propheten ihres Glaubens versprochener Traum an die Möglichkeiten der Selbsterneuerung Wirklichkeit werden sollte. Amerika war also nie einfach nur ein geografischer Ort, sondern Bühne eines mythischen und performativen Ereignisses: »Bevor Frankreich und England entstanden sind, gab es Frankreich und England; aber bevor Amerika entstand, gab es kein Amerika.« Dieses Amerika, so fügt Cavell hinzu, »wurde entdeckt, und was entdeckt wurde, war nicht ein Ort, einer unter vielen, sondern ein szenischer Hintergrund (*setting*), der Hintergrund (*backdrop*) eines Schicksals (*destiny*). Es begann als Theater.«[38]

In diesem knappen Exkurs geht es Cavell darum, dass das amerikanische Projekt – so gewagt der Gedanke, einen göttlichen Auftrag zu erfüllen, indem man einen Kontinent besiedelt, auch gewesen sein mag – von Anfang an mit dem Gefühl, sich der eigenen Identität ungewiss zu sein, befrachtet war. Wenn Amerika darauf gründet, dass dort den ersten Puritanern ihr eigenes Schicksal vor Augen stand, so musste dieses Schicksal immer wieder erkämpft und von Neuem verwirklicht werden. Das Dilemma Amerikas als Projekt der Selbstverwirklichung besteht darin, dass jeder gegenwärtige Zustand ständig an der fantastischen Verheißung seines Ursprungs gemessen werden muss, an den großartigen Möglichkeiten, die man sich in der Geschichte wiederholt für dieses Land versprochen hat. Gleichzeitig wird der Optimismus, der für die Aufrechterhaltung des Kampfs um seine permanente Bestätigung erforderlich ist, stets durch die Furcht vor dem Scheitern der ursprünglichen Verheißung gedämpft: durch das entsetzliche Gefühl, wie Cavell es nennt, dass der Traum schon sehr bald verloren gehen könnte oder tatsächlich schon längst verloren gegangen ist.[39]

Ein nüchterner Umgang mit dem *american dream* besteht hingegen darin, ein Wissen um die Fragilität dieser nationalen Vision immer vor Augen zu halten; nicht als Zweifel oder Angst, sondern als Herausforderung. Ein amerikanischer Denker, der sich in seiner Selbstreflexion notwendigerweise immer auch mit seinem Verhältnis zum amerikanischen Projekt befasst, bewegt sich deshalb entlang einer Horizontlinie zwischen Traum und Realisierbarkeit. Die Einsicht, dass das Versprechen (*promise*) des amerikanischen Projekts in seiner Ausschließlichkeit entweder nicht realisierbar oder stets gefährdet ist, führt Cavell zu einer philosophischen Denkformel, die er den Schriften der amerikanischen Transzendentalisten Ralph Waldo Emerson und Henry David Thoreau entnimmt. Die Antwort auf das Problem, dass Amerika als Demokratie zu erreichen, jedoch noch nicht erreicht worden ist (*attainable, but not yet attained*), liegt nicht in jenen Sternen, auf die sich Shakespeares tragischer König Lear verlassen will. Sie liegt auf der Hand. Oder besser gesagt: Sie liegt in den einfachen, gewöhnlichen Dingen der Welt. Diesem Alltäglichen (*ordinary*) muss man sich zuwenden (wie in der Einleitung bereits für Emersons *moral perfectionism* und im vorhergehenden Kapitel für Wittgensteins Rückführung der Wörter in die gewöhnliche Sprache beschrieben), und zwar nachdem man am Höhepunkt einer seelischen Krise dazu bereit ist, sich selbst gegenüber Rechenschaft abzulegen.

Die Zuversicht, die einen ein Vertrauen an ein Morgen und Übermorgen im Gewöhnlichen hegen lässt, weil man die »leise Verzweiflung« (Thoreau), die »melancholische Trauer« (Emerson) um alle Enttäuschungen abgelegt hat, versteht Cavell aber auch als Antwort auf den Zweifel, der mit Descartes Einzug in die Philosophie gehalten hat. Neben Wittgenstein gehören Emerson und Thoreau deshalb zu den Autoren, deren Schriften Cavell wiederholt aufgegriffen hat, weil er in deren Hinwendung zum Tag jene Geste der Aneignung von Welt erkennt, die im besten Fall auf eine tragische Entrückung von der Welt folgen kann. Ihnen gelingt, was Cavell für eine der Kernhaltungen der Philosophie der normalen Sprache hält, jene Abwendung (*aversion*) des Skeptizismus nämlich, die er selbst in seinen Schriften wiederholt auf sich nimmt. Neben den Stücken Shakespeares sowie der Hollywood-Komödie bilden deshalb die Schriften der amerikanischen Transzendentalisten den Denkraum, in dem Cavell seinen Imperativ für ein Gespräch zwischen Literatur und Philosophie am prägnantesten entfalten kann. Dabei will er Thoreau und Emerson, die vor ihm kaum zum Kanon der traditionellen Philosophie gerechnet wurden und deren idiosynkratische Art des Schreibens eine spezifisch amerikanische Ausprägung philosophischen Denkens ist, als Philosophen ernst nehmen.

Thoreaus Studie *The Senses of Walden* versteht Cavell als Erwiderung auf Fragen, mit denen er sich implizit seit der Veröffentlichung seiner fast zeitgleich erschienenen ersten Essaysammlung und seiner ersten Studie zum Kino, *The World Viewed*, auseinandergesetzt hatte: »Warum hat Amerika sich nie philosophisch ausgedrückt? Oder hat es dies doch – in dem metaphysischen Aufruhr (*riot*) seiner größten Literatur?« (SW: 33) Die Art, wie Thoreau in seinem Text stets sein eigenes Schreiben mitreflektiert, stellt für Cavell ein prägnantes Beispiel dessen dar, was es heißt, als amerikanischer Autor über Amerika, über seine Erwartungen und Fehlbarkeit nachzudenken und zu schreiben. Die Selbstreflexivität ergibt sich dabei u. a. dadurch, dass das amerikanische Projekt immer schon als Schrift *qua* Umschrift der biblischen Prophezeiungen (*scripture*) verstanden worden ist, so dass Thoreau und Emerson diese Kultur, die sie in ihren Essays kritisch zu beleuchten suchen, als vorgegebenen Text behandeln können. Zugleich entdeckt Cavell in den Schriften der beiden Transzendentalisten ein Nachleben der von Platon heraufbeschworenen Stadt der Wörter, stellen ihre Texte doch auch das Angebot zu einem Gespräch dar, auf dem eine Gemeinde von gleichgesinnt Denkenden, im Sinne einer zu perfektionierenden Demokratie, zu errichten sei. An dem Projekt Amerika teilzuhaben heißt für Cavell, an diesem Projekt mitzuschreiben.

Ein Imperativ zum Gespräch zwischen Philosophie und Literatur lässt sich aber noch aus einem weiteren Grund im Denkraum des amerikanischen Transzendentalismus entwickeln. Cavell will mit Thoreau und Emerson die Fragilität des *american dream* denken und sie als Erwiderung auf die Frage des Zweifels verstehen, die Descartes der Philosophie hinterlassen hatte. Seine eigene philosophische Wette lautet: In ihrer Aufwertung des Alltäglichen sowie des nächsten (*next*) noch zu findenden Selbst (als Chiffre für die noch zu erreichende Demokratie) unterschreiben (*underwrite*) die Transzendentalisten den Skeptizismus auf eine Art, die Wittgensteins Forderung, man solle die Wörter in ihre Heimat der gewöhnlichen Sprache zurückführen, auf eine spezifisch amerikanische Weise vorwegnimmt. Wie bereits im vorangegangenen Kapitel gezeigt wurde, entlehnt Cavell den späten Schriften Wittgensteins eine Infragestellung von Kriterien, die diese in ihrer ganzen Begrenztheit entlarvt. In seinen Arbeiten zum amerikanischen Transzendentalismus überträgt er diese Hinterfragung auf die Art, wie Emerson und Thoreau sich den Kriterien stellen, auf denen die Vorstellung der amerikanischen Nation gegründet ist. Wie der *american dream* und die literarischen Texte, die diesen jeweils neu behandeln, halten Kriterien nie, was man sich von ihnen erwartet. Sie müssen immer neu verhandelt, in ein immer neues Gespräch gebracht werden, sonst führt die Enttäuschung an ihnen, wie Cavells Lektüre des *König Lear* zeigt, zur Katastrophe eines allumfassenden Zweifels.

Die Befragung von Kriterien führt also nicht zu letztgültigen Kriterien, zu einer festen Ordnung von Prinzipien, sondern zu etwas, das Cavell (wie am Ende dieses Kapitels genauer gezeigt werden soll) im Rückgriff auf Freuds Überlegungen zum Unbewussten die Unheimlichkeit des Gewöhnlichen (*uncanniness of the ordinary*) nennt. Cavells *cross-mapping* der Schriften der amerikanischen Transzendentalisten mit den Ausführungen des späten Wittgenstein will zeigen, wie sich abwenden lässt, was Emerson den »Abgrund des Skeptizismus« nennt.[40] Die Befragung von Kriterien geht stets weiter und endet nicht in der Sackgasse der

Tragödie, weil sie auf eine gegenseitige Anerkennung von Separatheit (*acknowledgement of separateness*), auf eine Bereitschaft für das Gewöhnliche (*willingness for the everyday*) gerichtet ist. Gleichzeitig ist diese Befragung jedoch die in den Tragödien auf ihre radikalste Konsequenz durchgespielte, vom Skeptizismus geschaffene Sensibilität für die Fragilität von Kriterien, die Stanley Cavell in seinen Betrachtungen über jenes amerikanische Projekt leitet, das für ihn von Anfang an unter einem schicksalhaften Stern gestanden hat.

Cavell lokalisiert so einen charakteristisch amerikanischen Optimismus, die »Welt«, wie Thomas Paine es in *Common Sense* formuliert hat, »neu beginnen zu können«[41]. Dieser Optimismus beruht auch bei Thoreau und Emerson auf einem Vertrauen in die Möglichkeit der Wiederholung, des Wiedererwachens (*rebirth*), der Wiederentdeckung (*rediscovery*), der Rückkehr (*return*) und somit auf einem Wissen, dem zufolge sowohl das menschliche Subjekt wie auch jene Demokratie, der es seine Zustimmung (*consent*) gibt, noch zu erreichen ist. Beide sind als Projekt nie abgeschlossen, sondern müssen endlos neu begründet werden: in einem Schreiben, das philosophisch ist, weil es im Sinne Kants auf einer Freiheit des Denkens insistiert, deren Notwendigkeit darin besteht, dem ausweglosen Schicksal eine Selbstbestimmtheit entgegenzuhalten, die man zwar nie erreicht, zu der man aber stets unterwegs ist.[42] In dem von ihm entfalteten Denkraum der amerikanischen Transzendentalisten versucht Cavell bewusst, eine Brücke zwischen der kontinentalen und der analytischen Philosophie zu schlagen, die bezeichnenderweise über die Literatur verläuft. Dass sich Nietzsche offen zu jenem Erbe Emersons bekannt hat, ist dabei alles andere als ein Zufall.[43]

Die Ausgangsthese von Cavells *The Senses of Walden* besagt, dass *Walden* von der Entdeckung dessen handelt, was es heißt zu schreiben, oder präziser, dieses besondere Buch zu schreiben. Cavell behandelt den Selbstbericht, den Henry David Thoreaus über die zwei Jahre verfasst hat, die er in einer von ihm selbst gebauten Hütte am Ufer von Walden Pond in Concord, Massachusetts, verbrachte, nicht nur als mimetische Wiedergabe eines Lebensexperiments, sondern auch als allegorische Umschrift. Nicht jener Thoreau interessiert ihn, der die ihm verhasste Gesellschaft verlässt, um seine private Unabhängigkeitserklärung zu leben. Vielmehr entdeckt Cavell in Thoreaus Beschreibung seiner Erlebnisse am Walden Pond eine kritische Anerkennung des Versprechens, das er noch immer in die amerikanische Nation gesetzt hat. Die Unabhängigkeit, die Thoreau damit deklariert, dass er den 4. Juli 1845 wählt, um sich aus der Gemeinschaft seiner Mitbürger zurückzuziehen und den Versuch zu unternehmen, allein im Wald zu leben, bezieht sich vornehmlich auf die von dieser Gesellschaft praktizierten kulturellen Werte. Cavell versteht diese persönliche Erklärung seiner Unabhängigkeit als ein bewusstes *reenactment* des nationalen Ereignisses der Gründung Amerikas, als wolle Thoreau im Sinne der ursprünglichen Siedler noch einmal das versprochene Land entdecken und besiedeln, »um es diesmal richtig zu machen, oder zu beweisen, dies sei unmöglich« (SW: 8).

Zugleich stellt es einen performativen Akt dar, dass sich in Thoreaus idiosynkratischer Aneignung der amerikanischen Unabhängigkeitserklärung für seine Selbsterklärung als Autor sein Schreiben und sein Leben gegenseitig offenbaren. Das Experiment, das Thoreau am Walden Pond vollzieht, indem er dort einerseits ein Haus errichtet und das Land bestellt, andererseits sein Buch *Walden* über diese autonome Siedlung schreibt, stellt eine Entdeckung der Gegenwart dar, die eine Vergangenheit für die Zukunft nochmals aufgreift. Thoreau nennt dies, »auf der Linie zu stehen, wo zwei Ewigkeiten zusammentreffen, die Vergangenheit und die Zukunft, welches genau – der gegenwärtige Augenblick ist«[44]. Die Selbstreferenzialität des Buches, das diese Gegenwart als Rückbesinnung der eigenen und der nationalen Historie vollzieht, besteht darin, dass Letztere ihrerseits von Anfang an als Vergegenwärtigung einer Erwartung verstanden wurde. Entscheidend für die Gefühlsambivalenz von Hoffnung und Niederlage, die Cavell als die zentrale Stimmung dieses Buches ausmacht, ist jener Widerspruch, der sich aus der Verschränkung eines persönlichen mit einem nationalen Experiment ergibt. Mit Thoreaus Aneignung und Umschrift seines kulturellen Erbes geht auch seine Abhängigkeit von diesem einher. Je entschlossener Thoreau seine Unabhängigkeit von jener Gesellschaft, die sich aus den Vorstellungen der puritanischen Gründungsväter entwickelt hat, sucht, desto mehr muss er seine Identifikation mit ihren fantastischen Hoffnungen und ihren ebenso ausgiebigen Klagen über deren Verrat eingestehen.

Für jene Selbstreflexivität, die Cavell als rhetorischen Grundzug von *Walden* festhält, ist die Behauptung der eigenen Stimme entscheidend. Diese ergibt sich daraus, dass Thoreaus doppeltes Experiment – sein einsames Verweilen am Walden Pond und die darauf folgende Verschriftlichung dieser Erfahrung – das Experiment Amerika widerspiegelt. Denn die von Thoreau errichtete Hütte (*ediface*) sowie die von ihm zur Erbauung seiner Leser (*edification*) niedergeschriebenen Gedanken und Einsichten in sein Lebensexperiment versteht Cavell als Deklaration seines Verlangens, für seine Mitmenschen ein Exempel darzustellen[45] wie einst die Gründungsväter mit ihrem Anspruch auf eine »city upon a hill«, eine Stadt auf dem Hügel. Aus der Position eines freiwillig gewählten Rückzugs aus der Gesellschaft schafft Thoreau sich also mit einem Buch, das seine Autorität aus einer realen Erfahrung am Walden Pond bezieht, eine Öffentlichkeit, d.h. jene Gemeinde idealer Leser, die ihm nachträglich (nämlich nach der Lektüre von *Walden*) das Recht eingestanden haben werden, sich unabhängig von der öffentlichen Meinung über den gegenwärtigen Zustand der Nation geäußert zu haben. Über die Gemeinschaft, die das Schreiben und Lesen von *Walden* schließlich ergeben haben wird, legitimiert Thoreau sein Anliegen, der amerikanischen Nation eine ihr eigene epische Sprache zu geben.

Entscheidend für diese Geste der Selbstautorisierung ist die von Thoreau in *Walden* entfaltete Entsprechung zwischen dem Raum, den er bewohnt, und dem Denkraum, den er mittels Schrift entwirft. Im Sinne einer topografischen Lyrik entsprechen die Beschreibungen der Bestellung seines Ackers einer Wiedergabe seiner Arbeit am Schreiben. Zugleich steht Thoreau zwar in der Tradition jener amerikanischen Literatur, die aus den Prophezeiungen der frühen puritanischen Prediger wie John Edwards erwachsen ist und die gemäß der Doktrin der Typologie in der Besiedlung des neuen Kontinents eine wörtliche Umsetzung der biblischen Schrift (*scripture*) auf dem realen Boden dieses neu entdeckten Kontinents sehen wollte.[46] Dennoch ist für Thoreau die Zeit der mündlichen Prophezeiungen ganz und gar vorbei. Die Gegenwart, die er Cavell zufolge mit dem Experiment, das den Namen *Walden* trägt, zu erringen sucht, ist keine Zeit der Erwartungen mehr, sondern eine Zeit, in der alle Verkündungen bereits gehört worden sind. Nochmals hebt Cavell die Pathosgeste einer Verschränkung von tiefer Verzweiflung mit großer Hoffnung als das Kernmerkmal von Thoreaus Schreiben hervor. Zwar könnten sich die Träume einzelner Amerikaner durchaus erfüllen, doch bleibe, erklärt er, darüber hinaus nichts mehr, was über den *american dream* zu sagen wäre. Es geht nun nicht länger um das Erzählen von Geschichten (*recounting*), sondern – und damit beschreibt er auch sein eigenes philosophisches Anliegen – darum, Rechenschaft abzulegen (*accounting*).[47]

Dieses Dokumentieren, in dem jedes Wort eine Warnung und eine Lehre darstellt, nachdem alle Prophezeiungen ausgesprochen sind, entspricht nach Cavell einem performativen Sprechakt. Mit seinem Schreiben vollzieht Thoreau nicht nur eine Handlung, die ihn zum Autor einer nationalen epischen Schrift macht. Für die poetisch-epische Sprache, mit der er in *Walden* seine Unabhängigkeit zum Ausdruck bringt, übernimmt er Verantwortung, weil er für sein Schreiben eine ernste Rede (*serious speech*) in Anspruch nimmt und vorführt, dass die angestrebte Wiedergeburt nur *in* und *durch* Sprache möglich ist. Diese von Thoreau beabsichtigte ernste Rede stellt sich dadurch ein, dass er »in einem wachen Augenblick zu Menschen in ihren wachen Augenblicken spricht«[48]. Solange ihm dieses sprachlich erzeugte Morgen nicht gelingt, enthalten seine – und implizit auch unsere Worte – keine Überzeugung. Der performative Anspruch von *Walden* erweist sich für Cavell darin, dass die Worte dieser Schrift von einem bestimmten Autor, in einer besonderen Situation und mit einem deklarierten Anliegen zu Papier gebracht worden sind. Die Überzeugung, die Thoreau zurückgewinnen will, besagt: Das geschriebene Wort muss seine Integrität zeigen, muss es erlauben, ihm unsere Bedeutung anzuvertrauen. Nicht an einem Schreibstil ist Thoreau gelegen, sondern an der Richtigkeit der Schrift, die auch eine Rechtmäßigkeit darstellt (*justness*). Cavell nennt dies »glücklich geglückte Verletzungen, Ekstasen der Genauigkeit« (SW: 44).

Thoreaus Schreiben kann sich – auch darin liegt der performative Gestus von *Walden* – erst vollziehen, wenn es die Verantwortung für sein Dasein gänzlich auf sich genommen hat; wenn es ihm gelungen ist, eine Nation zu mahnen, zum Aufwachen zu bewegen und ihr die Vorstellung eines Morgens zu geben. Zugleich besteht das Paradox des Buches darin, dass diese Erwartung notwendig mit einer Anerkennung von Verlorenheit und Fremdheit verschränkt ist: »Vor langen Jahren verlor ich einen Jagdhund, ein braunes Pferd und eine Turteltaube, und immer bin ich danach auf der Suche (*on their trail*).« Diese Passage deutet Cavell als Denkformel für jenen Gewinn bringenden Verlust, den er als Grundtenor von Thoreaus Denken konstatiert.[49] Auf den Seiten *Waldens* zeigt sich uns der Schriftsteller in der Haltung eines Menschen, der etwas verloren hat; ein Gefühl, für das Thoreau allegorische Tiernamen findet, weil es ihm nicht um bestimmte Dinge geht, die ihm abhanden gekommen sind, sondern um den Bezug zu den Dingen schlechthin. Sein Erwachen zur Schrift stellt den Aufbruch zu einer anhaltenden Suche dar, bei der er etwas wiederzufinden hofft und gleichzeitig weiß, dass er etwas zurücklassen muss. Diese Dinge mögen ursprünglich einen Fund ausgemacht haben. Im Akt des Niederschreibens, der dem Akt der Rückgewinnung gleichkommt, sind sie nicht mehr gegenwärtig. Thoreau kann sie auf den Seiten seines Buches lediglich aufzeichnen und repräsentieren. Oder mithilfe des Schreibens das Gefühl des Verlusts überwinden.

Das politische Experiment, das den Namen *Walden* trägt, erweist sich dabei auch als ein phänomenologisches. Amerika als Land der Pilger geht von der Idee aus, der Mensch sei ein Wandernder (*peregrine*), ein Fremder. Die Überzeugung (*conviction*), die Thoreau mit seinen Lesern teilen will, die Erkenntnis, zu der er sie zu wecken sucht, betrifft auch den Umstand, dass das Selbst, um wiedergefunden zu werden (*re-discovered*), zuerst verloren gegangen sein muss. »Das Schicksal, ein Mensch zu sein«, hält Cavell fest, »ist eines, in dem das Selbst immer erst noch zu finden ist.« Der philosophische Imperativ, man solle sich selbst erkennen, erweist sich bei dieser Suche als »Nachspüren (*trailing*) und bergende Wiederentdeckung (*recovery*)«, als »anhaltender Versuch, sich in der Welt zu verorten« (SW: 53). Daraus ergibt sich neben der Verschränkung von Hoffnung und Verzweiflung ein zweites Paradox: »Was am intimsten ist, erweist sich zugleich als am weitesten entfernt, das Begreifen (*realization*) unserer Verwandtschaften (*our kinships*) ist eine Erkenntnis unserer Separatheit (*separateness*).« (SW: 54) Dabei geht es Cavell um jene Erfahrung des Unheimlichen, die nach Heidegger in der bewussten Wahrnehmung einer uns entrückten Welt gewonnen werden kann.[50] Seine Umschrift von Heideggers Begriff des Unheimlichen besagt: Ein erster Schritt in der Herausbildung von Ernsthaftigkeit (*sincerity*) fordert die Erkenntnis der Fremdheit unseres Daseins, unserer Selbstentfremdung; er fordert die Anerkennung der fehlenden Notwendigkeit in allem, was wir für notwendig halten. Ein zweiter Schritt führt uns dazu, die Notwendigkeit der menschlichen Fremdheit als solche zu begreifen; und zwar als »Gelegenheit für jenes Außensein (*outwardness*)«, jene Entäußerung, die für das Menschsein konstitutiv ist. (SW: 55)

Zwei Anliegen kennzeichnen somit Cavells Lektüre von *Walden.* Zum einen bildet die Schrift einen Verlust von Immanenz, eine Übersetzung von Erfahrung in Worte, die uns auf den Zustand eines *immer schon* Fremdseins in der Welt aufmerksam macht. Zugleich ist diese Anerkennung von Fremdheit, von einem existenziellen Außensein, an das Erreichen jenes Morgens gebunden, zu dem Thoreau seine Mitmenschen aufwecken will. Das Motto, mit dem *Walden* beginnt, lautet: »Wie ich schon sagte, beabsichtige ich nicht, eine Ode an die Niedergeschlagenheit (*dejection*) zu singen, sondern so vergnügt wie der Gockel auf seinem Steg am frühen Morgen zu krähen (*brag as lustily as chanticleer*), und wäre es nur, um meinen Nachbarn aufzuwecken.«[51] Jenem Zustand der Erneuerung, zu dem er seine Nachbarn mit seiner Schrift aufwecken will, ist untilgbar ein Zeichen der Trauer eingeschrieben. Behauptet Thoreau in einem der meistzitierten Sätze aus *Walden* »Die große Masse der Menschen führt ein Leben voll Verzweiflung«[52], so geht es ihm nicht darum, diese Verzweiflung abzulegen. Vielmehr soll diesem leisen Ausdruck der Verzweiflung eine Stimme verliehen werden, die wahrgenommen werden muss. In dieser Äußerung, die ein Gefühl von Fremdheit und Verlust mittels einer zum Klingen gebrachten Stimme, einer aus Überzeugung gesprochenen ernsten Rede (*sincere speech*) nach außen trägt, findet jene Wiederentdeckung (*refinding*) des Selbst statt, die für Cavell einer Wiedergeburt (*rebirth*) gleichkommt.

Die einzige Hoffnung, die Thoreau seinen Nachbarn und auch uns als seinen Lesern anzubieten hat, ist der offene Ausdruck jenes Fremdseins, das die irdische Existenz ausmacht; einer Fremdheit, die zugleich der einzig ehrlichen Selbstfindung entspricht. Am Ende des 19. Jahrhunderts wird Sigmund Freud Ähnliches für die Psychoanalyse behaupten, dass nämlich von einer geglückten Therapie, die ebenfalls dazu dient, einer leisen Verzweiflung eine Stimme zu verleihen, lediglich die Umsetzung von Seelenschmerz in ein alltägliches Unglück zu erwarten ist. So erklärt sich auch, warum Thoreau die Gegenwart als »Treffpunkt zweier Ewigkeiten« begreifen will, als Präsenz, die zudem nur in der Sprache – im Akt des Schreibens und Lesens – stattfinden kann. In jenen Morgen zu erwachen, von dem er seinen Nachbarn stolz künden will (*brag*), heißt zu erkennen, dass wir uns immer in einem Zustand der Möglichkeit (*opportunity*) befinden; in einer Offenheit, die sich sowohl als Bedrohung wie auch als Versprechen entpuppen könnte. Thoreau ist im Sinne des *moral perfectionism* an den Bedingungen jener Selbstverbesserung gelegen, die im Schreiben und Lesen als offene Möglichkeit verwirklicht werden können; es geht ihm in seinem Schreiben um »das unaufhörliche Erwarten des Sonnenaufgangs (*dawn*)«[53].

Dabei stellt das Schreiben keinen Ersatz für das Leben dar, sondern bildet die Art, wie der Schriftsteller sein Leben verfolgt (*prosecute*). Durch sein Schreiben, das er dem Bestellen des Ackers gleichsetzt, behauptet Thoreau nicht nur seine Gegenwärtigkeit in der Welt und in den Worten als gegenseitige Bedingung einer irdischen Verortung. Er versteht seine Sprache auch als den gemeinsamen Boden, auf dem er sich mit seinem Nachbarn (und seinen impliziten Lesern) treffen kann.[54] Auch für den Leser gilt, dass er sich seiner Fremdheit gewahr werden muss. Er befindet sich außerhalb der durch die Sprache erzeugten Welt Waldens und ist durch seine Lektüre zugleich von ihr angesprochen. Entscheidend dabei ist laut Cavell das Beharren Thoreaus darauf, dass wir zwar Worte wählen können, nicht aber deren Bedeutung. Diese ist verbindlich. Die Sprache in Besitz zu nehmen kommt ihrer Bewohnung gleich. Ihr eine Bedeutung abzufordern bedeutet eine Rückkehr zur Sprache und deren Rückkehr zu uns. Zwar greift Thoreau in seiner nostalgischen Beschreibung des Entzugs von Welt auf eine Kette allegorischer Sprachbilder (Hund, Pferd, Taube) zurück, doch die ernsthafte Rede, an der ihm gelegen ist, führt die Sprache zu ihrer Wörtlichkeit zurück. Die sprachlich performativ erzeugte Überzeugung (*conviction*) stellt den *common ground* zwischen der persönlichen Entrückung von Welt und deren Rückgewinnung (*recovery*) dar. Sie bildet aber auch den *common ground* zwischen dem Schriftsteller und seinen Lesern. Weil sie jedoch immer ein wiedergewonnenes Verhältnis ist, ist sie von den Spuren des Verlusts nie ganz befreit.

Walden lädt uns als Leser dazu ein, uns gegenüber unserem Leben bewusst zu verhalten, uns entschlossen in der Welt zu verorten. Unserer Verpflichtung dieser Besiedlung der uns gegenwärtigen Welt gegenüber können wir dadurch Ausdruck verleihen, dass wir unserem leisen Gefühl des Verlusts und der Resignation die Erwartung an ein Morgen entgegenhalten. Für diesen Akt einer grundsätzlichen Affirmation hat Thoreau die Denkformel »mit Überlegung leben« (*to live deliberately*) gewählt.[55] Sie besagt, man solle sein Leben für sich klären, absichtlich handeln, bedachtsam in der Welt seinen Halt finden und sich wohlerwogen in ihr einrichten. Weil Thoreau von dem Gefühl ausgeht, wir seien auf der Kippe zur Veränderung, handelt es sich bei diesem Entschluss Cavell zufolge vornehmlich darum, »eine Veränderung der Richtung eintreten zu lassen«, ohne genau zu wissen, welche Gestalt sie annehmen wird. (SW: 77) Die Erwartung liegt hier in der Gewissheit, dass jene Erneuerung, die noch nicht eingetreten ist und für die der Begriff der Morgenröte steht, eintreten wird. Diese Wiedergewinnung des Selbst und der Gemeinschaft mit den Nachbarn geschieht vermittels der Worte, durch die solch ein Zusammensein mit Anderen in der Welt errungen werden kann.

Entschlossen zu leben erfordert zugleich einen performativen Akt der Einlösung als Erlösung (*redemption*) von Sprache selbst. »Thoreau bewirkt für unsere gewöhnlichen Äußerungen«, erklärt Cavell, »was Wittgenstein mit unseren philosophischen Behauptungen tut – nämlich sie in jenen Kontext zurückzuführen, in dem sie gelebt werden« (SW: 92). Somit vollzieht Thoreaus *Walden* nicht nur die literarische Wiederherstellung einer nationalepischen Sprache im Sinne einer persönlichen Unabhängigkeitserklärung. Seine Schrift erzeugt sich zugleich auch als Arbeit der Philosophie, die eine Antwort darauf bietet, wie wir uns zu unserem Schicksal verhalten wollen. Thoreau Behauptung »Wir haben ein Fatum, ein Atropos geschaffen (*constructed*), die nie von ihrem Wege weicht«[56], führt Cavell folgendermaßen aus: Die Natur an sich enthält kein Schicksal jenseits ihrer Gegenwärtigkeit, die selbstbestimmt und autonom ist. Aus unserem Unvermögen, ein Leben in Selbstbestimmung zu führen, haben wir die Vorstellung einer Schicksalsmacht auf die Natur lediglich projiziert. »Die Welt ist das«, folgert er, »was die Bedingungen dessen, was wir Notwendigkeiten nennen, erfüllt.« (SW: 97) Wenn wir es hingegen sind, die die Vorstellung eines Geschicks, das sich von uns nie abwendet, selbst entworfen haben, so bedeutet dies, dass wir ihm nicht unterworfen sind. Wir können ihm ausweichen, indem wir uns nicht von unseren schlimmsten Ängsten leiten lassen, sondern von unserem Selbstvertrauen. Thoreaus Denkformel für diese Zuversicht heißt, man müsse »vertrauensvoll in der Richtung seiner Träume« vorwärtsschreiten. [57]

Cavell schreibt diese Erwartung um und fragt danach, was es heißt, unsere ängstliche Wachsamkeit durch ein stetes Erwachen zu ersetzen. Die Antwort, die er in *Walden* auf das philosophische Problem des Skeptizismus entdeckt, verschränkt ein Wiederauffinden der Welt, die wir verloren zu haben glauben, mit einer Annahme unserer gegenwärtigen Verortung in ihr, die immer auch eine Verortung in der Sprache ist. Diese Hinnahme erfordert jenes Zutrauen, welches Thoreau mit dem Interesse an den eigenen Erfahrungen gleichsetzt, genauer mit dem Experiment, bewusst zu leben und aufmerksam auf das zu achten, was uns geschieht (*live deliberately*). Zusammen genommen bilden die Begriffe des Findens, des Vertrauens und des Interesses jenes Verhältnis, das Cavell das Erlernen eines Vorsatzes (*resolution*) nennt. Diese Entschlossenheit ersetzt unsere Verhaftung in einer Vorstellung von Schicksal (*commitment to fate*) und in einer vom Geschick vorgegebenen Abwesenheit von Freiheit. Zugleich mündet die Bereitschaft, einen Vorsatz zu fassen, nämlich den, entschlossen zu leben und mit absoluter Aufmerksamkeit in der Welt zu stehen, in einer Doppelgängerschaft: Sich selbst bewusst zu betrachten heißt, neben sich zu stehen. Es bedeutet, mithilfe der Einbildungskraft den gegenwärtigen Zustand von Uneinheitlichkeit und Versehrtheit durch die Vorstellung einer möglichen, wenn auch noch nicht erreichbaren Ganzheit des Selbst zu ergänzen.

Die Doppelung, die sich einstellt, wenn man von dem Selbst, zu dem man sich ins Verhältnis setzt, zugleich weiß, ergibt jenen Zustand eines Neben-sich-Stehens (*being next to*), den Cavell sowohl mit dem existenziellen Gefühl von Fremdheit als auch mit dem Verlangen nach Nachbarschaft in Verbindung bringt.

»Was neben uns steht«, erklärt er, »benachbaren wir (*we neighbor*).« (SW: 105) So ergibt sich eine Unterscheidung zwischen einem Selbst-Bewusstsein, das auf falschen Selbsteinschätzungen (die oft als reine Meinungen von Anderen an uns herangetragen werden) beruht, und jenem Gefühl von Doppelung, das wir durch ein überlegtes, absichtliches Leben (*deliberate living*) erlangen können. Diese existenzielle Doppelgängerschaft sollten wir Cavell zufolge als Verhältnis verstehen zwischen jener Seite des Selbst, die für sich eine Behausung in der Welt errichtet (*indweller*), und jenem Betrachter (*spectator*), der diesem Bauen beiwohnt, um zu seiner und unserer Erbauung aus diesen Betrachtungen ein Buch zu »bauen«. Diese stete Nachbarschaft mit sich selbst (*nextness*) fordert ein rechtes Maß von Beständigkeit und Veränderung, das in der »Verantwortlichkeit des Selbst zu seiner eigenen Möglichkeit des Aufwachens« zum Ausdruck kommt (SW: 109).

So ergibt sich folgende poetologische Trajektorie: Beginnt *Walden* mit einem Helden, der über das Experiment, das ihm bevorsteht, verzweifelt, so endet dieses amerikanische Epos mit Thoreaus entschlossener Einsicht (*resolution*), dass der Weg der Selbsterkenntnis und der seiner Schreibarbeit derselbe ist. Am Anfang von *Walden* steht ein Rückzug aus der Gesellschaft. Die Schriftwerdung dieses Lebensexperiments mündet hingegen ihrerseits in der Erwartung eines zweiten Ausgangs (*departure*): »Nur der Tag bricht an (*dawns*), für den wir wach sind. Noch mancher Tag harrt des Anbruchs (*there is more day to dawn*). Die Sonne ist nur ein Morgenstern.«[58] Typisch für Cavell, schränkt er diesen Optimismus allerdings ein: Jeder Morgenstern erreiche eine gewisse Höhe, bevor er wieder zu sinken beginne. In jeder Erwartung liegt eine Spur des Verlusts.

Als die Zeitschrift *Critical Inquiry* Cavell anfragte, auf John Hollanders Rezension von *Claim of Reason* zu antworten, nutzte er die Gelegenheit, über sein eigenes Denken zu reflektieren:

»Ich versuche stets, die Geografie erstaunlicher Angrenzungen (*adjacencies*) zwischen innen und außen zu erkennen, zwischen Bereichen oder dem Aufflackern von Gedanken und Gefühlen, deren Begreifen in eben diesen angrenzenden Berührungen besteht; darin, was vor ihnen und hinter ihnen liegt.« Eine Nähe zum Schreibexperiment Thoreaus ergibt sich für sein eigenes Schreiben dadurch, dass das Ziel seiner eigenen Suche als Philosoph ebenfalls darin besteht, den Traum zu verstehen, »der ihn überhaupt auf den Weg des Denkens gesandt hat« (*dispatches you*). Erweist sich dieser als Suche nach einer Autorität in der eigenen Rede (*speech*), so neigt sein Erkenntnisgang stets zum Autobiografischen, »und weil das Selbst, das es zu entdecken gilt, nicht festgelegt (*given*) ist, stellt es sich als verloren dar«. Die Landschaft, durch die diese Selbstentdeckungsreise führt, präsentiert sich zudem als eine entfernte, verschwundene, so dass dem Bewohnen der Welt stets eine Nachträglichkeit eignet. »Ein verlorenes Selbst in einem Land zu verorten, welches verschwunden ist«, hält Cavell fest, stellt jedoch eine »Übung in Trauer (*exercise of mourning*) dar.« Diese Aporie der Verortung, die immer auch eine Fremdheit und eine Selbstdoppelung birgt, macht für Cavell den entscheidenden Kern des Erbes von *Walden* aus. (R: 143)

Emerson: Auf der Suche nach dem Gewöhnlichen

Die zweite Auflage von *Senses of Walden* hat Cavell mit zwei Aufsätzen zu Ralph Waldo Emerson ergänzt und damit jene philosophische Untersuchung begonnen, für die er in den folgenden 25 Jahren immer wieder neue Fortsetzungen anbieten wird.[59] Am Anfang, gibt er in dem ersten der beiden Aufsätze »Thinking Emerson« zu, habe Emerson für ihn wie *secondhand* Thoreau geklungen. Schon bald jedoch wurden zentrale Denkformeln aus den Essays Emersons zu den entscheidenden Prüfsteinen in seiner Auseinandersetzung mit anderen philosophischen und kulturellen Texten. Im Folgenden soll deshalb Cavells Erfahrung als Leser von Emersons Schriften und seine Entwicklung *mit* und *durch* diesen amerikanischen Denker chronologisch nachgezeichnet werden. In seinem Aufsatz »Zirkel« schreibt Emerson: »Unser Leben ist eine Lehrzeit für die Erkenntnis der Wahrheit, daß um jeden Kreis ein anderer gezogen werden kann; daß es in der Natur kein Ende gibt, sondern jedes Ende ein Anfang ist; daß auf jeder Mittagsstunde ein neuer Tag (*dawn*) ersteht und daß unter jeder Tiefe sich noch eine tiefere Tiefe auftut.«[60] In diesem Sinne geht es auch Cavell weniger um eine systematische Auslegung Emersons als um ein Umkreisen ausgewählter Kernbegriffe, die durch seine Beschäftigung mit ihnen jeweils neue Kreise in seinem eigenen Denken gezogen haben. Die Zirkel, die sich in dem anhaltenden Gespräch ergeben haben, das Cavell in seinen Schriften mit Emerson führt, sollen wiederum in diesem Kapitel dargestellt werden.[61]

Drei Denkbilder dominieren die erste Episode in Cavells Versuchen über Emerson, die noch im Schatten seiner Ausführungen zu *Walden* stehen. Emersons Forderung, man solle sich auf sich selbst verlassen (*self-reliance*), überträgt er in »Thinking Emerson« auf jene Vorstellung des philosophischen Schreibens, die er auch bei Thoreau entdeckt hatte: auf den Versuch, ein Verhältnis zum eigenen Selbst herzustellen. Was immer nötig ist, um das eigene Selbst in Besitz zu nehmen, entspricht dem, was im Denken, Lesen und Schreiben gefordert ist. In der Denkformel Emersons, der zufolge das Denken immer neue Kreise zieht und eine stets fortschreitende Zirkelbewegung darstellt, entdeckt Cavell zugleich eine jener Affinitäten, die er in seiner Antwort auf John Hollander »erstaunliche Angrenzungen der Gedanken« nennt, und zwar zu Heideggers Behauptung, Denken heiße, unterwegs zu sein.[62] Wenn nämlich jeder Akt des Denkens durch einen neuen übertroffen wird, der sich in ihm bildet, dann liegt die Betonung im Denken bei der Bereitschaft, stets neu aufzubrechen. Im Gegensatz zur Auffassung Heideggers vollzieht sich das Menschliche gemäß Emerson jedoch nicht durch ein Bewohnen von Welt, sondern durch ein Preisgeben (*abandonment*) und ein Verlassen (*leaving*). »Denn die Bedeutsamkeit (*significance*) des Verlassens«, sagt Cavell, »liegt in der Entdeckung, man hätte etwas erledigt« (*settled something*). Dies bedeutet zugleich, dass man »die Anderen als jene behandeln« kann, denen man »die Behausung der Welt nun überlassen kann« (Th: 138).

Geht es Cavell grundsätzlich darum, den Spalt zwischen der anglo-amerikanischen und der deutschen Tradition in der Philosophie zu überbrücken, so legt er allerdings nicht nur die Verbindungslinie offen, die von den amerikanischen Transzendentalisten zu Heidegger führt. Den von Thoreau und Emerson geschärften Blick für unsere alltägliche Beziehung zur Welt rückt Cavell auch in die Nähe zu Wittgensteins Hinwendung zur gewöhnlichen Sprache als Antwort auf den Skeptizismus. Ein zentraler Eindruck, den er bei seiner Arbeit im Bereich der Philosophie der normalen Sprache gewinnt, besagt, dass »unser Verhältnis zur Existenz der Welt (*world's existence*) [...] irgendwie näher« ist, »als jegliche Ideen von Glauben oder Wissen dies vermitteln könnten« (EM: 145). Thoreaus Vorstellung, wir würden die Welt »benachbarn«, indem wir neben uns stehen (*being beside ourselves*), hat für Cavell eine Entsprechung in Emersons Vorstellung des Nahen (*near*), die er in dem Essay »Der amerikanische Gelehrte« auf folgende Formel bringt: »Ich frage nicht nach dem Erhabenen (*great*), dem Fernen (*remote*), dem Romantischen [...] Ich begrüße (*embrace*) das Gewöhnliche (*common*), will das Alltägliche (*familiar*) und Niedere (*low*) erkunden und zu seinen Füßen sitzen.«[63] Der Versuch, seine Ausrichtung als *ordinary language philosopher* mit Emerson zu denken, ist dabei von jenem nationalen Gestus gefärbt, den er bereits in seiner Studie zu Walden vorgeführt hat. Die Entdeckung der amerikanischen Transzendentalisten für sein eigenes Denken ist zwar von seinen Erfahrungen mit der europäischen Philosophie geprägt. Zugleich bringt sie ihn aber auch dazu, seine Aufmerksamkeit auf die Frage zu richten, »was einem angeboren (*native*) ist, zu tun« (EM: 148). Die Antwort auf die vom Skeptizismus aufgeworfene Wissenskrise, die die amerikanischen Transzendentalisten anbieten, besagt: Die Welt kann für das Leben zurückgewonnen werden, wenn wir uns einer Suche nach dem Gewöhnlichen unterziehen, ein neues Bewohnen von Welt versuchen. Cavell identifiziert für unseren Zugang zum Gewöhnlichen folglich eine doppelte Struktur, welche er gleichzeitig die »Zurückweisung« (*repudiation*) von Welt« sowie die »Enthüllung (*revelation*) einer Welt« nennt. (PI: 34)

Die dritte zentrale Denkfigur in diesen ersten Versuchen zu Emerson entnimmt Cavell ebenfalls einer Passage aus dessen Essay »Selbstvertrauen«. Dort fordert Emerson: »Die Lehre des Hasses muss gepredigt werden als Gegenwirkung zur Lehre der Liebe, wenn diese winselt und jammert. Ich meide Vater und Mutter, Frau und Bruder, wenn mein Genius mich ruft. Ich möchte auf die Oberbalken meines Türpfostens schreiben: Laune (*whim*). Ich hoffe zwar, daß es dennoch etwas Besseres ist als eine Laune, aber wir können den Tag nicht mit Erklärungen hinbringen.«[64] Zwar stellt die Forderung Jesu an seine Jünger, sie mögen sich von ihren Familienmitgliedern abwenden, den biblischen Hintergrund dieser Aussage dar (Lukas 14.26). Doch indem Emerson den Ruf Jesu durch den Ruf seines eigenen Genius ersetzt, säkularisiert er nicht nur die biblische Textstelle, sondern zeigt, dass ihm an einer ganz spezifischen Verteidigung der Szene seines Schreibens gelegen ist. Über seiner Türe steht nicht geschrieben »mein Genius hat mich gerufen«, um zu erklären, warum er sich aus der Gesellschaft zurückzieht. Emersons Formulierung besagt stattdessen, er *würde* gern das Wort »Laune« dorthin schreiben. Die Autorität, mit der sich sein Genius ihm präsentiert, ist nicht größer als die einer Laune. Entscheidend daran ist die Hoffnung, es sei manchmal mehr als nur eine Grille, indem nämlich erst nachträglich deutlich wird, ob der Ruf, dem man gefolgt ist, tatsächlich die Stimme des Genius ist. Zu erkennen gibt sich dieser Genius nur in den Effekten, die das Schreiben haben wird.

Für Cavell enthält die Szene des Schreibens, bei der das Wort Laune (*whim*) auf einen Türbalken gezeichnet wird, auch den Verweis auf die Pessach-Geschichte. In ihr diente das Blutzeichen als Trennungsmerkmal zwischen Ägyptern und Juden und zeigte an, wer sterben und wer überleben sollte. Zugleich ist Emersons Hinweis auf die Beschriftung seines Türpfostens auch eine Beschreibung der Mezuzah. Dieser kleine Behälter enthält ein Papierstück, auf dem biblische Gesetze und der Name Gottes verzeichnet sind. Es wird am Türrahmen einer Wohnung befestigt, um darauf hinzuweisen, dass dort eine jüdische Familie lebt. Die Ersetzung des Namens Gottes durch das Wort Laune (*whim*) unterstreicht dabei nicht nur Emersons Überzeugung, es werde oft aus reiner Laune im Namen Gottes gesprochen. Vielmehr hebt Cavell den performativen Charakter des Schriftstücks in der Mezuzah hervor. Denn Emersons Beschreibung verweist implizit auch auf jenes göttliche Gebot, das besagt, der gläubige Mensch solle die Worte seines Herrn in seinem Herzen und seiner Seele tragen, auf seine Hände eintragen und auf die Türe seines Hauses. Auf diese Weise verleiht Emerson in typisch romantischer Manier seinem Genius eine göttliche Macht. Um diese zu bezeugen, muss er sie verkünden. Der Stimme seines Genius nicht zu gehorchen hieße, seinen Glauben an diesen aufzugeben.

Von einem Schreiben zu behaupten, es sei buchstäblich im Zeichen einer Laune entstanden, setzt für Cavell jedoch auch voraus, dass der Autor einer, wenn auch nur inneren Verpflichtung folgt, und zwar, indem er der Laune der Abwendung (*departure*) von seinen Mitmenschen gegenüber der Verpflichtung eines Verbleibens (*remain*) bei ihnen den Vorzug gibt. Emersons Szene des Schreibens, die ein Rückzug aus der Welt ist und zugleich eine Prophezeiung, versteht Cavell auch als Chiffre jener Wurzellosigkeit, die die Entdeckung und Besiedlung Amerikas geprägt hat: Schauplatz der Hoffnung, sich als Pilger und Einwanderer in diesem Land frei bewegen und entfalten zu können, und zugleich Ort, an dem Fremde Wurzeln schlagen und ankommen (*come home*) können. Während Cavells Aneignung der amerikanischen Transzendentalisten für sein eigenes philosophisches Projekt einerseits darauf beruht, dass diese seine Aufmerksamkeit auf die Frage gelenkt haben, »was einem angeboren (*native*) ist, zu tun«, erkennt er in Emersons Abwendung von seinen Mitbürgern (*shunning*), der Verweigerung des Verharrens an einer Stelle, zugleich auch die Anerkennung (*embracing*) der eigenen Einwandererschaft (*immigrancy*) als eine eingeborene (*native*) Bedingung des Menschlichen. Als Sohn eines jüdischen Immigranten aus Osteuropa, der als Professor an der Harvard University in Amerika angekommen ist, will Cavell die Einwandererschaft »nicht als etwas, dem man entkommen will, sondern als etwas, das man anstrebt« (EM: 158), verstehen.

Die Fortsetzung seines Versuchs, Emerson als einen philosophischen Autor in Besitz zu nehmen (*reappropriate*), der den Skeptizismus unterschreibt (*underwrites*), findet sich in den »Mrs. William Beckman Lectures« (1983), die ich als zweite Etappe der Auseinandersetzung Cavells mit Emerson auffassen möchte.[65] In »The Philosopher in American Life« greift Cavell nochmals auf die Vorstellung zurück, dass Thoreau und Emerson mit ihrem Interesse für das gewöhnliche Leben ähnlich wie Wittgenstein auf jene philosophische Haltung reagieren, die er in *Claim of Reason* eine Wahrheit des Skeptizismus (*truth of skepticism*) genannt hatte. Die Bezüge zwischen diesen beiden Denkrichtungen ergeben sich daraus, dass das Gewöhnliche (*ordinariness*), welches die Transzendentalisten ansprechen, eine Vertrautheit mit dem Dasein (*intimacy with existence*) betrifft, der die Möglichkeit, dass diese verloren gehen könnte, immer auch eingeschrieben ist. Zugleich entdeckt Cavell in den Essays Emersons eine bezeichnende romantische Umschrift des Skeptizismus. Wie im nächsten Kapitel noch genauer ausgeführt werden wird, stellt die Tragödie Shakespeares eine ästhetische Inszenierung der von Cavell als Wahrheit des Skeptizismus bezeichneten Einsicht dar, dass der Verzicht auf unliebsames Wissen selbst ein Wissen darstellt. Es fungiert dabei wie ein Schutzwissen, welches eine passendere, aber auch schmerzhaftere Erkenntnis verstellt.[66] Die Transzendentalisten gehen zwar von der Grundstimmung einer leisen Verzweiflung aus, vermeiden aber diese tragische Abneigung gegen ein Wissen (*aversion of knowledge*), indem sie der Wahrheit des Skeptizismus eine romantische Suche nach dem Gewöhnlichen entgegenhalten.

In seiner Lektüre von *Walden* hatte Cavell bereits festgestellt, dass es sich bei der doppelten Passage, die zuerst zur Annahme der eigenen Fremdheit und dann zur Bereitschaft für ein Morgen und Übermorgen (*willingness for the ordinary*) führt, auch um die Befreiung von einem falschen Verständnis von Notwendigkeit handelt. Das Schicksal, hatte er für Thoreau gesagt, liegt eher in dem Vermögen, sich selbst zu deuten: in jener romantischen Forderung nach und Erwartung auf Erlösung (*recovery*) im und durch den Akt des Schreibens, die ein autonomes, selbstbewusstes Subjekt entstehen lässt. In diesem Sinne hebt er in Emersons Aufsatz »Schicksal« den Satz hervor: »Wenn das Schicksal der Kraft (*power*) folgt und sie beschränkt, so begleitet (*attends*) und bekämpft (*antagonizes*) die Kraft das Schicksal. [...]

Der Mensch ist eine erstaunliche Vereinigung von Widersprüchen (*stupendous antagonism*): in ihm sind die Pole des Weltalls zusammengebracht (*a dragging together*).«[67] Diesen Antagonismus zu leben heißt zu erkennen, dass das menschliche Leben nur von Zufällen und Notwendigkeiten bestimmt ist, die in unserer eigenen Hand liegen. Ergibt sich eine Nähe zum Skeptizismus daraus, dass auch dieser von einer Entrückung der Welt ausgeht, so ist Emerson daran gelegen, diesen Hang zum Schicksalhaften umzuschreiben. Der für Cavells Lektüre entscheidende Zusatz bei Emerson lautet: »Aber wenn es einen unwiderstehlichen Machtspruch (*irresistible dictation*) gibt, so versteht dieser Machtspruch sich selbst. Wenn wir das Schicksal hinnehmen müssen, so sind wir nicht weniger genötigt, Freiheit, die Bedeutung des Individuums, die Großartigkeit der Pflicht, die Macht des Charakters zu bejahen.«[68]

Indem nun Emerson die Macht des Schicksals mit einem Akt des Diktierens vergleicht, entpuppt sich diese als Frage der Sprache. Oder besser gesagt: des Umstands, dass der Mensch immer auch durch eine andere Instanz gesprochen wird. Schicksal beinhaltet eine Situation des Gesprächs, in der vorgeschrieben und befohlen wird. Emerson teilt mit Thoreau die Vorstellung, der Mensch sei als Schrift zu verstehen. Wie Cavell in dem Aufsatz »Emerson, Coleridge, Kant« festhält: Was wir sind, sind wir durch Texte, es hat sich uns eingeschrieben. Dies bedeutet für Cavell aber seinerseits, dass unsere Sprache unseren Charakter enthält. So schreibt er auf entscheidende Weise den Begriff des Schicksals um. Denn aus der für die Tragödie bezeichnenden Formulierung, Charakter sei Schicksal, wird nun das Diktum »die Sprache ist unser Schicksal« (ECK: 39). Wenn laut Emerson der Mensch einen wunderbaren Antagonismus zwischen dem Diktat des Schicksals und der befreienden Macht der Selbstbestimmung in sich trägt, dann lässt sich für Cavell daraus schließen:

Wir können in dem, was wir meinen, bis zu einem gewissen Grad mitsprechen. Deshalb ist »unser Antagonismus gegenüber dem Schicksal (*fate*), für das wir bestimmt sind (*are fated*) und in dem zugleich unsere Freiheit wohnt, ein Ringen mit der Sprache, die wir äußern, oder ein Wettkampf mit unserem eigenen Charakter« (ECK: 40). Die Szene des Schreibens, um die es Emerson in seinen Essays ebenso geht wie Thoreau in seinem Buch *Walden*, bezeichnet einen Wettstreit mit einer Sprache des Diktats, gegen die eine andere, nämlich die der befreienden Selbstbestimmung gesetzt wird.

Im Aufsatz »Being Odd, Getting Even«, ein Jahr nach den »Beckman Lectures« verfasst, stellt Cavell noch expliziter eine Erbschaft des Skeptizismus im Denken Emersons fest. Im Essay »Selbstvertrauen« hat Emerson die Behauptung aufgestellt, der Mensch erlange im Selbstausdruck den Beweis und die Gewissheit seines Existierens, und schreibt: »Der Mensch ist furchtsam und meint sich ständig entschuldigen zu müssen; er steht nicht mehr aufrecht da; er wagt nicht zu sagen: ›Ich denke‹, ›Ich bin‹, sondern zitiert irgendeinen Heiligen oder Weisen.«[69] In dieser Maxime entdeckt Cavell nicht nur eine Einverleibung von Descartes' *cogito ergo sum*. Emerson schreibt seiner Meinung nach auch auf eine bedeutsame Weise Descartes' Behauptung um, man existiere nur, solange man denke, und zwar indem er die Konsequenzen des skeptischen Zweifels gleichsam in einem Leben im Zitat realisiert sieht. Nicht nur um eine Befreiung vom Diktat des Schicksals geht es Emerson, sondern auch darum, dass, solange ich zitiere, ich nicht eigenständig als Denkender existiere, vielmehr im Schatten der Worte Anderer lebe und als ein solcher Schatten die Welt heimsuche (*haunt*). Eine Antwort auf Descartes' Zweifel liegt, wie im Zusammenhang der Frage des Schicksals, in einem performativen Verständnis von Sprache. Deshalb formuliert Cavell das *ego cogito* folgendermaßen um: »Ich bin ein

Wesen, das, um existieren zu können, sagen muss ›Ich existiere‹ oder meine Existenz anerkennen muss – diese beanspruchen (*claim it*), fordern (*stake it*), vorführen (*enact it*).« (BO: 109)

Zwar geht Cavell davon aus, dass dem Menschen, der sich hinter den Worten Anderer versteckt, jener Selbstausdruck, der seine Existenz beweisen würde, misslingt. Zugleich aber beharrt er darauf, dass in der menschlichen Fähigkeit zum Denken die Möglichkeiten zur Selbstautorschaft grundsätzlich angelegt sind, auch wenn der Einzelne nicht umhinkann, sich im Zitat zu verstehen, weil die Sprache eine Erbschaft (*inheritance*) ist, in die er hineingeboren wird. Gleichzeitig liegt im Schreiben ein Beweis für jenes Denken und Aussprechen des Ichs, das diesem auch die Gewissheit des Daseins spendet. So dreht Cavell die Frage des Zitierens ins Positive und beschreibt dabei implizit seinen eigenen Umgang mit den Zitaten seiner Vorgänger. Die Worte Anderer zu beerben, sie in Besitz zu nehmen und den eigenen Belangen anzueignen, »entfernen diese nicht aus der Zirkulation, sondern führen diese zurück, wie zum Leben« (BO: 114).

In diesem Aufsatz kehrt Cavell schließlich zu jener Passage aus »Selbstvertrauen« zurück, in der Emerson das Wort ›Laune‹ (*whim*) auf seinen Türpfosten zu schreiben beabsichtigt, um der lebensspendenden Macht der Wörter, die in der biblischen Geschichte den Todesengel abzuwenden (oder anzuziehen) vermag, eine weitere Bedeutungsebene zu geben. Ein Schreiben, erklärt er, dessen Gestus ein Selbst behauptet, auch wenn die Stimme des Genius, dessen Ruf dieses Schreiben folgt, Ausdruck einer reinen Laune sein mag, ist ein Akt der Selbstvergewisserung. Es folgt dem Wunsch, verständlich (*intelligible*) zu werden, in einer Sprache, die zwar angeeignet ist. Zugleich stellt diese Sprache aber auch das einzige Medium dar, in dem sich die Suche nach einer eigenen, authentischen Stimme vollziehen kann. »Diese Konformität lässt sie nicht nur in einigen Einzelheiten falsch werden«, schreibt Emerson in »Selbstvertrauen«, »sondern falsch in allen Einzelheiten, so dass uns jedes ihrer Worte ärgert (*chagrins*).«[70] Ein Schreiben, das sich hingegen von solch einer Konformität abwendet, überwindet die Traurigkeit, die in der Erkenntnis liegt, dass einem ein authentischer Selbstausdruck verwehrt ist. Es erlaubt Emerson, eine selbstbestimmte Haltung (*posture*) gegenüber jener Sprache einzunehmen, durch die allein er sich ausdrücken kann. Dadurch erweist sich das Schreiben (*authoring*) der eigenen Existenz als Anerkennung dieser Existenz (*enact*).

In *Philosophy the Day after Tomorrow* schreibt Cavell: »Die Idee von Erfahrung als unsere Bereitschaft, uns der Welt durch Trauer anzunähern, die Nähe dieser Welt nicht durch ein Begreifen (*grasping*), ein Eindringen (*getting to it*) in den Griff zu nehmen, sondern ihrer gewahr zu werden, indem wir der Distanz der Welt, deren Separatheit erlauben, uns zu beeindrucken, das ist die Lehre des großartigen Essays ›Erfahrung‹.« (Ph: 53) Auch Emerson schreibt er jene Verschränkung von Verlust und Hoffnung zu, die er in seinen Gedanken zu *Walden* am Homonym *mourning* (als Kummer) und *morning* (als Dämmerung) entwickelt hatte. Denn in »Erfahrung«, einem Text, den Emerson als Antwort auf den frühen Tod seines Sohnes Waldo geschrieben hat, entdeckt Cavell einen Gedankengang, der von der Klage eines Trauernden zur Ekstase führt. Das Schreiben dieses Essays zeigt sich als ein Akt, in dem eine Überwindung des Verlorenen vollzogen werden kann. Die Philosophie hat ihren Anfang im Verlust (*loss*), in der Entdeckung, dass man, wie Cavell in »Finding and Founding« festhält, verwirrt und verlegen (*at a loss*) über die eigene Situation ist.

Dieser Verlust kann nicht überwunden werden. Er ist unendlich (*interminable*), »denn jede neue Entdeckung kann einen neuen Verlust verursachen« (FF: 114). Die Philosophie endet in der Genesung (*recovery*) nach einem begrenzten (*terminable*) Verlust (im Falle Emersons nach dem Tod seines Sohnes), die nur durch eine Rückgewinnung von Welt mittels eines Aufgebens des Verlorenen gelingen kann. Zugleich hält Emerson in »Erfahrung« fest: »Das Leben selbst ist eine Mischung von Macht und Gestalt und mag nicht das geringste Übergewicht des einen oder anderen ertragen. Auf diese Weise zu leben heißt, jeden Augenblick in sich zum Abschluß bringen, in gleicher Weise der Lebensentwicklung mit jedem Schritt ein Ziel setzen (*to find the journey's end in every step of the road*) und eine möglichst große Zahl angenehmer Stunden verleben.«[71] Entscheidend an der Bewegung des Denkens, die von einem Zustand der Trauer (*mourning*) in den Morgen (*morning*) führt, ist das Unterwegsbleiben: zu einer steten Überwindung begrenzten Leids bereit, im Wissen um jenen Schmerz, der nicht überwunden werden kann, weil er das menschliche Dasein grundsätzlich bedingt.

In der dritten Etappe seiner Übungen zu Emerson, die mit der Veröffentlichung der Aufsatzsammlung *Conditions Handsome and Unhandsome* einsetzt, entwickelt Cavell zum ersten Mal seine Gedanken zum *moral perfectionism*. Für diese Haltung ist eine Denkformel Emersons aus dem Essay »Geschichte« ausschlaggebend. Dort schreibt er: »Alles, was von stoischen, orientalischen oder modernen Essayisten über den weisen Menschen gesagt wird, beschreibt jedem Leser seine eigene Idee, beschreibt sein unerreichtes, aber erreichbares Ich.«[72] Cavell verwendet diese Denkformel, um die Frage jenes endlosen Verlusts, der jeglicher Rückgewinnung von Welt zugrunde liegt, umzuschreiben, indem er diesem die Vorstellungen eines endlos zu erreichenden Selbst entgegenhält. Dieses vollzieht sich darin, dass es sich bewusst in einem steten Prozess der Entwicklung begreift. Das Zusammenfügen der verschiedenen Bildformeln, die Cavell bis zu diesem Punkt als Zitatbruchstücke aus den Essays Emersons gewonnen hat, erlaubt es ihm nun, ein komplexes Bild moralischer

Perfektionierung zu zeichnen. Emersons Vorstellungen von Selbstvertrauen (*self-reliance*) als Gegenpol sowohl zur Konformität (*conformity*) wie zu den Worten, die den denkenden Menschen in stille Melancholie (*chagrin*) versetzen, erhält nun eine zusätzliche Dimension. »Man verharrt in einer Negation seiner Selbst, in jener Haltung der Heimsuchung (*haunting*), welche Emerson fügsame Anpassung (*conformity*) nennt«, hält Cavell fest, »es sei denn, es gelingt einem, das Vertrauen (*reliance*) des Erreichten (*attained*) auf das Unerreichte/Erreichbare stets von neuem zu gewährleisten.«

Die Haltung der Aufrichtigkeit, die Emersons *moral perfectionism* anstrebt, beinhaltet einen bewussten Kampf gegen falsche Moralvorstellungen. Zugleich stellt sie die Forderung an uns, einen Verlust auf uns zu nehmen, unsere gegenwärtige Einstellung abzulegen, um eine Selbstwandlung (*consecration*) zu vollziehen; in den Worten Emersons: »zu werden, was wir sind«[73]. Hat Cavell in den vorhergehenden Essays die Frage in den Vordergrund gerückt, wie die Szene des Skeptizismus abgewendet werden könnte (*avert the scene of skepticism*), so geht es nun auch darum, eine Abwehr der Konformität zu denken. Den Titel seines Aufsatzes »Averse Thinking« entnimmt er Emersons Diktum aus »Selbstvertrauen«: »Die begehrteste Tugend ist die Konformität. Selbstvertrauen ist ihr ein Greuel (*its aversion*).«[74] Dieses abwendende Denken beinhaltet eine stete Umwandlung (*conversion*) jener falschen gesellschaftlichen Forderungen, die den Menschen fortwährend Zustimmung (*consent*) abverlangen. Zugleich steht für Cavell weiterhin jener vom Skeptizismus geförderte Zweifel am Vermögen der Sprache, die Welt begreiflich zu machen, im Vordergrund seiner Überlegungen. Nochmals regt ein Wortspiel Cavell dazu an, eine Antwort auf diese Sprachskepsis zu entwerfen. Emerson stellt in »Erfahrung« fest: »Dieselbe Vergänglichkeit und Unbeständigkeit (*lubricity of all objects*) beobachte ich rings an den Erscheinungen, sie entschlüpfen uns zwischen den Fingern, wenn wir endlich einmal recht herzhaft zugegriffen haben (*clutch hardest*).« Mit einem Wortspiel, das im Englischen die Hand im Begriff »unschön« (*unhandsome*) in die Nähe des Begriffs »unhandlich« rückt, nennt Emerson dieses Entwischen den »unpassendsten Teil der menschlichen Beschaffenheit (*most unhandsome part of our condition*)«[75].

Ist ein Denkversuch, der die Welt mit Händen zu greifen sucht (*clutching*), unansehnlich (*unhandsome*), so besteht die Umkehr dieses Versuchs, die ein handliches (*handsome*) Denken bedeuten würde, Emerson zufolge darin, dass man sich von etwas, zu dem man neigt, anziehen lässt. Entscheidend ist jedoch weiterhin die offene und unvollendete Geste. »Eine große Seele ist im Leben wie im Denken stark«, hält Emerson in »Der amerikanische Gelehrte« fest. »Fehlt einem solchen Menschen das Organ oder das Medium, um seine Wahrheiten zu vermitteln, so kann er immer noch auf die elementare Kraft zurückgreifen und einfach nur leben. Das ist eine absolute Handlung. Denken ist eine partielle Handlung.«[76] Das Leben, das es zu beschreiben gilt, stellt eine Ganzheit dar. Das Denken bleibt hingegen ein partieller, einseitiger Akt, weil der denkende Mensch sich zu seinen parteilichen Vorlieben bekennen muss. Ein Denken ist nach Emerson dann angemessen und passend (*pertinent*), wenn die Gedanken auch gelebt werden und einer Lebenserfahrung oder Lebenshaltung entsprechen. Dann erst lässt sich von einer handlichen Bedingung (*handsome condition*) des menschlichen Daseins sprechen. In Cavells Verständnis vom philosophischen Schreiben gehören das Partiale und das Provisorische zusammen. Ein abwendendes (*aversive*) Schreiben ist, wie das perfektionierte Selbst, das es mittels seiner zu erreichen gilt, nie ganz vollzogen (*transfigured*). Es ist stets im Zustand einer Umwandlung (*conversion*), die immer von Neuem eine Abwendung (*aversion*) vorführt.

In »Selbstvertrauen« sagt Emerson auch: »Deinem eigenen Gedanken Glauben zu schenken, zu glauben, daß das, was für dein persönliches (*private*) Herz wahr ist, für alle Menschen wahr ist, das ist Genius.«[77] Die moralische Dringlichkeit in Emersons Beschreibung des Denkens liegt für Cavell darin, dass er seinen Leser dazu verpflichtet, für sich selbst zu denken, indem er sich von der geforderten Konformität abwendet (*averse to conformity*) und sich in einer neu gewonnenen Sprache verständlich (*intelligible*) macht, deren Wort nicht schmerzt (*chagrins us*). Diesen Gedanken führt Cavell mit jener Denkformel zusammen, die besagt, dass wir, solange wir im Schatten der Worte Anderer stehen, die Welt wie Schatten heimsuchen, anstatt in ihr als Menschen zu leben. Sich von einer Konformität abzuwenden, die über uns ragt wie die von unseren Vorgängern geerbten Zitate, heißt, sich bekehren zu lassen (*convert from*), heißt, den Hang zur Anpassung (*conformity*) in Selbstvertrauen (*self-reliance*) umzuwandeln. Die Aporie, die Cavell jedoch weiterhin nicht lösen kann, besteht darin, dass diese Transformation sich nie außerhalb der Sprache und der kulturellen Denkbilder vollziehen kann, die zu unserer Konformität beitragen.

Den Begriff Genius verwendet Emerson allerdings nicht nur, um von der Gemeinsamkeit zwischen unseren intimsten Überzeugungen und denen unserer Mitmenschen zu sprechen. In einer der meistzitierten Passagen aus »Selbstvertrauen« beharrt er auch darauf: »In jedem Werk des Genius erkennen wir unsere eigenen verworfenen (*rejected*) Gedanken wieder; sie kommen zurück zu uns mit einer gewissen entfremdeten Majestät.«[78] Jene Moral, für die Emerson den Begriff *genius* benutzt, ist immer schon da und muss zugleich immer von Neuem ent-deckt werden, wie jenes vollkommenere, nächste (*next*) Selbst. Sie enthüllt sich uns ebenso in den Worten Anderer wie in dem Glauben, unsere eigene Wahrheit sei allgemein gültig. Dieser Genius der Sprache – auf diese grundsätzliche Unterscheidung kommt es Cavell an – fungiert nicht wie jene Zitate, in deren Schatten wir uns verstecken und uns somit des eigenen authentischen Selbstausdrucks berauben. Dennoch bleibt auch dem Aufruf, in den Worten Anderer den eigenen Genius wiederzufinden, die Spur des Verlusts eingeschrieben. Denn die Gedanken, zu denen wir zurückgeführt werden, sind verworfene Gedanken. Sie kehren mit einer entfremdeten Majestät wieder. Zu werden, was man ist, heißt auch: Erst nachdem uns die Gedanken, die zu unserer Perfektionierung führen werden, fremd geworden sind, können wir zu ihnen zurückkehren. Die durch die Verwerfung gewonnene Distanz erst macht aus ihnen ein wertvolles Gut.[79]

Zugleich darf nie außer Acht gelassen werden, dass es der Genius ist, der Emerson zu seiner Arbeit des Schreibens ruft; zu einer Tätigkeit, die er nur in einer selbstgewählten Distanz zu seinen Mitmenschen verrichten kann. Die Betonung liegt bei Emerson – darin folgt er dem unbeugsamen Individualismus des romantischen Projekts ebenso wie dem des amerikanischen Projekts – auf der eigenen solitären Selbsttransformation. In dem Essay »Der amerikanische Gelehrte« schreibt er: »Jeder Philosoph, jeder Dichter, jeder Schauspieler hat nur für mich getan, was ich eines Tages selbst tun kann, so als sei er mein Vertreter (*delegate*).«[80] Ein Erreichen des perfektionierten Zustands würde einer vollkommenen Befreiung von allen Vorgängern gleichkommen, eine Situation reiner Unabhängigkeit darstellen. Das Denken Emersons erweist sich mit seiner Emphase einer in der Zukunft (*one day*) liegenden reinen Unabhängigkeit als ein zu vollendendes, als stetes Anstreben jener Perfektionierbarkeit, für die der Mensch geschaffen ist. Dieses Streben führt von den unhandlichen Bedingungen (*unhandsome conditions*) eines entfremdeten Lebens in Konformität in eine von Selbstvertrauen (*self-reliance*) geprägte gewöhnliche Alltäglichkeit. Deshalb kann Cavell auch sagen: »Da seine Abwendung (*aversion*) die Haltung eines steten Sichabwendens (*continual turning away*) von der Gesellschaft darstellt, beinhaltet sie somit eine stete Hinwendung zu ihr (*turning toward it*).« (ATh: 166)

Die letzte Etappe in Cavells Versuchen über Emerson, die sich auch in dem bereits in der Einleitung besprochenen Buch *Cities of Words* vollzieht, legt einen kennzeichnenden Grundzug seines eigenen philosophischen Verfahrens selbstbewusst offen: seine Vorliebe, zu gewissen Denkformeln zurückzukehren, um in der Relektüre neue Gedankenkreise zu ziehen. Durchaus im Sinne jener offenen Unendlichkeit, auf die Emerson in dem von ihm skizzierten Wissensgang besteht, bleibt für Cavell die vollkommene Deutung einer Passage im Bereich des Erreichbaren. Jeder Text bedarf einer fortwährend neuen Lektüre. Deshalb sollen die in diesem Kapitel nachgezeichneten Ausführungen seines Gesprächs mit Emerson mit einem späten Aufsatz enden, in dem er selbstkritisch auf seine frühere Lektüre des Essays »Schicksal« zurückkommt. In »Emerson's Constitutional Amending: Reading ›Fate‹« geht es ihm darum, die bereits formulierte Behauptung, Denken sei für Emerson eine Art Bekehrung (*conversion*), Umgestaltung (*transfiguration*) und ein Abwenden (*aversion*), das zugleich eine Zuwendung beinhaltet, nochmals neu zu wenden. Cavell greift in diesem Zusammenhang erneut Emersons Satz aus dem Essay »Selbstvertrauen« auf: »In jedem Werk des Genius erkennen wir unsere eigenen verworfenen Gedanken wieder: Sie kommen zurück zu uns mit einer gewissen entfremdeten Majestät.« Nun liest er diesen Satz jedoch so, dass sich Ablehnung und Rückkehr im Hinblick auf Freuds Begriff der Übertragung verstehen lassen.[81]

Zwar gewinnt Emerson aus seinem Schreiben die Überzeugung (*conviction*), sich damit dem Schicksal zu widersetzen, indem er dieses als einen Teil seiner selbst konfrontiert. Die Macht, die er für seine Worte behauptet, liegt jedoch in dem Umstand, dass sie nicht die seinen sind. Sein Schreiben entpuppt sich als Empfänglichkeit für das Diktat anderer Stimmen, die die eigene widerspiegeln. Von Übertragung lässt sich Cavell zufolge hier deshalb sinnvoll sprechen, weil diese einen Vorgang bezeichnet, in dem ein Anderer (in der analytischen Situation: der Analytiker) verherrlicht wird, weil wir uns mit seiner Hilfe jene Gedanken zu eigen machen können, denen wir zunächst nicht vertraut und keinen Nutzen darin gesehen haben. Der Umweg über diesen Anderen hat nun aus dem abgewehrten Wissen allerdings ein »handliches« gemacht. In dieser Denkformel der abgelehnten Gedanken, die mit majestätischer Ausstrahlung aus der Verdrängung zurückkehren, entdeckt Cavell nun auch die Verschränkung von Schmerz und Lust. Der Verlust der Welt, von der Emerson wie Thoreau (und eben auch Cavell) stets ausgehen, soll nicht lustvoll betrauert werden, denn das wäre einfach eine Haltung der Nostalgie. Dieser Schmerz soll ertragen und bezeugt werden. Die in der Übertragung ermöglichte Rückkehr von leidvollen oder unliebsamen Gedanken, die wir verworfen haben, soll zu einem steten Fragen, einer ständigen Selbstbefragung anhalten.

Cavell hebt in seiner Rückkehr zu Emersons »Schicksal« noch einen weiteren Satz hervor, um seine vorhergehende Lektüre zu befragen: »In der Geschichte des Einzelmenschen wird stets seine Beschaffenheit in Anschlag gebracht (*an account of his condition*), und er weiß selber, dass er an seinem gegenwärtigen Zustand (*his present estate*) Anteil hat (*to be party to*).«[82] Als er sich das erste Mal (in »Emerson, Coleridge, Kant«) mit dieser Passage beschäftigte, hatte Cavell die Verbindung zwischen Emersons Vorstellung von Denken und seinem *moral perfectionism*, genauer die »Beschränkung (*constraint*) des Lesers durch sein Überzeugtsein von der verherrlichten Rückkehr des Lesers eigener, verworfener Gedanken«, noch nicht erkannt. Damals hatte er sich dafür interessiert, wie Emerson den Begriff einer unansehnlichen Bedingung (*unhandsome condition*) einsetzt, um über das den Menschen beschränkende Schicksal als Instanz des Diktats (*dictation*) nachzudenken. Dabei hatte er die das Individuum charakterisierende Bedingung (*condition*) als Umstand der Sprache begriffen, in der dieses sich ausdrückt. Ihm war es darum gegangen, dass »der Mensch dazu bestimmt [ist], seinen Sinn zu suchen und diesen zu enthüllen, zu denken oder seinen Gedanken zu verdrängen« (ECA: 207). Bei seiner Rückkehr zu Emersons Gedanken über das Schicksal entdeckt Cavell nun auch den Zusammenhang zum Begriff der menschlichen Konstitution (*constitution*), geht es doch in dieser Passage auch darum, dass wir jeweils als Partei (*being party to*) an unserem Zustand (*estate*) teilhaben.

Nochmals bietet Cavell das *cross-mapping* einer metaphysischen Behauptung von Freiheit mit den politischen Anliegen des amerikanischen Projekts an. Seine Grundannahme lautet: Emerson identifiziert sein Schreiben, seine philosophische Autorschaft mit dem Entwurf der amerikanischen Verfassung, und zwar im Sinne ihrer Verbesserung (*amending*). In »Selbstvertrauen« stellt Emerson fest: »Gut und schlecht sind nur Namen, die auf dieses oder jenes leicht übertragbar sind; das einzig Richtige ist das, was nach meiner Konstitution ist; das einzig Falsche das, was gegen sie ist.«[83] Entscheidend bleibt hier der Begriff des Genius, der Emerson befähigt zu denken und auszusprechen, was für alle Menschen gültig ist. Darin erkennt Cavell »ein Reden aus, aber eben auch mit Notwendigkeit (*speaking with necessity*)« (ECA: 209). Indem Emerson behauptet, er könne die Beschaffenheit (*constitution*) der Welt sowie der Leben, die daran teilhaben, beurteilen, und zwar von jenem individuellen Stand (*constitution*) aus, den er in sich, sprich in seiner Natur, findet, appelliert er an die Instanz eines universalen moralischen Urteils. In der semantischen Pluralität des Wortes *constitution* liegt für Cavell die entscheidende Pointe von Emersons Auftrag, der von uns eine Verbesserung (*amending*) unseres Lebens fordert. Denn diese Forderung – persönlich und politisch zugleich – geht von dem Vorschlag (*proposal*) aus, dass das, was uns verbindet, jene gemeinsame Sprache ist, an der wir, sofern wir uns darauf einlassen, parteiisch teilhaben, um uns gegenseitig zu hören und uns authentisch auszudrücken.

Freud: Das Unheimliche im Gewöhnlichen

Versteht Cavell die Essays Emersons als eine romantische Antwort auf den von Descartes in Umlauf gebrachten philosophischen Zweifel, so stellt die Psychoanalyse für ihn die Antwort der Moderne auf den Skeptizismus dar.[84] Mit seiner *talking cure* sucht Freud eine Sprache, die aufgrund von psychischer Erkrankung verloren gegangen ist, in die Welt des Gewöhnlichen zurückzuführen. Das von ihm entwickelte therapeutische Gespräch soll dazu führen, die verdrängten Gedanken seiner Patienten, dank der Übertragung auf den Analytiker, mit einer wenn auch unheimlichen Majestät zu ihnen zurückkehren zu lassen. Somit ist auch Freud daran gelegen, seine Analysanden dazu zu bringen, die Selbstgewissheit in der eigenen Verfassung wiederzuentdecken, und zwar nachdem sie jene stille Verzweiflung, jene leise Melancholie, die sie in der Psychoanalyse überhaupt hat Hilfe suchen lassen, in einen Selbstbericht umzuwandeln gelernt und Selbstvertrauen gewonnen haben. Auch die Psychoanalyse versteht sich als ein Denken, das »unhandliche« Gedanken abwendet und sie in »handliche« Fantasien umwandelt. Auch sie sucht eine Bekehrung zur Selbstverbesserung, zur Bereitschaft für einen Alltag, aus dem die Spuren des Leids jedoch nie ganz getilgt werden können.

Eine der zentralen Denkformeln, die Cavell (der in seinem Leben mehrmals mit dem Gedanken gespielt hat, sich als Psychoanalytiker ausbilden zu lassen) dem Gedankengut Freuds entnimmt, ist die Vorstellung, das Ich sei sich selbst fremd, sei nicht Herr im eigenen Haus.[85] Im Verständnis der Psychoanalyse lebt das Bewusstsein des Menschen immer auch im Schatten eines Diktats seines Unbewussten. Weil im menschlichen Subjekt immer auch die Stimme des Unbewussten spricht, wird das bewusste Ich stets von einem Doppelgänger heimgesucht, der der Nachtseite der Psyche zuzurechnen ist. Diese schicksalhafte Instanz flüstert dem Ich Worte ein, von denen dieses bewusst nichts weiß. Um diese entfremdende Doppelung geht es Cavell in seinem Aufsatz »The Uncanniness of the Ordinary«.[86] Dabei konzentriert er sich auf einen Fehler, der Freud in seiner Lektüre von E.T.A. Hoffmanns romantischem Nachtstück *Der Sandmann* unterläuft.

Für Cavell lässt sich an Freuds Fehlerinnerungen an das romantische Nachtstück die Abwehr eines bestimmten Wissens in dessen Ausführungen zum Unheimlichen festmachen. Denn aus Gründen, die Cavell seinerseits zu hinterfragen sucht, beharrt Freud darauf, jeder Ausdruck des Unheimlichen sei auf eine Kastrationsdrohung zurückzuführen. Dem hält Cavell entgegen, dass dieses Gefühl von Angst ebenso durch das Unvermögen hervorgerufen werden kann, zwischen belebten und unbelebten Wesen zu unterscheiden. Wichtig ist ihm diese zweite Möglichkeit aus folgendem Grund: Der Umstand, dass Freud das Unheimliche mit der Kastration engführen will, stellt eine Verweigerung (*denial*) jener für sein eigenes Denken so zentralen Überlegungen zum Begriff der Anerkennung dar. Von der Beobachtung ausgehend, dass es einem auch unheimlich zumute werden kann, weil man zwischen einem belebten und einem unbelebten Wesen nicht unterscheiden kann, verleiht Cavell der psychoanalytischen Kategorie des Kastrationskomplexes eine entscheidende zusätzliche Dimension. Solange der Kastrationskomplex keine Auflösung gefunden hat und der Narzissmus jegliche Wahrnehmung eines Anderen beherrscht, kann man die Andersartigkeit seiner Mitmenschen nicht erkennen. Das heißt für Cavell aber auch, dass man diese nicht als lebende, weil von einem selbst unabhängige (*separate*), einem in jeglichem Sinne gegenüberstehende (*opposed*) menschliche Existenzen anzuerkennen bereit oder fähig ist. Die Obsession für Automaten, um die der Wahnsinn und die Mordlust Nathanaels, des verzweifelten Helden dieses Nachtstücks, kreisen, lässt sich für Cavell nicht nur als Inszenierung eines gescheiterten ödipalen Dramas verstehen, sondern auch als literarische Darbietung des skeptischen Problems hinsichtlich der Existenz anderer Wesen (*other minds*).

Die Passage im *Sandmann*, an die sich Freud falsch erinnert, findet sich kurz vor dem Ende der Novelle. Um die scheinbare Genesung ihres Geliebten zu feiern, schlägt Clara einen Spaziergang vor, bei dem sie auf einen Kirchturm steigen. Dort jedoch greift Nathanael, nachdem ihn Clara auf eine sich unter ihnen bewegende graue Figur aufmerksam gemacht hat, nach dem verteufelten Perspektiv. (Es sei daran erinnert, dass Nathanael dieses Taschenperspektiv von Coppola gekauft hat und dass er sich in den Automaten Olympia verliebt, nachdem er sie durch dieses Perspektiv am Fenster der Nachbarswohnung erblickt hat. Sein Wahnsinn setzt ein, nachdem er wiederum zusehen muss, wie dieser Automat von seinem Schöpfer Spalanzani während eines Streits mit Coppola zerstört wird.) Nun richtet er seinen Blick erneut durch dieses dämonische Perspektiv: »Er schaute seitwärts – Clara stand vor dem Glase! – Da zuckte es krampfhaft in seinen Pulsen und Adern.«[87] Nathanael verfällt in einen Wahnsinnsanfall, will Clara vom Turm werfen und springt dann, weil ihr Bruder Lothar sie in letzter Minute aus tödlicher Umarmung rettet, an ihrer Stelle in die Tiefe.

Freuds Fehllektüre besteht nun bezeichnenderweise darin, dass er das Objekt, das zu Nathanaels tödlichem Sturz führt, falsch besetzt. Er paraphrasiert den Text folgendermaßen: »Oben zieht eine merkwürdige Erscheinung von etwas, was sich auf der Straße heranbewegt, die Aufmerksamkeit Claras auf sich. Nathanael betrachtet dasselbe Ding durch Coppolas Perspektiv, das er in seiner Tasche findet.«[88] Für Cavell wirft diese Fehlerinnerung nicht nur die Frage auf, warum es der Anblick Claras sein sollte, der Nathanael in den Wahnsinn treibt, sondern auch, warum Freud dies in seiner Erinnerung durch die Gestalt des Wetterglashändlers (»dasselbe Ding«) ersetzt hat.

Der Sprung vom Turm führt den Sohn in der Deutung Freuds im Sinne eines nicht aufgelösten Kastrationskomplexes zu seinem Vater zurück. Die Deutung, die Cavell von dieser Szene der *Anagnorisis* anbietet, läuft hingegen in eine andere Richtung. Nathanaels mörderischer Schrecken wird durch eine Horror-Vision der gewöhnlichen Geliebten verursacht, die deshalb so entsetzlich ist, weil sie gerade nichts Ungewöhnliches (*unremarkable*) an sich hat. Clara zwingt ihn zur Erkenntnis, dass das Unheimliche im Gewöhnlichen liegt – in der Anerkennung der Anderen als nicht Außerordentliche. Das wäre denn auch gleichbedeutend damit, die Geliebte als von jeglichen narzisstischen Vorstellungen, die auf sie projiziert wurden, abgegrenzt wahrzunehmen. Die von Clara geforderte Anerkennung des Unheimlichen im Gewöhnlichen läuft deshalb für Cavell nicht auf die Frage der Kastration, sondern auf die Differenz zwischen dem Lebenden und dem Unbelebten hinaus. Diese Unterscheidung ist nicht *nicht* wissbar. Im Gegenteil, sie kann – und muss – unzweideutig entschieden werden, und zwar zugunsten der Belebtheit der Anderen. Für Cavell stellt die Einsicht, dass der Mensch, der einem gegenübersteht, belebt und nicht unbelebt ist, die Basis für alles dar, was man über eine oder einen Anderen wissen kann. Das

Taschenperspektiv ist das Medium des Skeptizismus par excellence: Auslöser eines Zweifels, der den Entzug von Welt zur Folge hat, zugleich aber in der bewussten Abkehr von diesem auch eine Rückkehr ins Gewöhnliche bewirken kann. Nathanaels Abscheu davor, Clara durch dieses Instrument in ihrer Gewöhnlichkeit anzuerkennen, bedeutet nicht das Festhalten an einem Zweifel, dem etwas entgegengehalten werden könnte. Es ist vielmehr Zeichen einer Verneinung Claras als eine eigenständige, singuläre Andere und somit Ausdruck eines unersättlichen Wunsches, die Geliebte ausschließlich an sich zu binden.[89] Diese Verneinung (*denial*) kommt einer Abwendung von Wissen gleich, die eine Auslöschung von Welt und im Falle Nathanaels statt des beabsichtigten Mords den Selbstmord mit sich bringt, weil sich die Andere nicht als ein lebloses Ding vereinnahmen lässt.

In das Gewöhnliche des Alltags zurückzukehren bedeutet für das romantische Nachtstück, für Freuds Psychoanalyse und für die amerikanischen Transzendentalisten eine Rückkehr zur Behausung in der Welt, zur Bereitschaft für ein Morgen und ein Übermorgen. Hoffmanns *Sandmann* stellt dies als Aufwachen aus verhängnisvollen Fantasien dar, das das Unheimliche im Gewöhnlichen in all seiner schillernden Ambivalenz zu ertragen bereit ist.[90] Am Ende seines Nachtstücks rückt die Heldin nochmals ins Blickfeld und enthüllt jene ihrem Namen entsprechende, wiedergewonnene psychische Klarheit. In einer »entfernten Gegend«, erklärt der Erzähler, will man Clara gesehen haben, »wie sie mit einem freundlichen Mann, Hand in Hand vor der Türe eines schönen Landhauses saß und vor sich zwei muntre Knaben spielten. Es wäre daraus zu schließen«, folgert er (bezeichnenderweise im Konjunktiv), »daß Clara das ruhige häusliche Glück noch fand, das ihrem heitern lebenslustigen Sinn zusagte und das ihr der im Innern zerrissene Nathanael niemals hätte gewähren können«[91]. Mit Sicherheit kann er diese Szene ihres gewöhnlichen Alltags nicht bezeugen. »Man will es gesehen haben«, »daraus wäre zu schließen« – das bedeutet: Es könnte auch anders gewesen sein. Die Frage, ob man eine Perfektionierung erreicht hat oder sie weiter anstrebt, bleibt eine offene Frage.

Das auf seinem Atlas philosophischer Denkformeln immer wieder neu gestaltete Verhältnis zwischen dem Skeptizismus, dem amerikanischen Transzendentalismus und der Psychoanalyse, wie es dieses Kapitel skizziert hat, stellt sich für Cavell aufgrund der von Wittgenstein gestellten Frage ein, warum die Sprache uns dazu verhext (*bewitch*), ihre gewöhnliche Funktion als mangelhaft zu empfinden, sie nicht anerkennen zu wollen (*repudiate*). Es ergibt sich durch die von Freud gestellte Frage danach, warum die Sprache uns das unheimliche Gefühl vermittelt, wir seien die Opfer eben jenes Ausdrucksmediums, mit dessen Hilfe wir uns die Welt aneignen und sie in unseren Besitz nehmen. Und es ergibt sich durch das Anliegen Thoreaus und Emersons, zu jenem Gewöhnlichen (*ordinary*), jenem Alltag (*everyday*) zurückzukehren, der nicht dem Philistertum der romantischen Literatur entspricht, sondern der eigenen Natur. Diese wiedergewonnene Welt soll, wie Cavell in *Claim of Reason* festgehalten hat, nicht gewusst (*known*), sondern anerkannt (*acknowledged*) werden. Was es dabei anzuerkennen gilt, ist das Dasein der Welt und der Menschen in ihr als von mir unabhängig (*separate*), von mir entrückt (*gone from me*).

Weil wir jedes Mal die Welt zu verlieren drohen, wenn wir über sie nachdenken, muss sie jeden Tag wiedergewonnen (*regained*) werden, und zwar in einem Prozess der Wiederholung, der sie als verlorene Welt wiederherstellt (*regained as gone*). Deshalb erweist sich vor dem Hintergrund des Skeptizismus der Begriff der Trauer als Scharnier zwischen den Schriften der amerikanischen Transzendentalisten und der Psychoanalyse. Wie Freud in seinen Ausführungen zur Vergänglichkeit festhält, bietet die Trauer die Bedingung der Möglichkeit, die Schönheit der Welt anzunehmen. Die Trauer erlaubt mir, die Welt in ihrer Unabhängigkeit von mir gelassen wahrzunehmen.[92] In *Walden* macht Thoreau die Gewissheit, dass die Welt, die man wiedergefunden hat, wirklich die eigene ist, daran fest, dass man dieses Zuhause (*home*) auch wieder verlassen kann. Emerson findet seinerseits für jenes Weggehen (*departure*), das am Anfang und am Ende eines Gedankengangs steht, den Begriff der Preisgabe (*abandonment*) gegenüber der Sprache und der Welt, der Drohung einer Verlassenheit, mit der es stets zu ringen gilt.

In seinem Aufsatz »The Fantastic of Philosophy« versammelt Cavell diese verschiedenen philosophischen Stimmen im Sinne einer verbessernden Variation von Freuds Postulat, das Ich müsse lernen, dass es nicht Herr im eigenen Haus seiner Psyche sei. Diese Kränkung des Narzissmus ergänzt Cavell nun um jene von Thoreau und Emerson vorgebrachte Überzeugung, das Fantastische des Gewöhnlichen liege in der Begegnung mit der Fremdheit (*strangeness*) der Welt sowie der Nachbarn, die die Welt mit uns teilen. Neben der Entdeckung des Unbewussten lässt sich auch in der Philosophie von einer Kränkung des Narzissmus sprechen, nämlich von der Entdeckung der Einschränkung (*limitation*) des menschlichen Wissens. Es ist kein Zufall, dass der vom Skeptizismus zum Ausdruck gebrachte Zweifel daran, ob die Welt und ich in ihr existieren, in der Romantik in der literarischen Inszenierung des Fantastischen wiederkehrt. Cavell zufolge besagt die philosophische Haltung, die Freud (aber auch Wittgenstein) mit den Transzendentalisten teilt, man müsse die »unvermeidlichen Brüche oder Sprünge des Wahnsinns, die den Akt des Denkens und die Konstruktion von Welt heimsuchen«, wieder nach Hause führen. Man müsse den stets drohenden Verlust von Welt zurückbringen »in unsere gemeinsame Heimat der Sprache und diese nicht ein für alle mal zurückführen, sondern jeden Tag, an jedem spezifischen, alltäglichen Ort des Ausbruchs der Verzweiflung« (FPh: 196).

Das Gefühl des Unheimlichen als Ausbruch eines Zweifels darüber, ob ein Wesen belebt oder unbelebt sei, kann nur überwunden werden, indem unzweideutig die Menschlichkeit des Anderen erblickt wird, als Anerkennung von dessen Unabhängigkeit durch das ihn betrachtende, denkende Subjekt. Thoreau beschreibt dies in *Walden* so: »Könnte es ein größeres Wunder geben, als wenn es uns möglich wäre, einen Augenblick mit den Augen der andern zu sehen?«[93] Die Antwort auf die vom Skeptizismus aufgeworfene Ungewissheit, die sowohl die Transzendentalisten wie die Psychoanalyse angeboten haben, fordert ein Abwenden jenes narzisstischen Blicks, der den Anderen durch »unhandliche« Augen erblickt, um stattdessen durch die Augen des Anderen zu blicken. Dieses bewusste Miteinandersehen vollzieht jene Verschränkung von Identifikation und Separatheit, die Cavell im Sinn hat, wenn er vom Fantastischen im Gewöhnlichen und vom Fantastischen des Gewöhnlichen spricht. »Gegenseitig durch die Augen des Anderen zu blicken«, so hält er fest, »ist die Chance, etwas Neues zu lernen.« (FPh: 187)

Das ist natürlich schon immer die Wette der Literatur gewesen: der andere Schauplatz der Fiktion als Ort, an dem die Möglichkeit und die Grenze, mit den Augen eines Anderen auf sich und die Welt zu blicken, erprobt werden können. Es bleibt eine alchimistische Wette, denn sie fordert eine Transformation. In der romantischen Inszenierung des Skeptizismus führt sie im *Sandmann* zu der verbrannten Leiche des Vaters, dem zerstückelten Leib des Automaten Olympia und zum Turmsturz des traurigen Sohns. Bei Emerson mündet diese Wette im ernüchterten Glück (*joy*), zu dem Selbst zu werden, das man ist. Freud kann sich am Ende des therapeutischen Zaubers nur die Wandlung von unerträglichem Leid in alltägliches Unglück vorstellen. Doch wenn die Stimme Emersons in Freuds Diktum »Wo es war, soll Ich werden« geisterhaft zu hören ist, dann entdeckt Cavell in Freud auch in dem Sinn einen Nachkommen der amerikanischen Transzendentalisten, als beide die Fragen des Skeptizismus in einer Sprache durchspielen, die unheimlich zwischen Philosophie und Literatur angesiedelt bleibt: offene Versuche im Denken dessen, was immer noch zu erreichen bleibt.

4. Denkraum Shakespeare

Skeptizismus und Tragödie

»Was sich im Inneren des Anderen abspielt, ist mir nicht transparent«, hält Stanley Cavell in seinem Aufsatz »What is the Scandal of Skepticism?« fest und fährt fort: »Um von unserem Sinn (*sense*) einer Beziehung oder dem Verlust einer Beziehung zum Anderen Rechenschaft ablegen zu können (*account for*), benötigen wir an Stelle eines besten Falls des Wissens (*best case of knowledge*) einen besten Fall der Anerkennung (*best case of acknowledgement*).« (W: 150) Insofern sei der Skeptizismus in Bezug auf die Existenz des Anderen nicht vornehmlich als Skeptizismus, sondern vielmehr als Tragödie zu verstehen. Dies ist auch der Grund, warum Cavell seit seiner ersten Aufsatzsammlung *Must We Mean What We Say*, die mit einer Lektüre des *König Lear* endet, immer wieder auf die Stücke Shakespeares zu sprechen kommt. In ihnen entdeckt er eine Vorwegnahme des modernen philosophischen Zweifels: eine Manifestation und zugleich eine Antwort auf jene wenige Dekaden später vom Skeptizismus aufgeworfene Wissenskrise im Hinblick auf die Frage, ob wir über das, was außerhalb unseres eigenen Bewusstseins liegt, ein unzweifelhaftes Wissen erlangen können. Warum aber regt gerade der Skeptizismus dazu an, die Philosophie im Sinne der Tragödie und vermittels dieser zu lesen? Einer disziplinär verengten Philosophie, so antwortet Cavell, sei es bislang unmöglich gewesen zu sagen, ob der Skeptizismus nun widerlegbar, unwiderlegbar bzw. einer Widerlegung unwürdig sei oder ob er sich selbst widerlege. Das von Cavell praktizierte Gespräch zwischen Philosophie und Literatur erlaubt ihm hingegen einen anderen Weg aus dieser theoretischen Aporie. Seine Interpretation wirft einen anderen Blick auf das Problem des Skeptizismus.

In »The Interminable Shakespearean Text« zählt er jene fünf Motive auf, die sein *cross-mapping* der Renaissance-Tragödie mit dem Skeptizismus ergibt: »Das Problem unseres Wissens bezüglich der Existenz von Welt und, im besonderen Fall, von uns und Anderen in dieser Welt – und für jeden, für den dieses Problem die Möglichkeit des Lobes (*praise*) aufwirft, die Möglichkeit, ein Objekt zu finden, das des Lobes wert ist, sowie die Möglichkeit, dass man sich als fähig erweist, diesen Gegenstand zu loben.« (IST: 31) Es geht ihm also einerseits darum, Shakespeares Text zu loben, und zwar dafür, dass seine Dramen jene Macht der Sprache vorführen, die es uns ermöglicht, eine Krise des Zweifels zu überwinden. Anderserseits denkt Cavell die poetische Kraft Shakespeares immer auch im Verhältnis zu Wittgensteins Anliegen, die Sprache aus der metaphysischen Verwirrung in ihre Heimat des normalen Alltagsgebrauchs zurückzuführen; in jene Ordnung nämlich, die er das Gewöhnliche nennt. Für das *cross-mapping* von Shakespeares Dramen mit dem Skeptizismus ist nicht nur die Fähigkeit der Sprache, dieses Chaos zu zerstreuen, bedeutsam, sondern auch jener Zweifel, den Cavell in seiner Auseinandersetzung mit Shakespeare entdeckt. Denn er liest dessen Stücke als Inszenierung der »fortwährenden Bedrohung, die Schöpfung könnte wieder ins Chaos verfallen«. Angesichts dieser Bedrohung erscheint es als etwas Wunderbares, »dass Worte überhaupt etwas bedeuten können, dass solche Dinge gesagt werden können, dass es Worte gibt« (IST: 49).

In dem Denkraum, den Cavell mit seiner Lektüre Shakespeares entfaltet, halten sich Bedeutungsstiftung und eine stets drohende Bedeutungslosigkeit die Waage. Doch wenn Shakespeare Cavell zufolge in seinen Tragödien im Sinne des modernen Skeptizismus durchspielt, was es heißt, jeglichen sprachlichen Ausdruck und jegliche Darstellung unter Verdacht zu stellen, so bieten diese Stücke auch zwei unterschiedliche dramaturgische Auflösungen für dieses Problem. Werden mit Cordelias berüchtigtem Schweigen im ersten Akt des *König Lear* die fatalen Konsequenzen eines Ausfalls der sprachlichen Kommunikation ins Zentrum gerückt, so wird im *Wintermärchen* Hermione zuerst zum Schweigen gezwungen und dann im letzten Akt zu neuem Leben erweckt. Cavells eigene Beschäftigung mit dem »unerschöpflichen Text« Shakespeares ist deshalb von Anfang an nicht nur von dem Bemühen geleitet gewesen, jene tragische Sensibilität zu erörtern, in der sich der Skeptizismus gegenüber der oder dem Anderen ausdrückt. Es geht ihm immer auch um die Frage, wie aus dem Chaos des Zweifels eine neue Heimat für die Worte und für die Verständigung zwischen zwei zerstrittenen Liebenden zurückgewonnen werden kann.

In der Zusammenführung von Skeptizismus und Tragödie folgt Cavell einer idiosynkratischen Intuition: Der philosophische Zweifel, wie er Descartes' *Meditationen* prägt, sei bereits in den Stücken Shakespeares anzutreffen. Die Tragödien sind als Antwort auf eine epistemologische Krise aufzufassen. In ihnen findet sich wiederholt ein Konflikt, dessen Zentrum die Frage ist: Wie in einer Welt leben, die allen Boden der Gewissheit verloren zu haben scheint? Wenn diese Gewissheit ins Wanken gerät, wird das alltägliche Dasein in seiner Substanz erschüttert. Descartes möchte sich angesichts dieser Frage bei Gott versichern. Shakespeares Stücke bieten hingegen eine dramaturgische Deutung der Problematik des Skeptizismus an. Sie antworten auf die

Frage, ob ich mit Sicherheit von der Existenz einer Außenwelt und somit von mir und von Anderen in ihr weiß, ohne für diese ein letztes Fundament zu finden. Diese Feststellung eines kulturell brisanten Verhältnisses zwischen den Texten Shakespeares und denjenigen Descartes' will Cavell als Intuition und nicht als Hypothese verstanden wissen. Es geht ihm wie so oft in seinen *cross-mappings* nicht um eine stichhaltige Beweisführung. Stattdessen versucht er ein offenes, von seiner Erfahrung mit diesen Stücken geprägtes Denkexperiment.

Sich mit Shakespeares Texten im Hinblick auf Descartes' *Meditationen* auseinandersetzen heißt für Cavell zu überdenken, was den Skeptizismus vorantreibt. Die Unvermitteltheit, mit der in diesen Tragödien Figuren verdächtigt werden, sowie die Konsequenzen, die dieser allumgreifende Zweifel mit sich bringt, spiegeln die Überstürztheit, mit der Cavell zufolge der Skeptizismus die Welt entrückt: Verfolgt die Tragödie eine Erzählstruktur, die unter dem Zeichen des Verdachts steht, so trägt der Skeptizismus das Zeichen des Tragischen. Die Tragödie bietet nicht nur eine Antwort auf den Skeptizismus, sondern ist selbst eine Interpretation dessen, worauf der Skeptizismus philosophisch zu antworten sucht. Im Kern beider Deutungsunternehmen entdeckt Cavell den Hang zur Verneinung jenes Anderen, dessen Existenz man sich nicht sicher sein kann. In seiner Lektüre des *König Lear* nennt er dies einen Akt der Vermeidung, des Ausweichens vor dem Anderen (*avoidance*). Die Enterbung Cordelias etwa führt er auf eine Unfähigkeit zurück, die Andere als Andere anzuerkennen (*acknowledgement*). Am Begriff der Anerkennung hält Cavell bei seiner Lektüre aller Shakespearedramen ebenso fest wie bei seiner Auseinandersetzung mit Descartes und Wittgenstein. Denn es geht ihm in den Tragödien jeweils darum, auf die Bedeutsamkeit des Scheiterns der Anerkennung und somit der durch Sprache gewonnenen Übereinstimmung zwischen zwei Menschen hinzuweisen (vgl. Kap. 2). Der Angelpunkt des Gesprächs zwischen Skeptizismus und der Shakespearetragödie entpuppt sich somit als die Einsicht, dass ein verleugnetes, nicht anerkanntes Wissen (*disowned knowledge*) keine Unwissenheit (*ignorance*) darstellt, sondern eine spezifische Form von Vergegenwärtigung. Es handelt sich dabei um das Unterlassen von Handlungen, bei dem man dennoch selbst die Verantwortung für das eigene Schicksal trägt.

Zugleich umkreist Cavells *cross-mapping* des Skeptizismus mit Shakespeare die Frage einer geschlechtsspezifischen Epistemologie. Machen seine Dramen wiederholt den Wettstreit zwischen einer männlichen und einer weiblichen Art der Wissensproduktion zum Thema, so muss dies Cavell zufolge ein ungleiches Verhältnis bleiben. Während die Helden daran scheitern, die von ihnen geliebte Frau zu begreifen, gelingt den Frauen ein epistemologischer Zugang zu dem sie verkennenden Mann. Die Gewalt des männlichen Denkens, die in der Eifersucht und der Rachsucht zum Ausdruck kommt, deutet den Willen zum Wissen in eine ausschließliche Besitznahme um. Der fanatische Zweifel, der daraus entsteht, dass die Andere sich nicht restlos vereinnahmen lässt, entlarvt den Wunsch, sich die Welt durch Wissensmacht anzueignen, als einen zum Scheitern verdammten Anspruch auf Besitz und Herrschaft.

Skeptizismus, folgert Cavell, ist eine männliche Angelegenheit (*male business*). Das leidenschaftliche Begehren nach Wissen, das durch ihn hervorgerufen wird, macht eine unterschiedliche Ökonomie des männlichen und weiblichen Wissenserwerbs kenntlich. Die männliche Seite des Charakters zweifelt an eben jenem Wissen, das die weibliche Seite zu versichern sucht. Im Wettstreit zwischen Helden und Heldinnen spielt sich der Zusammenbruch des *best case of knowledge* ab. Während der Skeptizismus grundsätzlich einen Drang nach dem Unbestimmten birgt, findet seine weibliche Ausprägung ihren bevorzugten Ausdruck nicht im Zweifel, sondern in der Liebe. Beide stellen indes eine Pathosgeste des Fanatismus dar, die ein Wissen um die Beschränkung des Menschlichen (*human limitation*) zurückzuweisen sucht, sei es in Form des beschränkten Zugangs zum Anderen, sei es als Beschränkung der eigenen Endlichkeit.

Im Folgenden soll das allgemeine Anliegen der Tragödientheorie Cavells zunächst anhand seiner Beschäftigung mit Shakespeares *König Lear* dargestellt werden. In einem zweiten Schritt wird dann im Detail auf seine Lektüren des *Othello* und des *Wintermärchens* eingegangen, wobei die Tragödie als paradigmatischer Fall des skeptischen Zweifels diskutiert wird, die Romanze hingegen als Beispiel einer Zurückweisung des Skeptizismus. Abschließend wird anhand seiner Diskussion von *Antonius und Cleopatra* ein weiterer Ausweg aus der im Zeichen des Skeptizismus durchgespielten Ökonomie des Verdachts auf der Shakespearebühne vorgeführt, der zwar nicht in einer Wiederverheiratung, aber in einer gegenseitigen Anerkennung der Eheleute mündet.

Hinsehen und Innehalten

In seinem Aufsatz »The Avoidance of Love. A Reading of King Lear« entfaltet Cavell jene Tragödientheorie, auf der alle seine weiteren Lektüren Shakespeares basieren. Deshalb soll an dieser Stelle weniger seine Deutung dieses Stückes wiedergegeben werden, sondern es werden die allgemeinen philosophischen Denkformeln vorgestellt, die er aus seiner Lektüre gewinnt. Cavell hält fest: Wir berufen uns auf die Vorstellung eines gewöhnlichen Sprachgebrauchs in jenen Situationen, in denen wir Wörter benutzen, deren Bedeutung nicht gesichert ist, eben »weil es keinen gewöhnlichen Gebrauch dieser Wörter in diesem Sinn gibt« (AL: 271). Wie im zweiten Kapitel bereits ausgeführt wurde, bilden seine Arbeiten im Bereich der Philosophie der normalen Sprache den Hintergrund seiner Ausführungen zu Shakespeare. Dabei steht folgende theoretische Konstellation im Blick: In philosophischen Untersuchungen werden oftmals Worte mit konkreten Lebenssituationen zusammengeschlossen. Diese Worte gelangen als Bestandteile sprachlicher Äußerungen zur Anwendung, welche die Partikularität der thematisierten Lebenssituationen allgemein verständlich zu machen versuchen.

Der Begriff des Gewöhnlichen oder der normalen Sprache (*ordinary*) weist auf eine grundsätzliche Schwierigkeit der Bedeutung und des Verstehens hin, denn die konkreten Lebenssituationen, in denen Worte und Sätze geäußert werden können, sind distinkt und einzigartig. Um verstehen zu können, was die jeweilige Sprachäußerung bedeutet, muss man verstehen, was derjenige, der sie benutzt, mit seinem Ausdruck meint. Das Problem liegt darin, dass der Sprechende meist nicht eindeutig (oder nur uneindeutig) sagen kann, was er meint. Und es besteht immer die Gefahr, dass er es selbst gar nicht weiß und, gezwungen, diesen Mangel an Wissen einzusehen, in Schweigen verfällt. Wittgensteins Rückgriff auf den normalen Gebrauch von Sprache legt jene Aporie offen, um die es Cavell bei seiner Shakespearelektüre geht: Wir berufen uns auf die Vorstellung eines gewöhnlichen Sprachgebrauchs in jenen Situationen, in denen wir Worte benutzen, deren Bedeutung nicht gesichert ist, eben »weil es keinen gewöhnlichen Gebrauch dieser Worte in diesem Sinn gibt« (AL: 271).

In der Tragödie *König Lear* wird diese Problematik um die Dimension des Blicks als Medium der Erkenntnis erweitert. Die Familienmitglieder können sich gegenseitig nicht mitteilen, was sie meinen. Sie können sich weder gegenseitig zu erkennen geben, noch können sie einander anerkennen. Deshalb entziehen sie sich dem Blick der Anderen oder entfernen den Anderen aus ihrem Blickfeld. Die tragische Handlung läuft auf eine Situation der *Anagnorisis* hinaus, deren Lösung im Wiedererkennen (*recognition*) als gegenseitige Annahme und Entgegennahme (*receive*) besteht, wobei das wiedergewonnene Wissen sowohl die Anderen wie das Selbst betrifft. Selbsterkenntnis und die Bereitschaft, sich von einem Anderen erkennen zu lassen, sind die Voraussetzung dafür, den Anderen wiederzuerkennen und anzuerkennen. Die tragischen Handlungen der Figuren Shakespeares versteht Cavell hingegen als radikales Ausagieren des Willens, ein unliebsames Wissen zu verleugnen. Lieber halten sie an ihren Verblendungen fest, welche die Anderen ausblenden, als sich einer peinlichen, beschämenden Selbsteinsicht auszuliefern, die ihnen die Anerkennung ihrer Begrenztheit und Endlichkeit abnötigen würde. »Wir scheuen keine Mittel, um zu vermeiden, uns zu erkennen zu geben (*being revealed*)«, erklärt Cavell. (AL: 284) Gleichzeitig steuert die Tragödie auf jene Einsicht hin, die wir gewinnen, indem wir durch die eigenen Verblendungen hindurch einen Anderen zu erblicken fähig werden (*to see through to the other*) und von ihm oder ihr erblickt werden können (*to be seen through by the other*).

In der Überleitung von seiner Lektüre des *König Lear* zum zweiten Teil seines Aufsatzes, in dem er seine Befunde für eine allgemeine Tragödientheorie auswertet, bemerkt Cavell, eines der ältesten Themen der Tragödie bestehe darin, »dass unsere Handlungen Konsequenzen mit sich bringen, die sich unseren besten, und schlimmsten, Intentionen entziehen [...] der Grund, warum die Konsequenzen unseres Handelns uns wütend einholen, liegt nicht nur darin, dass wir halb-blind sind und kein Glück haben, sondern darin, dass wir immerfort auf eben jenen Handlungen beharren, die diese Konsequenzen überhaupt hervorgebracht haben« (AL: 309). Cavell stellt somit einen Wiederholungstrieb ins Zentrum seiner Tragödientheorie. Dies tut er jedoch nicht nur, um die ethische Botschaft der Tragödie in den Vordergrund zu rücken. Ebenso sehr interessiert ihn die Frage, wie wir den Schauplatz der Tragödie verlassen können: »Was wir brauchen, ist keine Wiedergeburt (*rebirth*) oder Erlösung (*salvation*), sondern der Mut oder die einfache Weltklugheit (*prudence*), hinzusehen und aufzuhören (*to see and to stop*). Abzudanken (*abdicate*). Aber was benötigen wir, um das zu tun? Es wäre eine Erlösung (*salvation*).« (AL: 310) Indem er zwischen einer Erlösung (*salvation*) unterscheidet, die einem Hinsehen und Innehalten entspringen würde, und einer solchen, die einer Wiedergeburt (*rebirth*) gleichkäme, wirft Cavell zwei verschränkte Fragen auf: Was genau tun wir eigentlich, um die Tragödie in Gang zu halten? Und was würde es bedeuten, dem Wiederholungstrieb, der dieses tragische Begehren perpetuiert, ein Ende zu setzen?

Für Cavell kreisen beide Fragen um unseren allzu menschlichen Hang, auf die Besonderheit der uns umgebenden Menschen nicht zu achten. Die Verweigerung, den Anderen anzuerkennen, ist jenes Merkmal, in dem sich die Tragödie sowohl vom Melodrama wie von der Romanze unterscheidet. Dieses Merkmal erlaubt es Cavell, eine Entsprechung zwischen dem tragischen Geschehen auf der Bühne und der Zuschauerhaltung festzustellen. Indem es uns nicht gelingt, die wahre Situation der dramatischen Figuren zu erkennen, sind wir in ihr Schicksal verwickelt. Zudem wird unsere Sympathie mit den Figuren des Stückes in einer Weise gelenkt, die uns den Wunsch dieser Gestalten, unliebsames Wissen auszublenden, teilen lässt. Wird diese fatale Verleugnung von Wissen in der Szene der *Anagnorisis* enthüllt, so begreifen auch wir, dass unsere Unwissenheit unserer eigenen willentlichen Verweigerung des Hinsehens entspringt. Warum aber können die dramatischen Figuren (und wir) etwas nicht sehen, das den tragischen Verlauf des Bühnengeschehens verhindern würde? Der Konflikt, der am Anfang von *König Lear* eingeführt wird, ist nicht von sich aus tragisch, obgleich natürlich die Gattung der Tragödie eine Unvermeidlichkeit erwarten lässt. Die Pointe liegt für Cavell darin, dass das Tragische einen spezifischen Genuss bieten muss, sind doch die dramatischen Figuren »radikal und fortwährend frei, agieren sie doch aus eigener Macht, wählen sie doch jeden Augenblick selbst ihre Zerstörung« (AL: 317). Worin liegt ein Genuss, der dazu führt, dass ein tragischer Held sich eher selbst zerstört, als eine andere Person anzuerkennen?

Für Cavell hängt diese Anerkennung davon ab, sich von der anderen Person selbst anerkennen zu lassen. Dies hätte in Folge einer dialogischen Geste zu geschehen, deren Selbstpreisgabe eine Selbsterkenntnis einschließt. Wenn Cavell zufolge die klassische tragische Handlung dazu dient, die Figuren davon abzuhalten, den Anderen (und implizit sich selbst) zu sehen, so ist das vermiedene Wissen vor allem eines, das sich auf die eigene Menschlichkeit bezieht. Es geht um die eigene Fehlbarkeit und Verletzbarkeit und – letztlich – um die eigene Sterblichkeit. Der Wiederholungstrieb verbietet den Figuren einer tragischen Szene sowohl innezuhalten und ihre Welt zu sehen als auch die eigene Begrenztheit (*separateness*) anzuerkennen. Die Geste der Wiederholung erlaubt ihnen hingegen, die eigene Sterblichkeit auszublenden, auch wenn dies ihren todesgetriebenen Narzissmus stützt und eine absolute Vereinnahmung von Welt als Schutz und versicherndes Spiel im Dienste der eigenen Unversehrtheit bedeutet, die einem Tod von Welt gleichkommt. Anders formuliert: Der Genuss der tragischen Ökonomie besteht darin, dass sie ein Wissen um die gewöhnliche Sterblichkeit gegen Fantasieszenen von Abtötung und Mortifizierung tauscht.

Die Versehrtheit, von der die Tragödie im Zeichen des Skeptizismus erzählt, betrifft den Umstand, dass man den Anderen, der einem nie transparent erscheint, weder erkennen noch kennen, sondern ihn oder sie nur als die Grenze des eigenen Wissens anerkennen kann. In eben diesem Sinne bezieht sich Cavells Tragödientheorie auf die von Descartes aufgeworfene Krise des Wissens. Gleichzeitig bringt die verweigerte Anerkennung des Anderen einen weiteren Aspekt des Todes ins Spiel. Die Leichen, deren Produktion die unausweichliche Konsequenz der tragischen Handlungsabfolge ist und die zugleich auch der tragischen Geschichte ein Ende setzen, verkörpern den Umstand, dass Nicht-Hinsehen einer Vermeidung der Menschlichkeit des Anderen gleichkommt. Die Logik der Vermeidung von Wissen, um die es Cavell geht, besteht darin, die Anerkennung der eigenen Versehrtheit erfolgreich abzuwenden, indem man den Anderen in eine Figur überträgt, deren Funktion es ist, eine Illusion der Selbstermächtigung aufrechtzuerhalten. Jede Tragödie läuft jedoch auf einen Punkt zu, an dem weder die Helden und Heldinnen – noch wir als Zuschauende – den Konsequenzen dieser Vermeidungsstrategie entkommen können. Stellen die Leichen am Ende einer tragischen Handlungsfolge den Beweis für eine Verneinung der Menschlichkeit des Anderen dar, so bedeuten sie immer auch, dass unsere Fähigkeit, die Einzigartigkeit und Eigenständigkeit des Anderen anzuerkennen, abgestorben ist.

Wie bereits festgehalten wurde, ist die Interferenz von Tragödie und Skeptizismus eine Angelegenheit von Männern. Bei der Frage, wie einer Heimsuchung durch die tragischen Konsequenzen der eigenen Blindheit ein Ende gesetzt werden könnte, steht nicht das Wissen der Frau, sondern das Wissen um die Frau auf dem Spiel. Cavell nimmt die Heldin als Projektionsfläche für die verblendeten Obsessionen des tragischen Helden in den Blick. Die angedeutete Erlösung – Abdankung (*abdication*) von einer willentlichen Verblendung, ein Abdanken, das aufgrund eines Innehaltens und Hinsehens erreicht werden kann – wird an der Frage erörtert, ob der männliche Held die Eigenständigkeit qua Nichtwissbarkeit (*unknowableness*) der Frau anzuerkennen bereit ist oder lieber an einem ihn und seine Welt zerstörenden Zweifel festhält. Dabei ist zentral, dass es oft die Heldinnen sind, die in seinem Sinne eine tragische Anerkennung vorführen, und zwar als »eine Darbietung (*enactment*) nicht des Schicksals, sondern der Verantwortung (*responsibility*), was eine Verantwortung für das Schicksal mit einschließt« (AL: 310).[94] Ein brisanter Unterschied besteht für Cavell darin, ob der männliche Held die Theaterbühne als Aufführungsraum für sein eigenes Schicksal in Beschlag nimmt (etwa im Sinne Othellos, der die Welt und seine Mitmenschen als Inszenierung eigener Innerlichkeit umgestaltet, wobei dies vornehmlich die Diskrepanz zwischen vermeintlich wahren, sich transparent darbietenden Emotionen und täuschenden Erscheinungen betrifft) oder ob die Theaterfigur die Verantwortung für ihr Schicksal in die Hand nimmt und somit die Frage der Verantwortbarkeit des eigenen Handels als Fokus einer Theatralisierung von Welt auffasst.

Dabei spielt Cavell bewusst mit der Doppelbedeutung des Wortes *enactment*, denn dieser Begriff bezieht sich sowohl auf das Erlassen, Verfügen oder Bestimmen eines Gesetzes wie auch auf ein darstellendes Spiel. In dieser Doppelbedeutung liegt für ihn das so zentrale Wechselspiel zwischen der auf einem Wiederholungszwang basierenden Perpetuierung von tragischen Handlungen und der auf eine Schlusssetzung gerichteten Annahme jenes Wissens, welche das tragische Spiel zu vermeiden sucht. Diese Annahme bedeutet – nimmt man *enactment* wirklich beim Wort –, dass das Gesetz des Schicksals immer auch von uns selbst erlassen und bestimmt ist, und so ergibt sich die Privilegierung von Verantwortung gegenüber einer in den herkömmlichen Tragödientheorien vorherrschenden Fokussierung auf das Schicksal. Tragödie ist für Stanley Cavell nicht nur eine Gattungsbestimmung, sondern eine existenzielle Grundkategorie. Denn unsere tragische Disposition ist verschränkt mit der Art, in der wir unsere kontingente Situation, auf der Welt, in der Welt und von der Welt zu sein, deuten. In seinen Gedanken zum *König Lear* schreibt Cavell: »Tragödie entwächst jenem Geschick (*fortunes*), von dem wir entscheiden, ob wir es als unvermeidlich (*inevitable*) deuten und akzeptieren wollen.« (AL: 318)

Es geht Cavell also um die Frage der Notwendigkeit eines Schicksals, um dessen Unvermeidlichkeit, aber auch darum, dass es sich um unseren Umgang mit der eigenen Situiertheit in einer Welt des Zufalls, Unfalls, Unglücks und Glücks handelt. Das menschliche Subjekt hat in seinem hermeneutischen Drang durchaus eine Wahl: Zwar ist an unserem menschlichen Schicksal notwendigerweise etwas vorbestimmt und unvermeidlich (die Sterblichkeit), aber wir können uns entscheiden, *welche* kontingenten Ereignisse in unsere Erklärungsmuster eingebracht werden, um unserem Leben einen Sinn zu geben. Zudem können wir uns entscheiden, *ob* wir diese tragische Deutung von Welt akzeptieren oder ablehnen wollen. Das Geschick als tragisch zu akzeptieren ist nicht notwendigerweise damit gleichzusetzen, die Welt als tragisch anzuerkennen. Immer wieder öffnet Cavell die Möglichkeit der Umschrift als Ausweg aus dem tragischen Wiederholungstrieb. In seiner Lektüre von Shakespeares Tragödien geht es somit um eine Differenz zwischen unreflektierter Hinnahme (*accept*) der menschlichen Begrenztheit bzw. der Zurückweisung des Wissens dieser Versehrtheit (*stave off knowledge*) und einer reflektierten Annahme (*acknowledgement*) dessen, was er unsere Begrenztheit (*separateness*) nennt.

Diese Möglichkeit bringt Cavell in Verbindung mit Descartes' Skeptizismus. Im Zeichen des Zweifels wird die gewöhnliche Welt fragwürdig und verschwindet, alle Verbindung zu ihr hängt an jener Schnur, die man deren sinnliche Gegenwärtigkeit (*present to the senses*) nennt. An dieser Stelle wird dem Zweifler die Außenwelt zum Problem. Er entsagt der Welt aus eben dem Grund, aus dem sie ihm wichtig ist: dass sie nämlich als Schutzschild und Bühne für eine Verbindung zur Gegenwart (*present*) dient. Doch diese durch die Gewissheit der Sinne erreichte Vergegenwärtigung (*presentness*) kann jene nicht kompensieren, welche durch eine frühere Verbundenheit mit der Welt entstanden ist. Ein genuiner Wunsch nach dieser Verbindung bleibt, und dennoch müssen die tragischen Figuren ihrer Gegenwärtigkeit gegenüber der Welt (*presentness to their worlds*) entsagen. Der in den Tragödien Shakespeares vorgeführte Skeptizismus bedeutet deshalb nicht, dass wir keine Gewissheit über die Existenz von Welt haben. Vielmehr geht es um die Einsicht, dass ihre Gegenwärtigkeit (*presentness*) keine Funktion des Wissens sein kann; stattdessen »muss die Welt hingenommen (*accepted*) werden; wie auch die Gegenwärtigkeit Anderer (*presentness of other minds*) nicht gewusst (*known*), sondern anerkannt (*acknowledged*) werden« muss. (AL: 324)

Bei seiner Lektüre Shakespeares geht es Cavell jedoch auch um die Verantwortlichkeit eines Publikums, das sich dem tragischen Spektakel hingibt, um aus der sicheren Distanz des Zuschauerraums mit Entsetzen und Mitleid zu reagieren. Zwar besteht die Logik der Tragödie darin, dass der Zuschauer nichts ändern kann, selbst wenn er in das Geschehen auf der Bühne eingreifen würde, denn die Theatersituation ist diese: »Menschen haben in unserer Gegenwart (*in our presence*) Schmerzen, aber wir sind ihnen nicht gegenwärtig (*not in their presence*). Die Tragödie zeigt auf, dass wir für den Tod Anderer verantwortlich sind, selbst wenn wir sie nicht ermordet haben.« (AL: 332)[95] Dennoch lässt sich an der Differenz zwischen der Betrachtung einer Tragödie auf der Bühne und einem realen Ereignis festhalten, um was es im Akt der Anerkennung geht. In der Wirklichkeit findet eine Anerkennung nur dann statt, wenn wir uns den Anderen zu erkennen geben, uns ihnen vergegenwärtigen (*put ourselves in their presence*). Im Theater hingegen sind wir dieser Notwendigkeit enthoben. Das Entsetzen und das Mitleid, das wir empfinden, schützt uns vor diesem schmerzhaften Akt. Den Anderen in seinem Schmerz anzuerkennen hieße für Cavell hingegen, uns von diesem erblicken zu lassen: »Wenn wir dies nicht tun, wenn wir weiterhin im Dunkeln verharren, hat dies zur Konsequenz, dass wir den Anderen in eine Theaterfigur umwandeln (*convert*) und die Welt zu einer Bühne machen.« (AL: 333) Der ethische Nutzen, den Cavell der Tragödie zuspricht, besteht demzufolge darin, uns sowohl den scheinbar ausweglosen Widerspruch zwischen der Notwendigkeit einer tragischen Wende und der Möglichkeit ihrer Vermeidung erkennen zu lassen, wie auch darin, dass wir daraus – in der Welt – Konsequenzen ziehen können.

Nicht um eine naive Sprengung der Grenze zwischen Bühne und Theaterraum geht es Cavell also, sondern darum, dass unsere Distanz zum dargestellten Schmerz der Anderen als Bedingung für eine Theatralisierung des Schmerzes auch bewusst erkannt wird. Eine Bühnenaufführung fordert uns nicht dazu auf, dass wir der Theatralisierung ein Ende setzen. Indem sie uns aber einen Ort aufzeigt, »an dem von unserem Verstecktsein (*hiddenness*) und unserem Schweigen und unserer Separatheit (*separateness*) Rechenschaft abgelegt werden kann (*accounted for*), bietet sie uns die Möglichkeit, innezuhalten« (AL: 334). Entsteht auf der Ebene der Rezeption das Tragische dadurch, dass der Zuschauer dem Schauspiel und dem Leiden der Anderen hilflos zusieht, ohne seine Stelle im dunklen Zuschauerraum verlassen zu können, so werden ihm auch jene Trennung zu dem dargebotenen

Geschehen und jene Andersartigkeit der dramatischen Figuren deutlich, die es ihm erlauben, diese als eigenständig, von ihm distinkt wahrzunehmen. Eben darin, dass ich die *separateness* der Bühnengestalten anerkenne, löse ich mich in meinem Verhältnis zu ihnen aus jenem narzisstischen Übertragungszirkel, der die Missverständnisse weiter vorantreibt und dazu führt, dass diese Gestalten von den Konsequenzen ihrer Verblendungen heimgesucht werden. Die *separateness* der Anderen zu bestätigen, indem ich meine Trennung von ihnen als Bedingung der Theatralisierung erkenne, führt nach Cavell zugleich zu jener Übernahme von Verantwortung, die dem Wiederholungszwang des Tragischen ein Ende setzen könnte. Das Schicksal, das sich auf der Bühne zeigt, erweist sich als tragisch, nicht weil es einen Fluch oder eine Gnade darstellt, sondern weil eine Gestalt anerkennt, dass sie die Stelle auf dem Rad der Fortuna selbst gewählt hat. Die Tränen sind schrecklich, nicht weil eine Bühnengestalt zu der Einsicht gezwungen worden ist, dass ihr Glück in Unglück umgeschlagen ist, sondern weil das Geschick, das sie beweint, ihr eigenes ist. In diesem Augenblick der Sinnstiftung nimmt die Bühnengestalt ihr Leben gänzlich auf sich, erkennt es als ihre Erbschaft an und erfährt jene Neugeburt (*rebirth*), die für Cavell in ein und demselben Zug ein Abdanken (*abdication*) und eine Erlösung (*salvation*) darstellt.

Im Zentrum seiner Definition der Tragödie steht sowohl die schillernde Wirkung von Kontingenz wie auch die Notwendigkeit, die Verantwortung für die Zufälle des Lebens zu übernehmen. Nicht um den Umstand, dass alle Menschen sterblich sind, geht es, auch wenn viele tragische Helden alles tun, um dieses Wissen zu verdrängen. Die Tragödie behandelt stattdessen einen bestimmten Tod. Von diesem nicht abzuwendenden Tod, der eine Bestrafung ist, sagt Cavell: »Er hätte nicht stattfinden müssen. Also sucht eine radikale Kontingenz jede tragische Geschichte heim.« Gleichzeitig, so fährt er fort, wird jede Tragödie von einer radikalen Notwendigkeit bestimmt, und die unsaubere Schnittfläche zwischen Kontingenz und Notwendigkeit ist es, was wir tragische Ereignisse nennen: »notwendig (*necessary*), aber wir wissen nicht, warum; vermeidbar (*avoidable*), aber wir wissen nicht, wie« (AL: 341). Die Tragödie enthüllt weniger die Hilflosigkeit der Menschen als die Konsequenzen, die mit einem Rückzug aus der Welt einhergehen. Die Umkehr dieser tragischen Verweigerung, sich dem Anderen zu vergegenwärtigen (*be present to*), dessen Gegenwart (*presence*) und dessen Andersheit (*separateness*) anzuerkennen, liegt in jenem Innehalten, jener Überwindung des Schweigens und des Versteckens, die es mir ermöglicht, mich selbst zu zeigen (*reveal*), »indem sie mir etwas aufzeigt, dem gegenüber ich zähle, für das ich relevant bin«. Dem *circulus vitiosus* können wir nicht entkommen: »Wenn du die Tragödie vermeiden willst, vermeide die Liebe; wenn du die Liebe nicht vermeiden kannst, vermeide die Integrität; wenn du die Integrität nicht vermeiden kannst, vermeide die Welt; wenn du die Welt nicht vermeiden kannst, zerstöre sie.« Ein sinnvolles Abdanken heißt für Cavell, sich einer Veränderung zu öffnen. Die Tragödie hingegen hat ihren Ursprung darin, dass wir lieber »die Welt abtöten, als ihr zu erlauben, uns der Veränderung auszusetzen« (AL: 349-50).

Rückkehr des Chaos im Zeichen des Verdachts

Cavells Lektüre des *Othello*, die den Abschluss seiner Studie *Claim of Reason* bildet, behandelt die Frage, was passiert, wenn das Gespräch zwischen zwei Liebenden abbricht, weil der Zweifel sich derart verfestigt hat, dass die Missverständnisse nicht mehr ausgehandelt werden können. Wie wir in der Einleitung gesehen haben, geht es in der *comedy of remarriage* darum, dass eine Ehe reaffirmiert werden muss.[96] Dennoch bricht hier selbst in der Krise, die das Paar in der Komödie durchläuft, ein gemeinsames Gespräch nie gänzlich ab. Die Shakespearetragödie hingegen lotet aus, was passiert, wenn dieses Gespräch nicht mehr stattfinden kann oder nie stattgefunden hat. Liest Cavell *Othello* im Hinblick auf die Frage, welche Vorstellungen vom Schicksal des Körpers Shakespeare im Licht des Skeptizismus entfaltet, so bildet die Gattung der Romanze einen weiteren Referenzpunkt. Ausgangspunkt seiner Lektüre sind die zu Leichen versteinerten Eheleute am Ende des *Othello*, die er mit jener Wiederbelebung ins Verhältnis setzt, die im *Wintermärchen* den Liebeszweifel überwindet. Wie hat man im letzten Akt den Auftritt Hermiones, die vermeintlich verstorben ist, als wiederbelebte Statue zu verstehen? Wichtiger noch: Wie hat man Leontes' Annahme jener Magie zu verstehen, die aus dieser Statue erneut eine Frau aus Fleisch und Blut auferstehen lässt? Nochmals greift Cavell auf jene philosophische Denkformel zurück, die er in seiner Lektüre des *König Lear* entwickelt hat. Hermione, behauptet er, kann zu ihrem reumütigen Gatten zurückkehren, weil dieser *sie* erkannt hat, indem er *seine eigene* Beziehung *zu ihr* geklärt hat: eine Anerkennung, die in der Einsicht besteht, dass sein Zweifel (und daran geknüpft seine Verneinung ihrer Person) sie zu Stein hat werden lassen.

Dreht sich der Skeptizismus Leontes' um jene verblendete Eifersucht, die einen unbegründeten fanatischen Verdacht des Ehebruchs erzeugt, so stellt die Romanze *Das Wintermärchen* im Denkraum Shakespeares einen zweifachen Kommentar zur Tragödie des *Othello* dar. Zum einen versäumen die Helden beider Stücke die Möglichkeit, Wissen vom Dasein einer Anderen zu haben und auf diese Weise deren Andersartigkeit (*separateness*) anzuerkennen. Zum anderen resultiert aus dieser Verweigerung des Wissens (*refusal of knowledge*) die Vorstellung, der lebende Körper würde zu Stein. In der Tragödie obsiegt die Eifersucht, in der Romanze ein Hinsehen und Innehalten, das eine Erlösung aus dem fatalen Widerholungsszwang möglich macht. Cavell kommentiert weiter: »Der Angelpunkt von Othellos Interpretation des Skeptizismus besteht darin, dass Othello eine endliche Frau (*finite woman*) an die Stelle Gottes rückt.« (O: 126) Was ihn an dem *cross-mapping* des *Othello* mit Descartes' Ausführungen in den *Meditationen* interessiert, ist jedoch nicht nur der Umstand, dass beide nach einer Versicherung streben, nicht allein in der Welt zu sein. In Shakespeares Tragödie sieht Cavell zugleich die Möglichkeit vorweggenommen, dass dieser Beweis auch an einem anderen, endlichen Menschen, nämlich der geliebten Anderen, einen Anhaltspunkt hat. Ist Othello sich Desdemonas Treue sicher, so hat er sowohl für die Existenz Gottes wie für seine eigene Existenz Sicherheit erlangt. Geht hingegen der Glaube an die Frau verloren, droht die Welt ihre Begründung und ihren Grund zu verlieren: »Die Integrität meiner (*menschlichen, finiten*) Existenz hängt von der Tatsache und der Idee der Existenz eines anderen Wesens ab und von der Möglichkeit, diese andere Existenz beweisen zu können; eine Existenz, die im Bezug auf meine eigene Anhängigkeit und Versehrtheit (*incompleteness*) begriffen, gedacht wird (*conceived*).« (O: 127)

Für die Inszenierung des Skeptizismus, um die es ihm geht, stellt Cavell eine Logik, eine Emotion und eine Szene des Skeptizismus fest. Die Logik des Skeptizismus, die eine uneingeschränkte Liebe nahtlos in einen vollkommenen Zweifel umschlagen lässt, macht er an Othellos Äußerung »Wenn ich dich nicht liebe,/ Dann kehrt das Chaos wieder« (3.3. 91-2) fest.[97] Wenn ich irgendetwas weiß, so Othellos Prämisse, so weiß ich dies. Wenn ich dies hingegen nicht mit Gewissheit wissen kann, so weiß ich gar nichts. Die unhinterfragbare Treue der Frau ist das Pfand in diesem Gedankenspiel. Die Emotion des Skeptizismus hingegen bezieht sich Cavell zufolge weniger auf die konkrete Eifersucht Othellos als auf die Struktur der Gefühle, die ihn an seiner selbst erzeugten Liebesfolter leiden lassen. Darin entdeckt er jenes Staunen des skeptischen Zweifels, welches Descartes in seiner ersten Meditation zu der verwirrenden Erkenntnis führt, zwischen einem Zustand des Wachens und des Schlafens sei mit Gewissheit nicht zu unterscheiden. Die Szene des Skeptizismus schließlich betrifft den Umstand, dass Othellos Gedanken die Wirklichkeit unablässig in eine beschwörende Einbildungskraft auflösen, die jene Möglichkeiten visualisiert, welche sein Verstand, ohne Hilfe, nicht ausschließen kann. Deshalb befiehlt er Iago, dieser solle ihm einen visuellen Beweis (*occular proof*) für jenen unauflösbaren Verdacht liefern, der ihn von Desdemona behaupten lässt: »Ich denk' mein Weib ist treu, und ist es nicht.« (3.3.390)[98]

Weil unentschieden bleibt, ob Othello für die Treue oder die Untreue seiner Gattin einen Beweis benötigt, ist die Frage nicht, warum er Iago eher glaubt als Desdemona. Entscheidend ist für Cavell vielmehr dies: »Iago bietet Othello die Gelegenheit, etwas zu glauben, etwas, das er einem anderen Wissen entgegensetzen kann.« (O: 129) Um auszuloten, welcher Art dieses Wissen ist, das Othello um jeden Preis abzuwenden sucht, stellt Cavell weitere Fragen an den Text: Wie kann es kommen, dass Othello, der sich anfangs in Desdemonas Blick spiegelt, deren Vorstellungen durch Iagos ersetzt? So schrecklich dieser Austausch sein mag, er muss eine Schutzfantasie für Othello sein. Demzufolge geht es Cavell weniger darum, wie Iago Macht über seinen Feldherrn gewinnen kann, als danach zu fragen, wie Desdemona die Macht über ihren Gatten verlieren kann. Wie für die *sophisticated comedy* rückt auch für die Tragödie die Frage, wie eine Ehe durchgespielt wird, in den Vordergrund. Im Fall des *Othello* handelt es sich jedoch konkret um den Zweifel, der dadurch ausgelöst wird, dass Othello die Brautnacht als Szene des Notstands erlebt. Denn Othello kann sich aufgrund der Unterbrechung, mit der Desdemonas Vater durch seinen Auftritt im ersten Akt die Hochzeitsnacht seiner Tochter stört, nicht sicher sein, ob er die Ehe wirklich vollzogen hat. So geht es bei diesem Zweifel weniger um die leibliche Entjungferung als darum, ob die mit Desdemona in der Brautnacht begonnene Intimität sich auf die Dauer einer Ehe stellen lässt.

Cavells Hypothese besagt: »Was unserem Blick während der gesamten Eröffnungsszene entzogen wird [...], ist jene Szene des Mordes, die uns in der Abschlussszene vorgeführt wird. Diese Mordszene dient als visueller Beweis (*occular proof*) für Othellos Verständnis seiner beiden Liebesnächte.« (O: 132) Wenn er im fünften Akt ein letztes Mal das Schlafgemach seiner Gattin mit der Aufforderung betritt, »Lösche das Licht, und dann lösche das Licht« (5. 2.7), so ist dies ein Hinweis, dass er aus seinen Einbildungen nicht aufwachen will.[99] Denn die fanatische Verblendung, die Othellos Skeptizismus vorantreibt, liegt darin, dass er Iago, gegen sein eigentliches Wissen, um jeden Preis glauben will. Cavell zufolge ist Othello durstig nach dem Gift, das Iago ihm durch seine falsche Rede einflößt, weil »die Idee Desdemonas als ehebrecherische Hure ihm gelegener kommt als eine Idee von ihr als rein und tugendhaft (*chaste*)« (O: 133).[100] Warum, lässt sich fragen, ist die Vorstellung der Treue Desdemonas schrecklicher als die ihrer Untreue? Cavells Antwort basiert auf einer Vorstellung vom sexuellen Akt als Tötung, zumindest einer Abtötung jenes Stücks Integrität, das die Jungfernhaut der Braut darstellt. Die Vorstellung, seine Braut sei durch den leiblichen Vollzug der Ehe versehrt worden, fasst Othello in dem Bild zusammen: »Pflückt ich deine Rose,/ Nie kann ich ihr den Lebenswuchs erneun.« (5.2.13-14)[101] Entscheidend an dem fatalen Nachspielen (*reenactment*) der Hochzeitsnacht im fünften Akt ist, dass sie

Othellos Tortur als Emotion des Skeptizismus inszeniert: »Entweder habe ich ihr Blut vergossen und habe sie verletzt oder ich tat dies nicht. Tat ich dies nicht, so war sie keine Jungfrau, und dies hinterlässt auf mir einen Makel (*stain*). Tat ich dies, so ist sie jetzt keine Jungfrau mehr, und dies hinterlässt auf mir einen Makel. In jedem Fall bin ich kontaminiert.« (O: 135)

Gleichzeitig interessiert Cavell auch die Frage, wie ein Ausweg aus der Unvermeidbarkeit des Kausalprinzips aussehen könnte, und zwar indem man nicht nur das eigene Schicksal annimmt, sondern, wie für *König Lear* schon gezeigt wurde, auch die Verantwortung dafür. Von dem Augenblick an, da der über den Verrat seiner Tochter entrüstete Brabantio seinem ungewollten Schwiegersohn erklärt, »Schau zu ihr, Mohr, hast Augen du zu sehn,/ Den Vater trog sie, so mag dir's geschehen« (1.3. 292)[102], setzt jener Verdacht ein, der Othello zwingt zu begreifen, dass er Desdemona nie kennen, sondern sie nur als die Grenze des eigenen Wissens anerkennen kann. Wäre er bereit, ihre *separateness* anzunehmen und einzusehen, dass sie mehr ist als das Versprechen jener öffentlichen Anerkennung, die er mit seiner Ehe sicherzustellen sucht, so müsste er sich auch die Fragilität seines Traums eingestehen, in Venedig als unfehlbarer Feldherr zu gelten. Weil er hingegen die eigene Versehrtheit aus seiner Vorstellung um jeden Preis auszublenden sucht (die für Cavell in der dem leiblichen Vollzug des Ehegelübdes innewohnenden sexuellen Gewalt, dem Vergießen von Blut, besteht), bevorzugt er jenen todesgetriebenen Narzissmus, der einer absoluten Vereinnahmung von Welt gleichkommt. Die Sexualität entpuppt sich dabei im *Othello* als jenes Feld, »in dem eine Fantasie der Endlichkeit (*finitude*), deren Akzeptanz (*acceptance*) und deren wiederholte Überwindung durchgearbeitet wird; die Art und Weise, wie menschliche Separatheit (*separateness*) in gleichem Maße auf Herrlichkeit und Horror gerichtet ist« (O: 137).

Das Wissen um die eigene Fehlbarkeit (und daran geknüpft die Vorstellung, im sexuellen Akt von der Leiblichkeit der Anderen befleckt worden zu sein) wird anders als in der *sophisticated comedy* nicht angenommen, so dass auch eine neue, das sexuelle Begehren einschließende Menschlichkeit nicht entstehen kann. Stattdessen obsiegt jener fanatische Zweifel, der nur in einer moralischen Abtötung von Welt enden kann. Wenn Othello schon mit Sicherheit von Desdemonas Treue nicht wissen kann, so kann er doch mit absoluter Überzeugung an dieser zweifeln. Was Othello quält, ist nach Cavell nicht der Zweifel daran, ob er mit Sicherheit von der Existenz Desdemonas wissen kann. Vielmehr leidet er darunter, seit der Hochzeitsnacht sicher zu wissen, dass sie keine Einbildung, keine Traumgestalt ist. Die Leiche der Gattin, die dieser Geschichte einer Vermeidung des Wissens der Anderen ein Ende setzt, macht Othellos Weigerung, Desdemona zu sehen, als eine Verneinung ihrer Menschlichkeit sichtbar. Er glaubt vielmehr Iago, um jenes Wissen der eigenen Versehrtheit auszublenden, dessen Annahme für ihn noch unerträglicher wäre als die Gewissheit der Untreue seiner Frau. So entlarvt Cavell die vom Skeptizismus aufgeworfene Ungewissheit als Schutzmechanismus, als »schrecklichen Zweifel, der eine noch schrecklichere Gewissheit verdeckt«, und fährt fort: »Nichts ist für Othello gewisser, als dass Desdemona existiert; aus Fleisch und Blut ist; von ihm abgetrennt (*separate*); anders. Dies genau ist die Möglichkeit, die ihn quält. Seine Tortur ist die Ahnung der Existenz der Anderen und somit seiner eigenen Existenz; jedoch eine von Abhängigkeit (*dependent*), von fehlender Ganzheit (*partial*) gezeichnete.« (O: 138)

Othello besteht darauf, Desdemona wie jene unantastbare Statue zu behandeln, aus der sich im *Wintermärchen* die Gattin des ebenso fanatisch Eifersüchtigen herauslösen wird. Wenn sich Desdemona durch ihre Intervention für seinen Unteroffizier vor

Othellos Augen als Frau aus Fleisch und Blut mit einem eigenständigen, von ihm nicht zu bemächtigenden Begehren offenbart, so führt dies in der Shakespearetragödie hingegen zum Mord: Die weibliche Leiche ist das mortifizierte Abbild des tragischen Vergehens ihres Helden. Der fehlenden Perfektion, die in der narzisstischen Logik dieser Tragödie immer auch als Spiegelung seiner Fehlbarkeit fungiert, setzt Othello mit dem Mord den Versuch einer Selbsterlösung entgegen, die die *separateness* Desdemonas im Bild der geopferten Unschuld stilllegt und seinen Zweifel überwinden soll. Im Angesicht der Leiche seiner Gattin bittet Othello, man solle nach seinem Tod von ihm als »von einem, der nicht klug, doch zu sehr liebte« (5.2.353), berichten.[103] Die Vollkommenheit seiner Liebe entspricht der Perfektion seines Zweifels. In der Sprache und der Handlung der Shakespearetragödie erkennt Cavell somit eine Inszenierung der Auflösung von Realität in Deckgeschichten, die Othellos Einbildungskraft vollzieht; genauer in jenen Schutzdichtungen des Skeptizismus, der ein Wissen um die Endlichkeit des Menschen (*finitude*) in einen intellektuellen Mangel, in einen Zweifel an der Gewissheit des Wissens (*lack*) umdeutet und somit scheinbar – aber eben nur scheinbar – entschärft.

Zugleich hält Cavell fest: »Die Tragödie ist der Ort, an dem es uns nicht erlaubt ist, den Konsequenzen oder dem Preis dieses Schutzes (*cover*) zu entkommen: dass das Scheitern einer Anerkennung des besten Falls der Anderen (*best case of the other*) eine Verweigerung (*denial*) der Anderen darstellt, den Tod der Anderen voraussagt [...] und den Tod unserer Fähigkeit zur Anerkennung als solche, die Umwandlung unserer Herzen zu Stein.« (O: 138) Im Sinne Wittgensteins geht es nach Cavell in der im Zeichen des Skeptizismus entworfenen Tragödie immer auch um das Enthüllen und die erzwungene Annahme jenes Wissens, das wir schlicht nicht *nicht* wissen können. Indem er auf seinem

Atlas philosophischer Denkformeln noch einen weiteren Bezug zu *Othello* herstellt, entdeckt Cavell eine weitere tragfähige Antwort auf die vermeintliche Ausweglosigkeit dieser Gattung. Montaignes Essay über die Macht der Einbildungskraft handelt ebenfalls von einer Szene des Skeptizismus, droht doch der dort beschriebene ägyptische König, seine Braut zu töten, weil er meint, sie habe durch Hexerei seine Impotenz hervorgerufen. Die moralische Konsequenz, die Montaigne dieser Geschichte entnimmt, besteht jedoch darin, dass der fanatische Zweifel gerade umgekehrt eine besonnene Reue statt Folter und Mord hervorrufen könnte. Gelingt die Anerkennung der eigenen Fehlbarkeiten mittels einer solchen fröhlichen Moderation, dann müssen die Dinge nicht tragisch ausgehen, »außer man macht sie dazu, nimmt sie als solche; dass wir in dem Maße tragisch sind, in dem wir uns für tragisch halten« (O: 141). Dagegen stehen die beide Leichen im fünften Akt des *Othello*: ein Emblem jener menschlichen Separatheit (*human separateness*), die die Logik, Emotion und Szene des Skeptizismus antreibt und aufrechterhält. Mit Gewissheit kann man nur wissen, dass die Andere weder ausschließlich ein Erzeugnis der eigenen Einbildungskraft ist, noch dass sie in ihrer eigenständigen Andersartigkeit begriffen werden kann. Verweigert man sich diesem Wissen, dann bleibt nur jene tödliche Erstarrung, die die Vermeidung der Anerkennung auf ewig festschreibt.

Die Überwindung des Zweifels

Die Frage, was es hieße, eine Einsicht in die eigene fehlbare Menschlichkeit nicht als tragisch zu begreifen und die Selbstzerstörung abzuwenden, indem man hinsieht und innehält, erörtert Stanley Cavell in seiner Auseinandersetzung mit Shakespeares Stücken bezeichnenderweise im Zusammenhang der Doppelbedeutung des Begriffs der Gattung (Genre und Fortpflanzung). Sein Vergleich verschiedener Shakespearestücke spitzt sich zu auf die Frage nach der Umkehr einer tragischen Sensibilität in die Geste der Wiedergutmachung, wie sie gerade die Shakespeare-Romanzen durch die Möglichkeit eines Neuanfangs anbieten. Letztere setzt ein Wissen der tragischen Konsequenzen voraus, die sich erneut einstellen würden, führe man fort wie bisher. Shakespeares Romanzen erlauben also eine Abdankung des skeptischen Zweifels. Nun ist das Changieren zwischen Tragödie und Komödie im Werk Shakespeares selbst angelegt. Einige der wichtigsten Stücke lassen sich nämlich so gruppieren, dass einmal die tragische und ein anderes Mal die komische Durchführung eines ähnlich gelagerten Problems überwiegt. So lässt sich *Romeo und Julia* als finstere Spiegelung der im Sommernachtstraum dargestellten Strenge des väterlichen Gesetzes, des subversiven Ungehorsams der Kinder und des fatalen Liebeszaubers lesen[104] oder *Viel Lärm um Nichts*, *Othello* und *Das Wintermärchen* als Variationen über die mörderischen Züge männlicher Eifersucht in Bezug auf eine von ihnen idealisierte und gedanklich immer schon mortifizierte Heldin, deren Eigenständigkeit auf dem Spiel steht. Die Möglichkeit, die Genreregeln der Tragödie derart umzuwandeln, dass die Konsequenzen eines Handelns angenommen werden können, hängt für Cavell implizit immer auch an jener für ihn als »weiblich« kodierten Intuition. Die Heldinnen Shakespeares wissen von der Einsicht in die menschliche Versehrtheit, die die Tragödie bietet, zu profitieren und suchen gleichzeitig innezuhalten, um zu erkennen, dass die Erlösung nicht in den Sternen liegt, sondern in der Welt des Gewöhnlichen.

Halten wir nochmals fest: Im Brennpunkt von Cavells *Othello*-Lektüre steht die im Stück vollzogene Bewegung von der

Vollkommenheit der Liebe Othellos zur Perfektion seines Zweifels. Als Antwort auf die Frage, warum Othello es vorzieht, Iago zu glauben, behauptet Cavell, Iago biete Othello die Gelegenheit, an etwas zu glauben, nämlich: an Desdemonas Untreue. So muss er eine Gewissheit, die für ihn schmerzlich wäre, nicht annehmen, nämlich: dass sie eine selbständige Person und somit mehr als seine narzisstische Projektion ist, was auch bedeutet, dass sie ebenso sterblich ist wie er. Daran schließt für ihn die Frage an, weshalb Othello Desdemonas Vorstellungen durch jene Iagos ersetzt und das Gespräch zwischen den beiden Eheleuten versiegt. Im *Wintermärchen*, das Cavell sowohl als Kommentar zu Othello wie auch als *romance of remarriage* behandelt, zeichnet sich eine gegenläufige Szene ab: Jene Frau, auf deren Gespräch man verzichtet hat, wird wiedergefunden und der Verzicht auf diesen Verzicht dramaturgisch vorgeführt. So wird auch eine andere Antwort auf den Skeptizismus entfaltet, als die Tragödie sie bieten kann, nämlich dessen Überwindung. In der Figur des Leontes entdeckt Cavell das Porträt des Skeptikers in jenem Augenblick, in dem die Welt sich seinem Begreifen entzieht. Auch er hat an jener Szene des Skeptizismus teil, von der Cavell sagt, dass ein Versagen des Wissens als Ausbleiben der Anerkennung zu verstehen sei. Denn für ihn ist das Resultat dieses Versäumnisses nicht Unwissenheit (*ignorance*), sondern Nichtbeachtung (*ignoring*). Kein Zweifel sucht ihn heim, sondern eine unversöhnliche Vermeidung, eine willentliche Ungewissheit, die einer Vernichtung gleichkommt.

Im Zentrum von Cavells Lektüre des *Wintermärchens*, in dem eine versiegte Ehe zu neuem Leben erweckt wird, steht der Knabe Mamillius, dessen Ableben bis zum Schluss des Stückes unerklärt bleibt (*unaccounted for*) und der einen Schatten auf die Wiederversöhnung zwischen Hermione und Leontes wirft. Nachdem Leontes am Anfang des Stückes Mamillius ertappt, wie er auf dem Schoß seiner Mutter sitzt und ihr etwas ins Ohr flüstert, befiehlt er, die beiden voneinander zu trennen. Zwar können wir nur mutmaßen, wie Leontes dieses Bild einer trauten Intimität zwischen Mutter und Sohn, die ihn ausschließt, deutet. Aber dieses Bild löst in ihm eine Ungewissheit darüber aus, ob er der wahre Vater seiner Kinder sei. Später wird Leontes klagen: »Zu viel habe ich dem eigenen Verdacht geglaubt« (3.2.148)[105], um wie Othello an dem Umstand, nicht mit Gewissheit sagen zu können, ob ein Gerücht berechtigt ist oder nicht, die Rückkehr eines moralischen Chaos festzumachen. Doch wenn der erste Teil des *Wintermärchens* eine Studie der Antwort des Skeptizismus ist, so beinhaltet der zweite Teil die Studie einer Genesung und Rückgewinnung (*recovery*): »Die Vorstellung davon, worin im Sinne des Skeptizismus eine Heilung (*recovery*) bestehen würde, gibt die Versuche vor (*dictates efforts*), den Zweifel zu widerlegen (*refute*); aber die Widerlegung des Skeptizismus kann diesen nur verlängern, wie Othello herausfinden muss. Wahre Heilung liegt darin, den Zweifel neu zu begreifen (*reconceiving it*), indem man die Quelle des Skeptizismus ausfindig macht.« (RG: 198)

Othello handelt Cavell zufolge davon, wie aus dem wütenden Vorwurf eines Vaters, er könne einer Tochter nicht trauen, die eigenmächtig ihren Gatten ausgesucht hat, ein schrecklicher Verdacht wird. Als Kommentar dazu handelt *Das Wintermärchen* davon, wie ein Sohn seiner Mutter im Flüsterton eine Geschichte vorträgt. Wovon diese Verführung handelt, wissen wir nicht. Wir sehen nur jene Szene des Skeptizismus, die von diesem vertrauten Gespräch ausgelöst wird, weil der radikal narzisstisch auf sich selbst bezogene Vater, von seiner Eifersucht geblendet, meint, das Flüstern seines Sohnes könne die Untreue seiner Gattin enthüllen. Dass Leontes die Zweisamkeit zwischen Hermione und Mamillius unterbricht wie Brabantio die Hochzeitsnacht zwischen Desdemona und Othello, deutet Cavell als Zeichen dafür, dass es hier um einen Wettkampf zwischen dem Vater und seinem Nachkommen gehe. Cavell begreift die gewaltsame Unterbrechung somit als den Wunsch Leontes', an die Stelle seines Sohnes zu treten und dabei Mamillius zum Verschwinden zu bringen.

Die Denkformel des Erzählens, die im Zentrum dieser Szene der Eifersucht steht, bringt Cavell zugleich dazu, zwei semantische Bereiche zu überblenden. Gehört »erzählen« einerseits ins Wortfeld des Berichtens (*relating*) und Aufzählens (*recounting*), so schwingt darin auch das Zählen (*counting*) und das Rechnen (*computation*) mit. Das Erzählen, das wir nur als Akt zu sehen bekommen, von dessen Inhalt wir indes nichts erfahren, löst wiederum eine Kette von Trennungen (*parting*) aus. Zusammen mit Mamillius verschwindet auch Polixenes, in dem Leontes einen weiteren Nebenbuhler wähnt, von der Bühne. Zugleich wird die schwangere Hermione von dem Kind, das sie in der Eingangsszene noch in ihrem Bauch trägt, getrennt. Hermiones bevorstehende Entbindung, genauer ihre Fähigkeit zum Hervorbringen leiblicher Nachkommenschaft, verknüpft Cavell deshalb auf der Ebene der textuell produzierten Semantiken mit dem Thema der Trennung. Seine Lektüre beruht nämlich auf der Annahme, es sei die Furcht vor jeglicher Art der Trennung – ob nun die bevorstehende Entbindung seiner schwangeren Frau oder die bevorstehende Abreise seines Bruders –, die in Leontes den Verdacht und die Eifersucht auslöst.

Cavell begreift das Stück somit als ein Umkreisen dieser miteinander verschränkten semantischen Felder. »Erzählen«, »zählen«, »trennen« und »entbinden« werden auf die philosophischen Konsequenzen ihrer semantischen Vieldeutigkeit untersucht. Für die Ungewissheit Leontes', ob Mamillius sein leiblicher Sohn sei, gibt es eine Heilung: den Sohn als legitimen Nachkommen anzuerkennen. Wenn ein Hang zum Skeptizismus Leontes' fanatische Eifersucht ermöglicht, so gewinnt er im fünften Akt die Fähigkeit zu dieser Anerkennung, nicht weil ihm etwas erzählt wird, das seinen Zweifel tilgt, sondern weil die Inszenierung, die Hermione mit ihrer Bediensteten Paulina seinem Blick darbietet, die vermeintlich zur Statue versteinerte Gattin zu neuem Leben erwachen lässt. Was Leontes wiederfindet, ist jene Gattin, die er verloren hatte, weil er ihr gegenüber blind war, für sie keinen Begriff hatte und ihr gegenüber in seinen Gefühlen selbst zu Stein geworden war.

Die Überwindung der Tragödie im *Wintermärchen* läuft auf eine Vorstellung von Erzählen (*telling*) hinaus, die die Wiedergabe einer Geschichte (*recounting*) mit dem Aufzählen von Bedeutungskriterien verschränkt (*counting*). Während Letztere die Bedingungen einer gemeinsamen Sprache ausmachen, können sie keine Antwort auf den skeptischen Zweifel bieten und enttäuschen eher das Vertrauen in das menschliche Wissen. Weil Kriterien wie die physiognomische Ähnlichkeit zwischen ihm und Mamillius nicht ausreichen, um Leontes davon zu überzeugen, dieser sei sein Sohn, entschließt er sich, den Knaben zu verleugnen, ihn nicht als seinen Nachkommen zu zählen. Die Bestrafung des Vaters wiederum besteht darin, dass dieser die Fähigkeit verliert, seine Erfahrungen zu begründen und sich für diese zu verantworten (*to account for*). Wie Othello entzieht sich auch ihm jene Welt, die er weder greifen noch begreifen kann. Leontes' Ungewissheit, ob ein Flüstern zählt, was es bedeutet und ob dafür Rechenschaft abgelegt werden muss, versteht Cavell als Anzeichen eines skeptischen Zweifels, der nicht auf einer Unmöglichkeit des Wissens, sondern auf seiner Vermeidung basiert.

Das *Wintermärchen* als ein Porträt des Skeptikers als Fanatiker zu verstehen heißt zudem zu zeigen, dass dieser die Vernichtung, mit der er bestraft wird, auch begehrt. Als Antwort darauf, dass er keine Kriterien finden kann, die ihm die vieldeutige Szene der Intimität zwischen Hermione und Mamillius begreifbar machen würde, entsagt Leontes willentlich dem Versuch, seine Erfahrungen überhaupt wiederzugeben, von diesen Erfahrungen zu behaupten, sie würden zählen. Er will stattdessen die Erfahrung genießen, selbst nicht zu zählen und sucht eine gänzliche Entrückung von der Welt, in der nichts zählt, in der es kein Zählen und kein Erzählen gibt. Cavell verknüpft den Wunsch Leontes' damit, dass das Zählen das Kriterium der Unterscheidungen ins Spiel bringt und teilhat an jenem Lebensprinzip, das als Antwort auf einen radikalen Skeptizismus die Vorstellung einer geteilten Anteilnahme setzt: »Dass jeder ein Teil (*a part*) und nur ein Teil ist; dass niemand alles ist; dass abgesehen (*apart*) von diesem Teil, den jeder für sich hat, es nie nichts gibt, sondern immer die Anderen.« (RG: 208) Was Leontes in seinem Fanatismus begehrt, ist hingegen ein Zustand der Vollkommenheit (*plenitude*), in dem alle Trennung (*parting*), Entbindung (*parturition*) und Scheidungen (*departures*) aufgehoben sind; in dem es nichts Separates gibt, auch nicht sein individuelles Dasein.

Die Kernaporie des Stückes besteht so in einem unmöglichen Wunsch: »Leontes, stelle ich mir vor, will weder existieren noch nicht existieren. Er will weder, dass es einen Leontes gibt, der von Polixenes und Hermione und Mamillius abgetrennt (*separate*) ist, noch, dass es diesen nicht gibt. Er will weder, dass Polixenes abreist, noch dass er dies nicht tut.« (RG: 208) Für den fanatischen Skeptizismus dieses Eifersüchtigen entdeckt Cavell neben dem vertrauten Flüstern zwischen Mutter und Sohn einen zweiten Auslöser. Ebenfalls im ersten Akt des *Wintermärchens* erklärt Polixenes, er müsse nach einem neunmonatigen Aufenthalt den Hof seines Bruders verlassen. Die Notwendigkeit dieser Trennung begründet er folgendermaßen: »So viele Monde/ Sollte unser Dank, geliebter Bruder, füllen.« Und fährt fort: »drum, gleich der Null/ An reichen Platz gestellt, läßt mich dies eine ›Wir danken Euch‹ zu tausenden vermehren, die ihm vorangehen.« (1.2. 3-9)[106] Cavell verbindet dieses Sinnbild einer angefüllten Zeit und einer sich vervielfältigenden Dankesrede mit dem Körper der schwangeren Hermione, deren Bauch sich ebenfalls gefüllt hat und dankbare Vermehrung verspricht. Es naht jene Entbindung, von der Polixenes zu meinen glaubt, sie werde ihm wenig Platz an der Seite der Mutter lassen. Eben diese Angst ist es, mit der sich Leontes identifiziert.

Wenn Cavell hier eine Entsprechung behauptet, dann geht es ihm nicht um harte Beweise dafür, dass Leontes sein eigenes Begehren auf den Bruder überträgt. »Was zählt (*matters*)«, erklärt er, »ist die Verbindung (*conjunction*) selbst, die Überstürztheit dieses Zusammentreffens zweier Ereignisse. Eifersucht entpuppt sich als Wunsch, am Leben Rache zu nehmen, und zwar indem man sich an der eigenen Nachkommenschaft (*issuing*) vergreift, weil man es nicht ertragen kann, die Separatheit der geliebten Gattin anzuerkennen.« (RG: 213) Überstürztheit erweist sich für Cavell überhaupt als essenzielles Merkmal des Ausbruchs von skeptischem Zweifel in Shakespeares Dramen. Aus dieser Überstürztheit ergibt sich nämlich auch jene psychische Gewalt, die sowohl der Vernichtung der Welt durch den Skeptiker dient wie auch dem Versuch des gekränkten Intellekts, mit der Selbstvernichtung auch den Skeptizismus zu vernichten.

Doch aus der tragischen Sensibilität, die im *Wintermärchen* angelegt ist, wird eine *romance of recovery*. Denn in der letzten Szene des Stücks, auf die Cavell sowohl am Anfang wie am Ende seines Essays eingeht, wird Rache in Gerechtigkeit umgewandelt: »Die Rache wäre die ungesetzliche Version dessen, wovon die Gerechtigkeit (*justice*) die gesetzmäßige wäre.« (RG: 216) Dabei schlägt er vor, die Schlussszene nicht als Inszenierung einer religiösen Auferstehung (*resurrection*) zu lesen, sondern als

Hochzeitszeremonie, die zugleich einer Reflexion des Dramas über seine eigene Theatralität dient.[107] Das Wiedererwachen der Frau entspricht dramaturgisch dem Vermögen des Bühnenautors, die Worte zum Leben zu erwecken. Und weil die Wirkung dieses zurückerstatteten Lebens darin besteht, dass es den Glauben der Zuschauer an die Möglichkeit solch einer Erneuerung weckt, wachen auch wir, wie Leontes, zusammen mit Hermione auf. Der Zauber der Versöhnung im letzten Akt kreist deshalb um die Frage, wer diese Frau ist und unter welchen Bedingungen sie wiedergeboren werden kann: »In Hermiones Aufwachen wird das Stück selbst hervorgebracht, als würde es sich selbst gebären. Dies hinterlässt bei mir den Eindruck, als sei sie das Stück.« (RG: 219)

Bevor auf die Ähnlichkeiten, die sich zu jener anderen Tragödie in dem von Cavell entfalteten Denkraum Shakespeares ergeben, abschließend eingegangen werden kann, soll die Unterscheidung zu *Othello* nochmals festgehalten werden. Wie von dem verdachtlustigen Feldherrn lässt sich auch von Leontes sagen, sein Vertrauen in die Welt werde an der Frage erprobt, ob er sich der Treue seiner Frau gewiss sein kann. Bestätigt die Leiche Desdemonas im letzten Akt des *Othello* jene Verleugnung der Andersartigkeit der Anderen, die zwar zur Einsicht in die fatale Verblendung ihres Gatten führt, nicht aber zu neuem Leben, so erweist sich Hermiones Wiederauferstehung als ein Akt der Entbindung, der zugleich auch einen neuen, geläuterten Leontes erschafft: einen Ehegatten nämlich, der die Eigenständigkeit (*separateness*) seiner Gattin ertragen kann. Die Zeremonie einer Vereinigung erweist sich dabei zugleich als Zeremonie einer Scheidung (*separation*). Denn die Frage, wie aus zwei Menschen einer werden kann, stellt nur die eine Hälfte des Problems dar. Die andere betrifft die Frage, wie aus der Verbindung von zwei einzelnen Personen, wie sie sich in der Eheschließung vollzieht, zwei Menschen neben- und miteinander existieren können.

Was Leontes Teilnahme (*participation*) an der Entbindung (*parturition*), die sich mit Hermiones Wiedererwachen vor seinen Augen abspielt, gestattet, ist die Möglichkeit eines *getrennten* und eben deshalb überhaupt erst wirklich *geteilten* Daseins als Eheleute. Leontes anerkennt, was die Helden der Tragödien nicht oder zu spät einsehen: dass Hermione ein Leben jenseits seines Lebens hat und dass sie das Leben eines Kindes hervorbringen kann, das wiederum ein Leben jenseits ihrer beider Leben hat. Der harte Gegensatz des fanatischen Skeptikers, für den die Frau entweder der Garant einer unhinterfragbaren Vollkommenheit darstellt oder die Bedrohung einer allumfassenden Nichtigkeit (*nothingness*), wird erfolgreich aufgehoben in jene Anerkennung der Andersartigkeit der Anderen, die Cavell als *best case of knowledge* angesichts der Unwissbarkeit (*unknowability*) der Anderen versteht. So hält Cavell in seiner Lektüre des *Wintermärchens* an jener Denkformel fest, die auch entscheidend für die glückliche Neuaushandlung des Ehebündnisses in der *comedy of remarriage* Hollywoods ist: Die Schlussszene interpretiert die Schöpfung einer neuen Frau als die gegenseitige Schöpfung der Eheleute durch einander. Beide sind über die vielen Jahre ihrer Trennung versteinert und erwachen nun gemeinsam. Es bleibt zwar ungewiss, wer sich zuerst regt, wer als Erster zurückkehrt in die Welt. Entscheidend ist aber, dass diese Schlussszene der Entbindung (*issuing*) im *Wintermärchen* vorführt, was es heißen kann, das Leben der Welt in sich (wieder-)zuentdecken.

Lang lebe die Romanze

Am Ende von *Cities of Words* fasst Cavell nochmals zusammen, warum der Skeptizismus Descartes' für seine Lektüre der Shakespeare-Dramen entscheidend ist. Er hat die Macht, nicht nur die

Existenz der Welt, sondern auch meine eigene Stellung in der Welt wie auch diejenige der Anderen in ihr und mir gegenüber radikal infrage zu stellen. Eine Wiederherstellung von Welt (sowie meines Vertrauens in ihre Existenz) kann gemäß Descartes nur mittels der Erkenntnis erfolgen, dass ich an meinem eigenen Denken nicht zweifeln kann. Sein Gottesbeweis hängt so an dem Beweis meiner Fähigkeit zu denken. Für die Tragödien Shakespeares wiederum entwächst die Vernichtung von Welt einem epistemologischen Mangel an Gewissheit, geboren aus einem Augenblick des Zweifels, der die Welt in ein wertloses Chaos zurückwirft, wie er sich in Lears ungerechtfertigen Vorwürfen des Liebesentzugs, in Othellos von Eifersucht geprägten Fantasien der Treulosigkeit und in Leontes' Bereitschaft, seine Kinder zu verleugnen, zeigt. Entscheidend ist für Cavell die Art, wie der Skeptizismus sich mit einem Verdacht vom gewöhnlichen Leben abwendet, mit dem er als Denker nicht zu leben bereit ist, »dass nämlich die Welt und ich und Andere mir radikal unbekannt sind« (C: 426). Deshalb sucht Cavell in den Shakespearestücken nach Möglichkeiten, wie sich dieser Zweifel überwinden und wie der Versuchung des Skeptizismus widerstanden werden kann. Anders formuliert: Wie kann ich einen grundsätzlichen Zweifel an der Welt zurückweisen, indem ich als *best case of knowledge* die Welt und die in ihr Lebenden schlicht anerkenne?

Die Ähnlichkeit zwischen Hermione und der ägyptischen Königin, auf die Cavell in seiner Lektüre des *Wintermärchens* aufmerksam macht, führt ihn dazu, auch in der späten Tragödie *Antonius und Cleopatra* ein Beispiel für jene Zurückweisung des Skeptizismus zu entdecken, die nochmals die Frage der Geschlechterdifferenz explizit ins Spiel bringt. Der Fanatismus einer unbedingten Liebe erweist sich als Gegenfigur des unbedingten Zweifels, ein Skeptizismus unter verkehrten Vorzeichen. Wie in *Othello* und im *Wintermärchen* wird auch in diesem Stück die Ehe einem radikalen Umdenken unterzogen. Die schicksalhafte Ehezeremonie, mit der die partikulare Intimität zwischen Antonius und Cleopatra theatralisiert wird, hält dem drohenden Entzug von Welt die Waage. Sie wird Cavell zufolge von Cleopatra als apotropäische Geste inszeniert (*enactment*), um dem Umschlagen eines *best case of knowledge* in eine skeptische Hinterfragung von Welt vorzubeugen. Cavell bringt dies auf die Formel: Wenn ich dies nicht wissen kann, dann kann ich nichts wissen. Cleopatras Rückgriff auf eine Ehezeremonie ist deshalb entscheidend, weil ineins mit dem Skeptizismus ein neuer Wunsch nach Intimität entsteht; genauer, das Verlangen nach einer Intimität (*privacy*), die von den beiden Liebenden nicht mit der Öffentlichkeit und deren gewöhnlicher Sprache geteilt wird, sondern sich im Gegensatz zu dieser Sphäre begreift.

Historisch im Übergang vom Mittelalter zur Frühen Neuzeit angesiedelt, zeichnet sich dieses Verlangen im Wandel einer aus politischen Gründen arrangierten Ehe zur Liebesehe ab; in jenem Wandel also, den *Antonius und Cleopatra* als Szenenwechsel von Rom nach Ägypten durchspielt. Entscheidend ist für Cavell die Art, wie Liebe und Krieg in dieser Tragödie nicht einfach gleichgesetzt werden. Sie führt zugleich auch den Unterschied zwischen dem in Rom gültigen öffentlichen Verständnis einer politischen Ehe ein, die im Konflikt mit dem individuellen Begehren steht, und einem wesentlich privateren Verständnis romantischer Leidenschaft, für das die Liebe keine Staatsaffäre, sondern ein christliches Gesetz repräsentiert. Nach außen scheint Antonius' Problem darin zu liegen, seine Liebe zu Cleopatra mit der von Cäsar verlangten Ehre des Feldherrn nicht verbinden zu können. Nach innen hingegen verweist sein Hadern auf die Schwierigkeit, das Begehren grundsätzlich mit der Ehe in Einklang zu bringen. Nach dem Tod seiner Frau Fulvia verbietet ihm nämlich kein offizielles Gesetz eine Verbindung mit der ägyptischen Königin, dafür aber das Gesetz seines Begehrens. Dieser Antagonismus führt bei Antonius wie bei allen Skeptikern Shakespeares zu einem Verlust an Welt. Es fällt ihm immer schwerer, eine Welt zu verstehen, die keine Lösungen für die Widersprüche bereithält, in die ihn seine Vorstellungen von Ehre und Leidenschaft, von Öffentlichkeit und Intimität verstricken. Weil ihm die Möglichkeit, aus dieser Aporie einen Ausweg zu finden, immer unsicherer erscheint, wird ihm sein Ort in dieser Welt ebenfalls zunehmend ungewiss.

Cavells These lautet: Die Erfindung der Hochzeit stellt Cleopatras Antwort auf Antonius' Verlassenheit (*abandonment*) dar; eine Rückkehr der Welt durch die Gabe ihrer selbst, indem sie zu dem wird oder, besser gesagt, sich als das darbietet, was die Welt für ihn begründen kann. Noch einmal betrifft der skeptische Zweifel Antonius', den sie abzuwenden hofft, jene Macht, die all diejenigen besitzen, die das Sprechen beherrschen. Dies ist eine zweischneidige Macht, weil sie zugleich ein Begehren auszulösen vermag, sich von jener Gemeinschaft abzusondern, deren Übereinkünfte in der Sprache gründen. Cavell fasst sein eigenes philosophisches Projekt im Hinblick auf Cleopatras Abwehr des Skeptizismus folgendermaßen zusammen: »Meine Arbeit setzte ein mit philosophischen Verteidigungen der Verfahren der Philosophie der normalen Sprache, mit dem wiederholten Appell an die Gewöhnlichkeit (*ordinariness*) als Antwort auf die skeptische Bedrohung [...] In den letzten Jahren habe ich das, was die Philosophie das Gewöhnliche (*ordinary*) oder das Alltägliche (*everyday*) nennt, zusammenzubringen versucht mit dem, was in der Literatur als das Häusliche (*the domestic*) thematisiert wird, oder als Ehe; demzufolge suche ich in der Literatur Verkleidungen (*cloaking*) des Skeptizismus anhand jener Textstellen ausfindig zu machen, die das Häusliche angreifen.« (DK: 29) Das Paradox der Ehe als einem Akt, in dem zwei zu einer Einheit werden, entspricht somit dem Paradox des Gewöhnlichen als Verbindung des Öffentlichen mit dem Privaten.

Cleopatras Anspruch, als Antonius' Gattin nichts weiter als eine Frau sein zu wollen, deutet Cavell als die Bereitschaft, das gewöhnliche, weltliche Dasein als stetes Ringen mit und als Überwindung eines die Welt vernichtenden Zweifels anzunehmen. In diesem Entschluss, hält er fest, wird der unlösbare Antagonismus zwischen einem unwiederbringlichen Außen (*outsideness*) und der zu Shakespeares Zeit entdeckten, nicht mitteilbaren Innerlichkeit (*insideness*) aufgegeben »zugunsten einer Annahme jener Wiederholung, die das Nachgeben in unendlich viele spezifische Bedingungen des Skeptizismus miteinschließt und somit auch in unzählig viele spezifische Genesungen von diesem Zweifel« (DK: 30). Cleopatras Selbstdarstellung als Schauspielerin in der von ihr inszenierten Zeremonie einer Ehe stellt zugleich auch zur Schau, dass sie in Ägypten ein eigenes Theater zu errichten weiß, das mit dem öffentlichen Theater der Politik Roms im Wettstreit liegt. Auf dieser Bühne entwirft sie für sich die Rolle der Gattin, lässt aus der Herrscherin eine Frau entstehen, weil eine Rückkehr der Welt, nachdem diese Antonius im Stich gelassen zu haben scheint, eine Theatralisierung von Welt benötigt. Auf diese Weise hofft sie, ihm eine wiedergewonnene Welt als Gabe zu vergegenwärtigen (*presented to him*).

Zwar greift sie dabei ebenfalls auf jene prekäre Denkfigur zurück, aufgrund deren Othello von Desdemona verlangt, die ganze Welt für ihn darzustellen. Zugleich unterscheidet sich Cleopatras Handeln jedoch darin, dass sie diesen Selbstentwurf explizit als Geste der Theatralisierung vorführt. Die von ihr entworfene Hochzeitszeremonie stellt jenen Text dar, mit dem sie die Transzendenz in der Weltlichkeit verankert. »Gibt es eine Ewigkeit«, so kommentiert Cavell, »dann ist sie hier, jetzt, vor uns auf der Bühne zu suchen, oder auf dem Blatt Papier, auf dem das

Stück zu lesen ist, in den begrenzten Dingen, in den Anderen.« (DK: 32) Mit ihrem Tod, der als logische Konsequenz mit diesem Selbstentwurf und dieser Selbstentbindung als Gattin Antonius' einhergeht, zwingt sie uns am Ende (und über dieses hinaus), zwischen ihrer Version dieser Liebesbeziehung und derjenigen, die Rom vertritt, zu wählen; zwischen ihrer intimen Verführung und jener politischen, die Rom auf Antonius ausübt. Die Antwort, die wir finden, hängt für Cavell davon ab, ob sich die Befriedigung dieser Frau als wesentliches Ereignis der skeptischen Frage begreifen lässt. Findet sie eine Befriedigung, und ist diese Befriedigung auf uns gerichtet? Dies hieße aber auch zu begreifen, dass ihre Befriedigung im Akt der Theatralisierung nur in unserer Abwesenheit stattfinden kann, durch diese Abgetrenntheit (*separateness*) von uns regelrecht gewährleistet wird.

An diesem Punkt fallen für Cavell die Position des Zuschauers und die des männlichen Skeptikers zusammen. Der Bühnengestalt Cleopatra diese Befriedigung zuzusprechen beinhaltet eine Gabe der Anerkennung, die dem Helden und dem Zuschauer ein Annehmen der eigenen Passivität abverlangt. Auch wenn Cleopatras Selbstinszenierung als neu erstandene Frau (weil nun nicht mehr Königin, sondern nur noch Frau) auf ihren Geliebten (und implizit auch auf uns) gerichtet ist, entzieht sie sich jeglicher narzisstischer Vereinnahmung. Cleopatra macht sich mit dieser Geste ihr Schicksal zu eigen, übernimmt für eine Befriedigung, die Antonius nur anerkennen, nicht aber wissen kann, die Verantwortung. Indem sie den Freitod wählt, entscheidet sie sich dafür, Frau und nicht länger Herrscherin von Ägypten zu sein. Mit dieser selbstlosen Geste hofft sie, Antonius die Welt als Geschenk (*present*) anzubieten, sie ihm vorhanden oder gegenwärtig zu machen (*present*). Dabei geht es Cavell um die Verschränkung von Darstellung und Vergegenwärtigung, wie sie sich im Begriff der Repräsentation niederschlägt. Mit ihrem inszenierten

Tod als logische Konsequenz ihrer Abdankung als Königin (ein Tod, der von ihrem Frauwerden gefordert wird), vertritt sie (*represent*) jene Welt, die sie ihrem Geliebten zurückerstatten möchte (*return*), indem sie diese darstellt (*represent*), und zwar indem sie nach neuen Wegen sucht, ihm ihre Befriedigung darzustellen.

In dieser Geste entdeckt Cavell nochmals jene Notwendigkeit, die Welt zu behaupten, indem man sie theatralisiert: jenes doppeldeutige *enactment*, das er bereits in seiner Lektüre des *König Lears* hervorgehoben hatte. Zugleich trägt er damit eine letzte philosophische Denkformel auf seinem Atlas von Shakespeares Welt des Skeptizismus ein. Shakespeares Intuition der metaphysischen Wichtigkeit von Cleopatras Befriedigung findet er in der Lehre (*tuition*) Freuds wieder. In den *Studien über Hysterie* und in der *Traumdeutung* geht es vornehmlich um eine Theatralisierung der eigenen erotischen Geschichte. Die Arbeit des Unbewussten, die Freud zusammen mit Breuer zuerst an den Fallgeschichten seiner hysterischen Patientinnen erkannte und dann in der Analyse seiner eigenen Träume theoretisch präzisierte, läuft auf die Grenze der Darstellung hinaus. Sie wird somit zu einer Frage der begrenzten Möglichkeiten, das Begehren und seine Befriedigung zum Ausdruck zu bringen. Die Arbeit des Unbewussten eröffnet somit zugleich die Frage nach der Grenze dessen, was eine Theatralisierung subjektiver Innerlichkeit und deren Interferenz mit der von der Sprache der Abmachungen regulierten öffentlichen Welt darbieten kann.

Die Affinität, die Cavell in jenen Schriften Shakespeares, mit denen die Frühe Neuzeit und das philosophische Projekt des Skeptizismus einsetzt, zu den Schriften Freuds entdeckt, in denen eine Philosophie des Verdachts für die Moderne entfaltet wird – diese Affinität führt zu der von Cleopatra vertretenen Umwandlung von Zweifel in Liebe zurück. In seiner Lektüre, die zugleich auch als Einleitung zu dem nachträglich zusammengestellten Essayband *Disowning Knowledge in Seven Plays of Shakespeare* dient, stellt Cavell abschließend fest: Cleopatra versteht die Begrenzung der ihr gebotenen Möglichkeiten der Selbstdarstellung als Aufgabe, die Theaterarbeit der Kommunikation existenziell ernst zu nehmen. Auf dem Spiel dieser Theatralisierung steht nämlich »der Beweis eines andauernden Daseins des Menschen, der Beweis für dessen Art des Lebens, dessen Welt« (DK: 37).

5. Hurray for Hollywood

Kino als Weltanschauung

Warum, fragt Cavell in seinem Aufsatz »The Thought of Movies«, denkt ein Professor der Philosophie über Hollywood-Filme nach? Und wie kommt es, dass jemand, dessen Bildung ebenso sehr von Filmen geprägt ist wie von Büchern, sich entschließen sollte, ein professioneller Philosoph zu werden? (TM: 4) Für Cavells Vater, ein schulisch ungebildeter jüdischer Einwanderer aus Osteuropa, und seine Mutter, eine ausgebildete Pianistin, die sowohl für Stummfilme wie fürs Vaudeville Klavier gespielt hatte, war der Kinosaal, den sie mit ihrem Sohn wöchentlich mehrmals besuchten, der wichtigste Ort eines gemeinsamen Familienlebens. Zwei Dinge, hält Cavell fest, haben ihn auch später immer wieder zum Kino zurückgeführt, genauer zu den Filmen der *golden years* vom Anfang des Tonfilms bis zum Ende des klassischen Studiosystems. Hier hat er nicht nur Gedankenanstöße für jene philosophischen Fragen gefunden, die ihn als Inhaber eines Lehrstuhls für Ästhetik und allgemeine Werttheorie an der Harvard University beschäftigen sollten. Der Umstand, dass er am Anfang seiner Karriere fast zeitgleich mit seiner ersten Aufsatzsammlung *Must We Mean What We Say* eine Abhandlung zu Thoreaus *Walden* und seine erste Studie über das Kino veröffentlichte, hat jene drei Themengebiete in seinen Schriften von

Beginn an miteinander verschränkt. Cavells Versuch, im gleichen Atemzug über Philosophie und Hollywood zu schreiben, genauer über ihre Gemeinsamkeit, ist für ihn ein wesentlicher Bestandteil seines intellektuellen und kulturellen amerikanischen Erbes und für ihn ebenso prägend wie sein Verständnis von Emerson und Thoreau als zentrale Gründungsdenker der amerikanischen Kultur sowie seine Lesart der Dramen Shakespeares als eines Theaters des Skeptizismus.

Seine erste Monografie zum Medium Film und dessen spezifischen Eigenschaften, *The World Viewed*, ist seiner Mutter und seinem Vater gewidmet. Das hat programmatischen Charakter. In der Einleitung schreibt Cavell: »Meine Erinnerung an Filme überlagern, Strang um Strang, meine Erinnerungen an mein Leben. Während einem Vierteljahrhundert (etwa von 1935 bis 1960), in dem der Kinobesuch einen normalen Teil meiner Woche ausmachte, wäre es mir ebenso wenig eingefallen, eine Studie über Filme zu schreiben, wie meine Autobiografie zu schreiben. Nachdem ich die Seiten fertig geschrieben habe, die dieser Einleitung folgen, habe ich den Eindruck, ich hätte sozusagen metaphysische Memoiren komponiert – nicht die Geschichte über eine bestimmte Periode in meinem Leben, sondern einen Bericht (*account*) über die Bedingungen (*conditions*), die diesen Lebensabschnitt geprägt haben.« (WV: xix)

Bewusst schreibt Cavell aus einer Haltung der Nostalgie für eine Welt von Filmbildern, die nach dem Zusammenbruch des klassischen Studiosystems Hollywoods und durch die kinematischen Erneuerungen des europäischen Autorenfilms verloren gegangen sind. Gleichzeitig beschäftigt ihn die Frage, wie die Erfahrung des Kinos unsere Art, die Welt zu sehen, verändert hat. Dabei geht er wiederum von Emersons und Thoreaus Hinwendung zum Gewöhnlichen aus, die auf das Gefühl antwortet, der Welt entrückt zu sein. Dieses eigentliche Schicksal des modernen Menschen sieht er in den Filmen widergespiegelt: eine Distanz zur Welt, die den Menschen primär durch ein Erblicken von Welt (*viewing the world*) in dieser leben lässt, und eine Entrückung von der Welt, die ihre Anschauung (*taking views of it*) erst ermöglicht. Bewusst spielt der Titel der Monografie, in der Cavell zum ersten Mal die Stimmungen der Gesichter, der Motive und der Schauplätze der vergangenen Filmwelt seiner Jugend einzufangen sucht, deshalb auf Heideggers Vorstellung von »Weltanschauung« an, die für Heidegger eine Versammlung von Welt durch den Vorgang des Denkens und des Vorstellens bedeutet. Und die Welt anzusehen heißt auch, der Welt gegenüber eine Stellung einzunehmen.

Wesentliches Merkmal des Filmbilds ist für Cavell, dass es auf eine Leinwand projiziert und dort versammelt wird. Einen Film sehen (*viewing*) heißt, dass sich auf der Leinwand Welt versammelt. Im Akt des Sehens wird diese Welt dem Zuschauer offenbar (*revelation*). Wir sehen Dinge, die nicht im Kinosaal anwesend sind, sondern sich ausschließlich auf der Filmleinwand offenbaren. Das Filmbild ist ein Bild der Welt, nicht jedoch der Anblick (*sight*), der Blick (*look*), die Erscheinung (*appearance*) der Welt selbst. Außerdem stellt Cavell die Frage der Präsenz, die ihn in seiner Lektüre des *König Lear* bereits beschäftigt hatte. Das projizierte Filmbild schafft die Gegenwart (*presence*) einer Welt, die die Abwesenheit des Zuschauers voraussetzt: Die Realität im Filmbild ist mir gegenwärtig (*present to me*), während ich ihr gegenüber nicht anwesend bin. Doch eine Welt, die ich kenne und sehe, der gegenüber ich jedoch trotzdem keine Gegenwart einnehme, muss eine vergangene Welt (*a world past*) sein. Sofern die Welt der bewegten Bilder eine projizierte ist, stellt die Leinwand eine Grenze dar, die mich von der Welt, die sie festhält, abschirmt, mich dieser gegenüber unsichtbar macht, während sie zugleich diese Welt von mir abschirmt. Als Zuschauer im Kinosaal bin ich für die Schauspieler auf der Leinwand weder sichtbar noch hörbar. Ich nehme an einem Ereignis teil, das bereits stattgefunden hat und das ich deshalb wie eine Erinnerung aufnehme. Zwar erblicke ich im Gegensatz zur Theateraufführung auf der Leinwand keinen lebenden Menschen. Dennoch blicke ich auf sein Abbild, das für mich Gegenwart annimmt, während ich diesem gegenüber keine Präsenz habe.

Die Kinoleinwand erzeugt eine magische Welt, indem sie jenem Wunsch nach Unsichtbarkeit entgegenkommt, der einem modernen Verlangen nach Intimität (*privacy*) und Anonymität entspricht. Die von uns erblickte, projizierte Welt bietet Cavell zufolge eine Erklärung für unsere Unwissenheit (*inability to know*) und unsere Unerkennbarkeit (*unknownness*). Dabei reflektiert die Kinoleinwand nicht nur jene Distanz zur alltäglichen Welt, die Baudelaire als eine wesentliche Bedingung von Modernität erkannt hat. Sie erhöht diese Entortung zugleich zu einer begehrenswerten Fantasie.

In seinen Ausführungen folgt Cavell zum einen Freud, der in der Fantasiearbeit eine wichtige Rückbindung an die Welt entdeckte, weil wir auf diesem anderen Schauplatz jene bedrohlichen Mächte ausleben können, die in der Realität eine Zerstörung von Welt zur Folge hätten. Zugleich bietet das Medium Film die Möglichkeit, eine projizierte Realität als Theatralisierung unserer eigenen zu begreifen. Die Leichtigkeit, mit der wir die Realität des Leinwandgeschehens anzunehmen bereit sind, entspricht dem Umstand, dass unsere gelebte Realität in der Moderne längst theatralische Züge angenommen hat. Das Kino, so Cavell, vollendet diese Entwicklung lediglich, die in der Renaissance (für die die Stücke Shakespeares paradigmatisch sind) einsetzte und sich im 19. Jahrhundert (dem Zeitalter der Oper und des Melodramas) fortsetzte. Um zu überzeugen, muss der Selbstausdruck immer schon dramatisch sein, egal ob er sich als Theatralisierung von Politik oder als Theatralisierung des Individuums darbietet. An dem historischen Punkt, an dem die Gesellschaft gänzlich dramatisch geworden ist, so Cavells Schlussfolgerung, rehabilitiert das Kino unser Gefühl von Realität, indem das Filmbild die theatralische Macht der Realität behauptet. Das Kino, erklärt er, »hat nicht unsere Art des Sehens verändert. Sondern es ist in eine Welt hineingetreten, deren Art der Selbstbetrachtung (*ways of looking at itself*) – deren Weltanschauung – sich bereits verändert hatte.« (WV: 225)

Folgendes Denkbild bildet den Kern von Cavells Überlegungen: Das Kino erfüllt den Wunsch einer magischen Wiedergabe von Welt, die es uns erlaubt, sie zu erblicken (*view it unseen*), während wir ihr gegenüber unsichtbar bleiben. Das Kinoerlebnis automatisiert jene Bedingung der modernen Welterfahrung, die die entscheidende Verbindung zur Welt in einem distanzierenden Blick auf die Welt herstellt. Dieser Blick schützt uns vor einer direkten Berührung mit ihr. Sie schützt somit auch vor einer Verantwortung für sie. Das Kino erlaubt unseren Fantasien stattdessen, unerkannt zu bleiben. Wenn die Filme der Traumfabrik Hollywood natürlicher als unsere gelebte Realität erscheinen, dann nicht deshalb, weil sie eine Flucht in die Welt kollektiver Fantasien darstellen, sondern weil sie eine Erleichterung von unseren intimen Fantasien und von der schrecklichen Einsicht bieten, dass die Welt bereits durch Fantasie gezeichnet ist. Zugleich erscheinen diese Filmbilder nicht deshalb natürlich, weil sie dem Traum zuzurechnen wären, sondern weil sie, wie Cavell festhält, das moderne Subjekt aus seinem Verlangen, sich und sein Begehren immer weiter in eine anonyme Einsamkeit zurückzuziehen, wecken. »Filme«, behauptet er, »überzeugen uns von der Realität von Welt auf die einzige Art, die uns überzeugen kann: indem wir uns Bilder von ihr machen (*taking views of it*).« (WV: 102)

Nach Cavells Charakterisierung des Mediums Film sind bewegte Bilder eine Sukzession von automatischen Projektionen von Welt (*succession of automatic world projections*). Im abgedunkelten Kinosaal werde ich nicht nur in eine befreiende Unsichtbarkeit entlassen, sondern auch die dargestellten Dinge, Ereignisse und Gestalten gewinnen gegenüber dem Betrachter eine Autonomie. Sie müssen ihn, anders als die Schauspieler auf der Bühne, weder ausblenden noch konfrontieren. Somit vermeidet der Film jene Krise der Darstellbarkeit, die den Modernismus insgesamt heimsucht. Das Medium Film muss weder eine Präsenz gegenüber der noch von der automatisch auf die Leinwand projizierten Welt errichten. Die Filmwelt ist schlicht da. Sie macht eine Vergangenheit präsent, theatralisiert diese jedoch, indem die Vergegenwärtigung der vergangenen Welt (*presenting of*) zur Darbietung (*presentation of it*) wird. Der Schauspieler als Typus projiziert die Gegenwärtigkeit (*presentness*) dieser zurückgewonnenen Welt. Somit setzt das Medium Film unsere Distanz zur Welt und unsere Machtlosigkeit über sie als die Bedingung ihrer natürlichen Erscheinung: »Film verspricht die Ausstellung (*exhibition*) der Welt selbst. Darin liegt sein Versprechen von Aufrichtigkeit. [...] Die Wette des Films besagt, dass nichts von dem, was die Welt in dessen Gegenwart offenbart hat, verloren gegangen ist.« (WV: 119)

Jene Selbstreferenzialität, die zum Merkmal anderer Medien der Moderne geworden ist, findet sich demzufolge auch im Film: zum einen, weil Hollywood-Produktionen spätestens in den *golden years* bewusst auf andere Filme verweisen, zum anderen, weil bei Regisseuren wie Alfred Hitchcock, King Vidor oder George Cukor die Kamera in entscheidenden Augenblicken immer wieder auf sich selbst verweist – auch wenn die Regeln des *continuity editing* vorschreiben, die Hand des Regisseurs solle als Erzählinstanz unsichtbar sein.[108] Cavell fokussiert deshalb in seinen Lektüren einzelner Hollywood-Filme, wie unten anhand von George Cukors *Philadelphia Story* und King Vidors *Stella Dallas* noch genauer ausgeführt werden soll, gern jene Szenen, in denen die Kamera nicht selbstreferenziell wird, indem sie ihre Anwesenheit in der dargestellten Welt ausstellt. Vielmehr geht es Cavell darum, dass die besondere mediale Möglichkeit des Films darin besteht, nur das sichtbar zu machen, was sich der Kamera offenbart. Dies fordert im Gegenzug eine doppelte Anerkennung von Abwesenheit: »die Außenposition (*outsideness*) der Kamera gegenüber der Welt, die sie aufzeichnet, und meine Abwesenheit von dieser Welt« (WV: 133). Zugleich beziehen Filme uns in ihr Geschehen ein, affizieren uns wie jedes andere Erlebnis, so dass sie sich nahtlos mit Erinnerungsbildern aus der Welt erlebter Ereignisse vermischen. Während der Zuschauer dem Raum des Theaters verhaftet bleibt, die Schauspieler auf der Bühne jedoch Teil der fiktionalen Welt des Dramas sind, ist das Kino vornehmlich durch eine Ungleichzeitigkeit gekennzeichnet. Der Zeitraum jener Welt, die auf die Leinwand projiziert wird, und die Zeit unserer Betrachtung sind zwar inkommensurabel, bilden aber dennoch eine Erfahrungseinheit, die sich – sofern das Erlebnis uns berührt hat – als prägnante Erinnerung in unser Gedächtnis einprägt.

Im Bereich des Films beziehen Diskontinuitäten sich nicht auf den Raum, sondern auf den Ort. Sie betreffen die Frage unserer Aufmerksamkeit. Aufgrund des Bildausschnitts sowie des Schnitts und der Montage erhalten wir Fragmente einer Welt, die wir zusammenfügen müssen. Die verschiedenen Einstellungen eines Körpers müssen wir ebenso zu einer einheitlichen Gestalt zusammendenken wie die einzelnen Episoden zu einer kohärenten Geschichte. Ist die Realität der Filmgestalten dadurch bedingt, dass sie uns als Bildgestalten erscheinen, so stellt ihre Lösung von jeglicher Referenzialität eine ungeheure Freiheit dar. Filmfiguren dürfen Erlebnisse haben und Orte besuchen, zu denen wir im Alltag keinen Zugang haben. Vor allem verwandeln sich die Figuren einer Handlung auf der Leinwand vor unseren Augen in vertraute Stars. So geht es beim Kinobesuch nicht nur um einen Wunsch nach Unsichtbarkeit. Um unseren Wunsch nach einer Zurschaustellung der Welt zu befriedigen, müssen wir Cavell zufolge auch die Bereitschaft mitbringen, dieser Welt zu erlauben, als solche in Erscheinung zu treten. Dies heißt jedoch auch, im Sinne Heideggers jene Angst auszuhalten, »der allein die Welt als Welt, in die wir geworfen sind, sich manifestieren kann; und es verdankt sich dieser Bereitschaft, dass die Möglichkeit unserer eigenen Existenz anfängt und aufhört« (WV: 159).

So liegt für Cavell sowohl die Brisanz als auch die Gefahr des Filmmediums darin, dass es eine Welt erzeugt, die ohne mich vollständig ist, mir jedoch zugleich gegenwärtig. (WV: 160)[109] Jene Brüche in der visuellen Kontinuität der bewegten Bilder, die auf die Kamera zurückverweisen, befriedigen uns, weil sie die Kohärenz der projizierten Welt, die den Zuschauer ausschließt und die zudem immer eine vergangene ist, verneinen. Zugleich haben wir ein Verlangen danach, eine in sich geschlossene Welt, die unabhängig von uns existiert, zu affirmieren. Sie ist ein wesentlicher Bestandteil dessen, was man sich von der Unsterblichkeit der Welt erwartet, nämlich dass eine Welt überlebt, an der man selbst nicht mehr teilhat. Besonders am Film wird somit ein Verhältnis zu einer Realität vorgeführt, die weder beschrieben wird (wie in der Literatur) noch dargestellt (wie in der Malerei). Zugleich gewinnt diese Realität aber auch keine wirkliche Anwesenheit, sondern nur eine medial vermittelte Präsenz. Die im Kino erblickte Welt ist eine – auf diese Denkformel kommt Cavell stets zurück –, die mir dadurch gegenwärtig wird, dass ich von ihr abwesend bin, während die Sukzession von automatischen Projektionen von Welt die Realität freisetzen, damit diese Welt *sich selbst* zur Schau stellen kann.

In Cavells Betrachtungen rückt folglich der Akt der Vorführung im Kinosaal sowie der Akt der Betrachtung durch den Zuschauer in den Vordergrund. Wohlwissend, dass der Star, der auf der Leinwand erscheint, keine reale Person ist, sondern ein Changieren aus Licht und Schatten, erkennt Cavell in diesem Lichtspiel eine entscheidende Vitalität. Als Zuschauer können wir an den auf die Leinwand projizierten Ereignissen *nur* in Form dieser Projektion teilhaben. Wenn die Frage der Realität im Medium des Films eine Rolle spielt, dann ausschließlich als eine Wirklichkeit, die fotografiert, projiziert, zur Schau gestellt und betrachtet wird. Das Schicksal der Kamera, bemerkt Cavell wiederholt, besteht darin, *alles* und zugleich *nur dasjenige* sichtbar zu machen, was sich ihr enthüllt, während das, was sie ihrerseits sichtbar macht, nur durch das erfahren werden kann, was auf der Leinwand projiziert erscheint. Der geheimnisvolle Zauber des Filmerlebnisses besteht in dem unergründlichen Abgrund zwischen dem, was die Kamera mechanisch einfängt (die Dinge der Welt), und dem, was für uns, die Betrachter, eingefangen worden ist (die uns jeweils spezifische Fixierung dieser Dinge). Cavell nennt dies »das metaphysische Warten zwischen Aufnahme (*exposure*) und Zurschaustellung (*exhibition*)« (WV: 185).

Die Vorstellung, dass wir unsere Welt als Geister heimsuchen, die Cavell in den Schriften Emersons entdeckt, lässt sich auch auf die Erfahrung des Kinos übertragen. Dessen halluzinatorische Kraft, die uns abwesende Dinge sehen lässt, uns Dinge vergegenwärtigt, denen gegenüber wir keine Gegenwart einnehmen, diese unheimliche Wiedergewinnung einer vergangenen Welt bringt Cavell dazu, den Film ein bewegtes Bild des Skeptizismus zu nennen. Wir nehmen eine Realität an, von der wir wissen, dass sie nicht existiert. Diese Realität befriedigt uns, »weil sie nicht existiert, weil es ausreichend ist, sie zu sehen (*viewing it*)« (WV: 188). Die Moral, die der Film als bewegtes Bild des Skeptizismus preisgibt, besteht weder allein in einem cartesischen Zweifel, ob die Realität ein Traum sein könnte, noch in einer Einsicht wie derjenigen Freuds, wonach unsere Traumarbeit unsere psychische Realität einschränkt. Indem der Film die Realität als Projektion wiedergibt (*screening reality*), schirmt er zugleich deren Gegebenheit von uns ab (*screens from us*). An der vielseitigen Bedeutung des Wortes ›halten‹ macht Cavell die schillernde Macht des Films fest: Er hält uns die Realität fern, hält sie uns als Anblick vor Augen und enthält sie uns als das Andere unserer selbst vor.

Dabei kommt zugleich jene Frage der Kontingenz ins Spiel, die auch für Cavells Tragödientheorie ausschlaggebend ist. Was uns auf eine Leinwand projiziert gezeigt wird, ist immer nur einer aus einer unendlichen Zahl von möglichen Anblicken. Aus dem Zirkel des Blickens (*viewing*) gibt es keinen Ausweg. Sowohl die Kamera wie auch wir als Betrachter sind immer außerhalb dieser Zurschaustellung, wenn auch von ihr betroffen und durch sie getroffen. Cavells Beharren auf der Vergangenheit (*pastness*) der im Kino projizierten Welt, auf dem Umstand, dass diese nicht real existiert, macht aus der medial erzeugten Gegenwärtigkeit der Filmgestalten auf der Leinwand eine so beglückende wie prekäre Angelegenheit. Beglückend, weil die Passivität des Zuschauers vor der sich entfaltenden Welt jenes unheimliche Verlangen befriedigt, die Manifestation von Welt als eine in sich geschlossene Ganzheit zu betrachten – eine vom Zuschauer unabhängige Welt an sich. Doch die Abwesenheit des Zuschauers von dieser projizierten Welt, jene Abgesondertheit (*separateness*) also, auf der die Magie der Kinoerfahrung beruht, ruft auch eine existenzielle Angst hervor. In der Teilnahme am Filmgeschehen und seiner Wahrnehmung erleben wir Cavell zufolge nicht nur die Rückgewinnung einer vergangenen Welt. Uns wird auch eine Erfahrung von Kontingenz zuteil: »Ich bin nicht dort.« (WV: 212)[110] Zugleich – und darin liegt seine Pointe – verspricht das Kino uns Glück, nicht weil wir reich, schön und geistreich sind wie die Gestalten, die wir auf der Leinwand sehen, sondern weil wir im Dunkeln des Kinosaals eine Verbindung mit dieser Realität aufrechterhalten können, obgleich wir verdammt sind, diese ganz und allein für uns zu betrachten, und ihr gegenüber unsichtbar (*unseen*) bleiben müssen.

Das glücklich geglückte Gespräch in der *comedy of remarriage*

Obgleich Stanley Cavell in *The World Viewed* ein breites Spektrum an Filmen aufruft, bevorzugt er in den darauf folgenden Büchern jene Ausprägungen der Hollywood-Filmkomödie, die es ihm erlaubt, von einem kulturellen Wiederaufleben der Shakespeare-Romanze in Amerika um 1934 zu sprechen; genauer, jener in seiner Lektüre des *Wintermärchens* in den Vordergrund gerückten Frage nach den Bedingungen, die über das Gelingen oder Scheitern einer Ehe entscheiden. In seiner Blütezeit eröffnet das Hollywood-Kino einen Denkraum, in dem die amerikanische Kultur sich einer Selbstbetrachtung unterzieht und Weltanschauungen verhandelt. Dies spielt Cavell exemplarisch an zwei Gruppen von Filmen durch, die er aufgrund ihrer gemeinsamen Thematiken zu jeweils eigenständigen Gattungen erklärt. Die Untertitel der beiden Bücher benennen jeweils das thematische Anliegen. In *Pursuits of Happiness* stellt Cavell sieben Filmkomödien der 1930er und 1940er Jahre als Beispiel für jenes Genre zusammen, das er *comedy of remarriage* nennt; in *Contesting Tears* isoliert er vier Variationen dieser um eine verheiratete Heldin kreisenden Filmgeschichten, um sie ihrerseits als »Melodrama der unbekannten Frau« (*unknown woman*) zu behandeln. Als Exemplare eines Genres begreift Cavell diese Filme, weil ihnen eine mythische Erzählung und die dramaturgische Durchführung gemeinsam ist. Die Deutung eines gemeinsamen Erbes, die jeder dieser Filme auf seine Art vorführt, versteht er zugleich als Ausdruck einer Verantwortung gegenüber dieser kulturellen Erbschaft, die die Filme ausstellen und an der sie im Sinne jener kulturellen Selbstbetrachtung teilhaben, die Cavell dem Denkraum Hollywood zuschreibt.

Wenn Cavell der Einleitung zu dem ersten dieser beiden Bücher den Titel »Wörter für ein Gespräch (*conversation*)« gibt, so ist dies nicht zufällig. Denn das Gelingen oder Scheitern des Gesprächs zwischen Eheleuten unterscheidet nicht nur die *comedy of remarriage* und das *melodrama of the unknown woman.* Der Versuch eines Gesprächs ist auch das methodische Anliegen von Cavell selbst. Einerseits geht es ihm um jene *conversation*, genauer jenes autobiografische Interesse, das er aufgrund seiner eigenen Erfahrungen als Kinobesucher an diesen Filmen hat, denn »ohne dieses Vertrauen in die eigene Erfahrung, das in der Bereitschaft zum Ausdruck kommt, für diese Erfahrung Worte zu finden, wäre man ohne Autorität, was die eigene Erfahrung anbelangt« (PH: 7). Andererseits ist für Cavell das Hollywood-Kino der *golden years* selbst gleichsam Philosophie, weil die Filme sich selbst reflektieren. Unablässig thematisieren sie ihre eigene Medialität und eine Vielzahl jener philosophischen Einstellungen, die Cavell dem *moral perfectionism* zurechnet. Man könnte auch sagen: Die Beschreibung seiner Erfahrung mit Filmen, von denen er eingesteht, dass sie ihn angehen, weil sie seine Erfahrungen als Philosoph und als Kinogänger geprägt haben, zeichnet ein immer neues Bild des Gesprächs zwischen Philosophie und Hollywood-Film.

Entscheidend an den beiden Gattungen, die von Cavell als die zwei Seiten eines modernen *Wintermärchens* konzipiert sind, ist die Schöpfung einer neuen Frau bzw. die neue Schöpfung einer Frau, die wie Shakespeares Hermione für die Rückgewinnung des Menschlichen einsteht, aber auch für eine Entwicklung des weiblichen Bewusstseins, mit und gegen den Blick der sie bestimmenden Männer. Wie in seinen Lektüren der Stücke Shakespeares steht hier ebenfalls die Frage der Bedingungen sowie der Grenzen einer gegenseitigen Anerkennung zur Debatte. Es geht um die Frage, inwieweit die Ehe eine gemeinsame Selbstverwirklichung erlaubt. Die *comedy of remarriage* entfaltet sich dabei als utopischer Entwurf, während im *melodrama of the unknown woman*, auf das im letzten Teil dieses Kapitels genauer eingegangen werden soll, die von der Heldin ersehnte Freiheit nicht mit dem konventionellen Ehekonzept in Einklang gebracht werden kann. Beide Genres kreisen darum, dass die Möglichkeit einer Scheidung eine grundsätzliche Versöhnung fordert, weshalb sie nur durch eine Metamorphose erreicht werden kann, die nach einer todesähnlichen Erfahrung zur Rückkehr ins Leben und zu einem neuen Blick auf dieses führt. Auf diese Weise wird auch die Frage der Legitimität von Ehe neu gestellt und das gemeinsame Leben zwischen einem Paar entweder reaffirmiert oder als sinnvolle Lebensform verworfen.

Die Handlung der *comedy of remarriage*, die im Folgenden zuerst am Beispiel von George Cukors *Philadelphia Story* (1940) behandelt werden soll, wird von dem Motiv angetrieben, zwei Eheleute *wieder* zusammenzubringen. Obgleich eine tiefe Vertrautheit das Paar verbindet, droht aufgrund eines schweren Streits die Scheidung. Cavell lokalisiert diese Unstimmigkeit in dem Umstand, dass die Ehe Sexualität mit Sozialität in Einklang bringen muss. In Shakespeares Ehetragödie *Othello*, die er als eine gescheiterte *comedy of remarriage* betrachtet, entpuppt sich der Mord an Desdemona (wie im vorhergenden Kapitel gezeigt wurde) als die dramatische Konsequenz einer in der Ehe gewonnenen Einsicht in die eigene Unvollständigkeit, die eigene Vergänglichkeit, die eigene Unzugehörigkeit. In der *comedy of remarriage* nimmt die Rache hingegen eine andere Form an. Die Heldin, die im Zentrum dieser Filmgattung steht, wählt stattdessen einen ihr unterlegenen Bräutigam, um sich an ihrem ersten Gatten zu rächen und gleichzeitig jenes erotische Begehren, das durch diesen geweckt, mit diesem jedoch nicht gelebt werden konnte, zur Ruhe zu bringen. Das geistreiche Gespräch, in dem die zerstrittenen Eheleute sich gegenübertreten, sich selbst und einander befragen, führt sie schließlich zueinander zurück und lässt sie ihre Bereitschaft zur zweiten Hochzeit (*willingness for remarriage*) erkennen. Diese *conversation* kreist um die Frage, was es heißt, glücklich zu sein, und ob man sich, um dieses Glück zu erreichen, zu verändern bereit ist. Wie in den Shakespeare-Romanzen liegt die entscheidende Pointe in der Logik der Wiederholung. Die Möglichkeit, in der Ehe Glück zu erlangen, existiert Cavell zufolge nur, wenn diese ein zweites Mal geschlossen wird. Zwei Menschen, die *zu*einander gefunden haben, müssen entdecken, daß sie *für*einander gemacht sind.

Im Unterschied zur Tragödie ist es der Held, der diese Veränderung in Gang setzt, weil er, anstatt auf seiner Vormundschaft zu beharren, seine eigene Versehrtheit eingesteht. Damit ermöglicht er der Heldin, ihr Begehren *erneut* zu wecken, um sich ihrem Gatten hinzugeben, nun jedoch zum ersten Mal im Zustand wirklicher Selbsterkenntnis, was es ihm seinerseits erlaubt, diese Gabe anzuerkennen und als solche anzunehmen. Als Antwort auf die von Emerson thematisierte Weltentrückung, die aus dem Gefühl verpasster Selbstentfaltung entsteht, erweist sich die zweite Chance in den *comedies of remarriage* als eine Gelegenheit, die man sich selbst gibt. Das Streben nach Glück entpuppt sich als Streben nach dem richtigen Maß an Unabhängigkeit, das dem Eingeständnis einer richtig verstandenen Abhängigkeit entspricht. Dabei gesteht Cavell eine Asymmetrie in dem von diesem Filmgenre dargebotenen Streben nach Glück durchaus ein. Im Gegensatz zum *Wintermärchen* ist es die Heldin, die sich einer Selbstprüfung unterziehen muss, um zu einer gleichberechtigten Ehe zu gelangen. Zwar benötigt sie dafür die Hilfe der sie liebenden Männer, genauer: deren Versuch, sie zu »erziehen«, wie auch deren Bereitschaft, ihr zu verzeihen. Dennoch hält die Heldin die Fäden der Handlung in ihren Händen, setzt doch ihre metaphysische Transformation die Rückgewinnung des Menschlichen in Gang. Diese neu geschaffene Frau ist es, die jene von Emerson beschriebene Veränderung vollzieht, nämlich zu jenem Selbst zu werden, das man immer schon war. Mit ihrem zweiten Jawort treten die Eheleute, mit Emerson gesprochen, von einem Zustand des Verlusts in einen Zustand der Rückgewinnung und Genesung (*recovery*) über; sie sind dieselben und zugleich andere geworden. Diese geringfügige Verschiebung gewährleistet allerdings das Versprechen auf Glück.

George Cukors *Philadelphia Story* endet in einer zweiten Hochzeit, weil die von Katherine Hepburn gespielte Braut Tracy Lord weder den Journalisten Mike (James Stewart), der sie vergöttert, noch den ehrgeizigen Emporkömmling George (John Howard) wählt. Sie kehrt vielmehr zu dem ihr entfremdeten Gatten C. K. Dexter Haven zurück, was dem Umstand zu verdanken ist, dass beide ihr Gespräch wieder aufnehmen können, weil sie einander vertraut sind. »Miteinander aufgewachsen zu sein«, erklärt Cavell, »bleibt eine Regel für das Glück des Paares im Universum der *remarriage comedies*.« (PH: 136) Seinen Anspruch auf Tracy Lord kann der von Cary Grant gespielte C. K. Dexter Haven jedoch erfolgreich erst erheben, nachdem er den Beweis erbracht hat, dass er nicht nur ihr Begehren begehrt, sondern dieses rechtmäßig auf ihn gerichtet ist. Er muss seine Gattin zurückgewinnen, muss das Risiko auf sich nehmen, ihr seine wieder entfachte Liebe zu gestehen, was aber auch heißt: Er muss sie von seinen *beiden* Rivalen George und Mike zurückfordern. Die Freiheit, in die der Film das Paar am Ende entlässt, wird als Eintritt in einen hell erleuchteten Morgen eines zweiten Hochzeitsfests inszeniert, der auf die Verwirrungen der vorausgegangenen Liebesnacht folgt. Die emotionale Verblendung, die das Paar entzweit hat und Tracy dazu brachte, den ihr unterlegenen George heiraten zu wollen, ist somit nicht nur eine falsche Selbsteinschätzung. Cukors Heldin muss auch jenem Mann entsagen, der ihre erotische Ausstrahlungskraft als Erster anerkannt und benannt hat.

Cavell selbst stellt nicht die nächtliche Liebeszene zwischen Hepburn und Stewart in den Vordergrund seiner Lektüre. Da es ihm stets darum geht, jegliche Selbsterkenntnis in ihrer Vorläufigkeit zu verstehen, richtet er seinen Blick darauf, dass die Ehe zwischen Tracy und Dexter, die am nächsten Morgen ein zweites Mal geschlossen wird, weniger als Feststellung aufzufassen ist denn als Frage. Wie stellt Tracy sich ihr Morgen und Übermorgen vor, und welche Konsequenzen bringen nicht nur die Entlarvung eines falschen und die Erfahrung eines begeisternden Traums mit sich, sondern auch das Erwachen *in* einem und *für* ein Morgen? Bezeichnenderweise endet der Film in dem Augenblick, in dem Tracy, Dexter und Mike als dessen Trauzeuge an den Altar in der Villa der Lords geschritten sind. Das Blitzlicht eines Fotografen, der sich in diese exklusive Gesellschaft eingeschlichen hat, stört das eben geschlossene Ehegelübde. Erstaunt blicken alle drei – das zum zweiten Mal getraute Paar und der hinter beiden stehende Trauzeuge, nicht aber der verschmähte Bräutigam – mit weit aufgerissenen Augen in die Kamera; blicken also uns an und halten inne. In Cavells Deutung übernimmt *Philadelphia Story* von einer Komödie wie dem Sommernachtstraum die Vorstellung, dass »die öffentliche Welt des Tages [...] ihre Konflikte nicht unabhängig von Entschlüssen lösen [kann], die im Gebiet der privaten Kräfte der Nacht gefällt worden sind«. »Diese Therapie«, fährt Cavell fort, »benötigt das Erinnern von etwas, das Aufwachen (*awakening*) zu etwas, und zugleich das Vergessen von etwas, das Aufwachen von etwas.« (PH: 142) Das Drehbuch vergleicht Tracys Einsicht, dass sie George nicht heiraten kann, weil es zwischen ihnen jene Vertrautheit des Gesprächs, jene Übereinstimmung nicht gibt, die für das Gelingen einer Ehe ausschlaggebend ist, schließlich mit einem Öffnen der Augen (*getting your eyes opened*).

Zugleich setzt das Happy End von *Philadelphia Story* jedoch auch jenes nächtliche Erwachen voraus, das Cavell in seiner Lektüre eher andeutet als beschreibt. Am Vorabend der Hochzeit werfen Dexter und der Vater der Braut Tracy vor, in ihrer kühlen Enthaltsamkeit gleiche sie der Statue einer unnahbaren Göttin. Ein *first-class human being* hingegen könne sie erst mit der Anerkennung der eigenen Fehlbarkeit werden. Über diesen Vorwurf erschüttert, betrinkt Tracy sich mit Champagner und lässt ihrem erotischen Begehren freien Lauf. Auf dem Höhepunkt der Nacht tanzt sie mit Mike im Mondlicht um einen kleinen Teich im Garten, bevor es zu einem Liebesstreit kommt, der die hässliche Unterredung mit Dexter und ihrem Vater in neuem Licht erscheinen lässt. Verführerisch lächelnd erklärt Mike, sie dürfe George nicht heiraten, während Tracy dies abzutun versucht. Nun ist sie jedoch nicht mehr die unnahbare Frau, sondern setzt souverän ihre Gegenrede als Verführungsgeste ein. Die von Cukor gewählte Beleuchtung lässt sie glamourös und von einer inneren Leidenschaft beseelt erscheinen, während sie den jungen Schriftsteller jener Gefühlskälte beschuldigt, die man in der Dämmerung am Swimmingpool zunächst ihr vorgeworfen hatte. Sie nennt Mike einen intellektuellen Snob und wiederholt, als wäre dies gewissermaßen ein Tagesrest, den sie in dieser Nachtszene abreagieren muss, den Vorwurf Dexters. Ein erstklassiger Mensch, versichert sie ihm, könne man erst sein, wenn man menschliche Fehlbarkeiten anzuerkennen bereit sei.

Auch Mike spiegelt ihr ein Bild ihrer selbst, doch zeichnet er damit nicht die kalte Jungfrau, sondern jene erhabene Schönheit, die sie für ihn darstellt. Nochmals zeigt Cukor seine Heldin in einer Nahaufnahme, nun jedoch, um zu zeigen, wie anders sie dieses Urteil aufnimmt. »I'm getting self-conscious«, erwidert sie ihm, was im Englischen zwar umgangsprachlich bedeuten könnte, dass sie sich befangen fühlt. Wörtlich gelesen aber deutet Tracys Reaktion auf die Begeisterung in Mikes Blick zugleich den Gewinn eines Selbstbewusstseins an: als entdecke sie vermittels seines Blickes ihre eigene Liebesfähigkeit. Auf der Bühne des nächtlichen Gartens erweckt Mikes verzückte Sprachkunst Tracy zu einer von innerem Feuer erleuchteten, prächtigen Frauengestalt. Cukor setzt die künstliche Beleuchtung der Nachtszene dramaturgisch ein, um die Schauspielerin Hepburn mit dem Zauber des Glamourstars strahlen zu lassen. Indem Mike der verwandelten Tracy bedeutet, sie könne wohl nicht sehen, wie prächtig sie sei, lenkt er ihren Blick auf etwas, das sie immer schon wusste, bislang aber nicht sehen wollte: auf die Frau, die sie immer schon war, die sie aber erst werden muss.

Nachdem Mike sie stürmisch geküsst und sie mit gleicher Leidenschaft seinen Kuss erwidert hat, führt sie ihn zum Swimmingpool, von wo aus Mike eine fröhlich trunkene, singende Tracy, die nur mit ihrem Bademantel bekleidet ist, in seinen Armen zurücktragen und vor dem Haus auf die beiden Männer stoßen wird, die sie am Vortag noch in ganz anderem Licht gesehen hatten. Während Dexter davon überzeugt ist, dass sie beim Erwachen alles daransetzen wird, das Geschehnis der Nacht zu vergessen, glaubt George nun das Schlimmste von ihr. Hatte er sie am Pool noch eine unnahbare Königin genannt, so ist sie in seinen von Eifersucht geblendeten Augen nun eine Kokette. Die

Hochzeit, die am nächsten Tag stattfinden wird, ist von dem in der Enthemmung der Nacht enthüllten Begehren geprägt, das nun im Licht des Tages anerkannt und zugleich eingeschränkt werden kann; die Sexualität verbindet sich mit dem Sozialen in einer zukunftsträchtigen Ehe. Am Tag ihrer Hochzeit erwacht Tracy aus ihrer erotischen Zügellosigkeit, wird aber das Begehren nicht wieder zu verdrängen suchen. Sie wird es stattdessen eben in der Weise anerkennen, dass sie es nicht auf den Mann richtet, der es entfacht hat, sondern auf jenen, mit dem sie eine alte Vertrautheit verbindet. Dennoch bleibt das Happy End, das Cukor sich ausgedacht hat, ambivalent. Tracy, Dexter und Mike stehen, das ist die Pointe, zu dritt am Altar.

Remarriage als Chiffre einer neu orientierten Freundschaft führt Cavell zufolge jene von Freud beschriebene Überwindung der präödipalen Bindungen der Tochter an ihre Mutter vor, die in der Wahl eines Gatten zugleich die Anerkennung des paternalen Gesetzes vollzieht.[111] Das Ehegelübde abzulegen kommt der Annahme jener symbolischen Verbote gleich, die einen fröhlichen Narzissmus enttäuschen müssen. Zugleich bedeutet das Erwachen keinen reinen Verzicht, sondern das Gelingen einer Erwartung. Diese kann als Überwindung von Selbstverblendung (wie auch von Selbstüberschätzung) verstanden werden, weil sie eine Vorstellung der Frau als *first-class human being* bestätigt, die nicht nur erstrebenswert, sondern vor allem realisierbar ist. Wenn Tracy mit der Annahme Dexters den Narzissmus überwindet, der sie in einem falschen Selbstbezug gefangen gehalten und ihr die Anerkennung des Anderen unmöglich gemacht hat, so kann sie dies erst, nachdem die nächtlichen Ereignisse und der Champagner ihr die Augen für jenes erotische Begehren geöffnet haben, das sie sich in ihrem Alltag bislang verboten hat. Zugleich bewahrt sie sich im Licht des Morgens ein Stück ihres Narzissmus. Denn Cavell bekennt, seine Vorstellung von *remarriage* besage, »man sei ermächtigt und berechtigt (*enabled*), bei demjenigen zu bleiben, an den man immer schon gebunden war, indem man sich von der Feindseligkeit gegenüber dem gemeinsamen vergangenen Leben entbinden kann oder einer früheren Version dieses Geliebten« (PH: 149). In der Filmkomödie wird die Strenge des Gesetzes, die zur Enttäuschung narzisstischer Träume und zu Thoreaus »stiller Verzweiflung« führt, durch die Aufrechterhaltung des vertrauten Gesprächs gemildert.

Zugleich geht es bei der Läuterung der unnahbaren Tracy um die Erschaffung einer neuen Frau, oder besser gesagt, um die Neuschaffung eines Menschen, lernt sie in der ekstatischen Liebesnacht doch jene eigene Fehlbarkeit anzuerkennen, die es ihr erlaubt, bei Tageslicht auch die Fehlbarkeit des Anderen anzunehmen; in Dexters Fall ist dies die ihr widerwärtige Alkoholsucht, die zur Scheidung geführt hatte. Brisant für Cavell ist dabei ein Bezug, der sich zwischen dieser Neugeburt und dem Selbstverständnis der amerikanischen Demokratie ergibt. Im puritanischen Verständnis stellt der Ehevertrag ein »Miniaturgemälde des Vertrags des Commonwealth« dar. (PH: 151) Die Ehe, die an diesem Morgen ein zweites Mal geschlossen wird (und zudem in der Geburtsstadt der amerikanischen Verfassung), ist gleichsam von nationaler Bedeutung. Die Filmkomödie figuriert als Beispiel einer kulturellen Selbstbetrachtung des Hollywood-Kinos, der Beantwortung einer spezifisch amerikanischen Frage, nämlich »ob Amerika seinen neuen Menschen vollbracht hat, seine perfektere Union und seine inländische Ruhe, seine neue Geburt der Freiheit; ob Amerika erfolgreich darin gewesen ist, ein Streben nach Glück zu sichern, ob dieses Amerika sich das Gespräch (*conversation*) verdient, welches es fordert« (PH: 153). Das wiederaufgenommene Gespräch zwischen Tracy und Dexter spiegelt demzufolge auch jenes philosophische Gespräch über die Bedingungen des sozialen Vertrags, das *Philadelphia Story* mit dem von den

Gründungsvätern der amerikanischen Verfassung formulierten Anspruch unterhält, diese neu gegründete Nation solle eine »natürliche Aristokratie« hervorbringen, »die anderen gegenüber nicht überlegen ist in dem Sinn, dass sie Eigenschaften besitzt, die anderen unzugänglich wären, sondern man könnte eher sagen, indem sie weiter fortgeschritten ist als andere, weiter auf einem geistigen Pfad, den jeder nehmen könnte und alle schätzen« (PH: 156)[112].

Zwar gesteht Cavell zu, dass damit ein gefährliches moralisches Terrain betreten wird, schließlich lässt sich in diesem Anspruch sofort jene Anlage zur Ausschließung erkennen, die dem Humanismus unweigerlich innewohnt. Für den *self-made man* George Kittridge und seinen *american dream* gibt es in der Welt der Lords keinen Platz. Zugleich entschärft Cavell diese Exklusivität mit dem Hinweis darauf, dass die Hoffnung auf *human perfectionism*, die Cukors Film in die Reaffirmation des Ehevertrags zwischen Tracy und Dexter legt, mit der Anerkennung von deren Fragilität einhergeht. Mit einer entscheidenden Frage tritt Dexter an die Stelle seines Rivalen, der, über die nächtliche Frivolität seiner Braut erschüttert, den Schauplatz der Hochzeit fluchtartig verlassen hat: »Ich riskiere es. Willst auch du es riskieren?« Tracy nimmt diese Herausforderung an. Sie lässt sich auf die Kontingenz eines erneuten Scheiterns der Ehe und damit auf den wiederholten Verlust ihres Glücks ein. Doch in der Annahme dieses Risikos – und deshalb ist diese zweite Eheschließung zugleich von nationaler Wichtigkeit – liegt das amerikanische Glücksversprechen. Die Demokratie und die Menschlichkeit, auf die sie uns hoffen lässt, ist laut Emerson erreichbar, aber noch nicht erreicht. Ihre Fragilität erscheint im immer neu aufgenommenen Gespräch.

Cavells Lektüre von *Philadelphia Story* ist aber auch deshalb exemplarisch für das Argument seiner Studie *Pursuits of Happi-*

ness, weil seine Ausführungen zu diesem Film den von ihm entfalteten Raum philosophischer Denkformeln als hermeneutisches Verfahren am deutlichsten reflektieren. In seiner Beschreibung des Nachlebens, das die Struktur der Stücke Shakespeares in dieser Filmkomödie führt, stellt Cavell zuerst eine Nähe zu *Othello* fest: »Die drei Männer in *The Philadelphia Story* könnte man zergliedern in drei Eigenschaften von Othello – Dexter übernimmt dessen Befähigung zur Autorität, Mike seine poetische Gabe und seine Leidenschaft, George seine Offenheit gegenüber dem Verdacht und der Eifersucht.« (PH: 142) Dennoch ist es vornehmlich *Der Sommernachtstraum*, dessen Nachleben Cavell in George Cukors Filmkomödie erkennt, geht es doch auch dort, wie bereits beschrieben, um die Einsicht, dass die öffentliche Welt des Tages ihre Konflikte nicht unabhängig von jenen Entscheidungen zu lösen vermag, die in der Intimität der Nacht gefällt werden. Das Eintauchen in die Welt der Nacht führt so zu einer Therapie der Ängste und Wünsche des Tages, indem an diesem Schauplatz etwas erinnert wird, das die Figuren zu einem notwendigen Wissen erwachen lässt. Mündet in *Othello* dieses Szenario in die schreckliche Mordnacht des fünften Aktes, so fragt die Komödie, wie von gewaltsamer Lust abgesehen und mit der Umnachtung umgegangen werden kann. Denn der *Sommernachtstraum* und die seiner dramaturgischen Logik folgende *comedy of remarriage* erlaubt eine andere Interpretation des Skeptizismus. Die Antwort, die die Komödie auf den Zweifel, ob zwischen Traum und Wachsein unzweideutig unterschieden werden kann, gibt, besteht darin, die nächtliche Vision als Teil der Tageshelle neu zu verorten. An die nächtliche Reise des *Sommernachtstraums* ist somit die Aussicht geknüpft, dass hier etwas vergessen werden kann, was es den Liebenden schließlich erlaubt, aus diesem traumartigen (traumatischen) Wissen zu erwachen.

Liest man *Philadelphia Story* als Umschrift des *Sommernachtstraums* auch im Hinblick darauf, dass die Komödie und der Film gleichermaßen einen Gang in die »privaten Kräfte der Nacht« entfalten, der schließlich in die »öffentliche Welt und deren Konsequenzen« (PH: 143) führt, so ergibt sich eine Vielzahl von Entsprechungen. Der Saft der verzauberten Blume bei Shakespeare kehrt bei Cukor als Champagner wieder, die Feenkönigin (mit ihrer schamlosen Liebe für einen schauspielernden Handwerker mit Eselskopf) als Tracy Lord (mit ihrer Hingabe an den Schriftsteller Mike). Der eifersüchtige und zugleich listige Feenkönig hingegen kehrt als gewandter Dexter wieder, der geschickt das ganze Verwirrspiel zu seinen Gunsten lenkt, um seine Gattin, wie es schon sein Vorbild Oberon tat, zurückzugewinnen.

Für das Gespräch zwischen Film, Literatur und Philosophie, das hier eröffnet wird, ist es jedoch wichtig festzuhalten, dass es Cavell nicht um einen handfesten Beweis für die Beziehung zwischen einer *comedy of remarriage* des 20. Jahrhunderts und einer Komödie der Renaissance geht. Stattdessen arbeitet er die Entdeckung analoger Bezüge auf der Nachtseite des Wissens heraus, die in beiden Texten zu finden sind, um daran die Frage zu knüpfen, worin die Konsequenzen dieser Entsprechung für eine vom Skeptizismus ausgehende Philosophie bestehen könnten. Deshalb schreibt er weniger verschiedenen Einzelereignissen im Stück oder im Film eine Bedeutung zu, sondern setzt jene Ereignisse in Beziehung zueinander, für die sich eine gemeinsame Bedeutung feststellen lässt: »zu entdecken, geht man von dem Gedanken dieser Beziehung aus, was deren Konsequenzen sein könnten. Dies beinhaltet nicht so sehr, gewissen Ereignissen in einem Drama Bedeutungen zuzuweisen, als jene Ereignisse zu isolieren und in Bezug zueinander zu setzen, denen eine Bedeutung zugeschrieben werden muss« (PH: 144-45).

Diesen Atlas philosophischer Denkformeln zu entfalten, auf dem Shakespeares *Othello* als eine gescheiterte *comedy of remarriage* konzipiert wird, das *Wintermärchen* hingegen zusammen mit dem *Sommernachtstraum* als dessen Vorbild, bedeutet nicht, Gefühlsintensitäten auf eine Vorlage zu reduzieren. Vielmehr geht es darum auszuloten, wie jene Denkfiguren eingesetzt werden, die es erlauben, eine Ähnlichkeit zwischen unterschiedlichen Texten zu erkennen. In diesem Sinne setzt Cavell die Fähigkeit von Tracy und Dexter, ein geistreiches Gespräch miteinander zu führen, auch wenn dieses die Form eines Liebesstreits annimmt, in Verbindung mit Miltons Vorstellung, eine »geglückte und glückliche Konversation« sei »das edle Hauptziel der Ehe« (PH: 146). Wie bereits in der Einleitung an John Mangolds *Walk the Line* ausgeführt wurde, entnimmt Cavell aus Miltons Traktat über die Scheidung die Vorstellung, dass »keine Auswirkung der Tyrannei [...] schwerer auf dem Commonwealth lasten [kann] als das häusliche Unglück auf der Familie« (PH: 150). Wenn demzufolge das Bündnis der Ehe als Chiffre jenes Bündnisses zu verstehen ist, das der amerikanische Bürger mit der Demokratie als Staatsform eingeht, dann, so folgert Cavell, nehmen »diese Filmkomödien [...] an eben solch einer Konversation mit ihrer Kultur teil« (PH: 151).

Neben Shakespeares Theatralisierung der nächtlichen Traumseite der Ehe, Miltons Betrachtungen zur Legitimität von Heirat und Scheidung sowie Freuds Ausführungen über die weibliche Sexualität verwendet Cavell auf seinem Atlas philosophischer Denkformeln auch Schriften, die, wie bereits erwähnt, ihrerseits ein Gespräch mit den Denkformeln jener Verfassung unterhalten, die in Philadelphia zweihundert Jahre früher von den amerikanischen Gründungsvätern ausgearbeitet wurde. Die Debatte zwischen Tracy und den verschiedenen Männern, die sie am Vorabend ihrer Hochzeit darüber ins Bild zu setzen suchen, was es heißt, ein »erstklassiger Mensch« (*first-class human being*) zu sein, bringt Cavell mit den Argumenten unterschiedlicher Autoren zusammen, die sich seit der amerikanischen Unabhängigkeitserklärung sowohl mit den Erwartungen als auch mit den Auswirkungen dieses sozialen Vertrags auseinandergesetzt haben. Einerseits entdeckt Cavell in *The Philadelphia Story* eine direkte Kritik an Thorstein Veblens Einschätzung jener Kultur des Wohlstands, die das amerikanische Großbürgertum der 1930er Jahre auszeichnete. Denn mit seiner liebevollen Inszenierung der fröhlichen Gelassenheit seiner Heldin und ihrer Familie wertet Cukor eben jenen Müßiggang auf, in dem Veblen nur Verschwendungssucht und unnützen Luxus zu erkennen vermag.[113]

Demgegenüber entdeckt Cavell sowohl in den Schriften Alexis de Tocquevilles als auch John Stuart Mills ein Verständnis von Exzentrik als Tugend sowie die Aufwertung einer aristokratischen Freiheit der Gedanken, die ein Gegengewicht zu der von beiden befürchteten Tyrannei der demokratischen Mehrheit bildet. Der Begriff der natürlichen Aristokratie, wie er sich im Briefwechsel zwischen John Adams und Thomas Jefferson findet, nimmt in Cavells Lesart vorweg, was Cukor mit der Transformation Tracy Lords zu einem *first-class human being* am Ende der 1930er Jahre wieder aufgreift: eine Herrschaft des besten Selbst, die in jedem Menschen, unabhängig von Klasse und Ethnie, angelegt ist. Matthew Arnold, der auf Cavells Atlas ebenfalls eine bedeutsame Stelle einnimmt (nämlich diejenige, wo es hinsichtlich der Fähigkeit zur moralischen Ausbildung bei Menschen zu unterscheiden gilt), nennt dies in *Culture and Anarchy* »das Streben nach Perfektion«[114]. Die Vorstellung einer aristokratischen Haltung, genauer der Freiheit, die diese gemäß Tocqueville und Mill aus sich selbst zu projizieren vermag, bringt Cavell schließlich zurück zu den besonderen Eigenschaften des filmischen Mediums. In der fotografisch erzeugten Ausstrahlung des Stars entdeckt er dafür eine visuelle Entsprechung, denn auch die Kamera macht im Star jenes *best self*, jenes Potenzial zur Perfektionierung sichtbar, das dem gewöhnlichen Auge unsichtbar bleibt.

Vor dem Hintergrund dieser Denkformeln bekommt die Abschlussszene von *Philadelphia Story* besondere Bedeutung. Nachdem die Hochzeitsfeier doch noch stattfinden kann, weil Tracy sich auf das Risiko einer zweiten Ehe mit Dexter einlässt und die beiden zusammen mit dem Trauzeugen Mike am Altar stehen, fährt Cukors Kamera auf die Gestalt Sidney Kidds, den Verleger des *Spy Magazine*, der diese Eheschließung für von nationaler Bedeutung hält und deshalb Fotos der Hochzeitszeremonie für seine Zeitschrift braucht. Wie bereits erwähnt, wenden sich sowohl das Paar wie auch Mike, der hinter Dexter steht, in dem Augenblick vom Altar ab, als sie das Blitzlicht, das auf sie gerichtet ist, bemerken. Erstaunt blicken sie in der letzten Einstellung des Films auf den Mann, der sie heimlich fotografiert. Diese Einstellung gefriert zu einer Fotografie und verwandelt sich sogleich in die Seite eines Fotoalbums, die schließlich umgedreht wird und ein letztes Foto zeigt: Tracy in den Armen ihres wiedergewonnenen Ehemanns. Ihre Lippen berühren sich fast, aber treffen sich noch nicht ganz. Die Abschlussszene interpretiert die Schöpfung einer neuen Frau mithin nicht nur wie Shakespeares *Wintermärchen* als die gegenseitige Schöpfung der Eheleute durch einander. Sie führt auch jene Geste der Selbstreflexion vor, die Cavell am Hollywood-Kino grundsätzlich interessiert: »Dass ein bestimmtes öffentliches Ereignis stattgefunden hat und dass dieses Ereignis essenziell verknüpft ist mit der Errungenschaft einer bestimmten Form von öffentlichem Verständnis, mit dem Selbstverständnis der amerikanischen Kultur, einem kulturellen Sich-selbst-Verstehen, einer geglückten Konversation mit sich selbst, kurz und gut, die Errungenschaft einer bestimmten Form von Filmkomödie.« (PH: 159-60)

Philadelphia Story endet also mit einer weiteren Geste der Transformation. Darin wandelt sich die Filmgestalt Tracy Lord, die sich auf der Ebene der Handlung von einer Statue zu einer ihre Fehlbarkeit anerkennenden Frau umbildet, in den Star Katherine Hepburn. Der fotografisch eingefrorene Moment fungiert wie ein Standbild dieser Filmkomödie, das jenseits der Leinwand auf die Frau verweist, deren Gestalt wir als bloßes Lichtspiel gesehen haben. Obgleich Cavell diesen Aspekt selbst nur knapp andeutet, legt seine Annahme, dass das Hollywood-Kino ein Gespräch sowohl mit der amerikanischen Kultur als auch mit sich selbst führt, eine weitere Bedeutungsebene offen, die die Frage der kulturellen Wirksamkeit betrifft. Auch diese Neuschöpfung einer Frau ist von nationaler Bedeutung, wird doch mit *Philadelphia Story* jene Filmikone Katherine Hepburn geboren, die später für amerikanische Werte wie Aufrichtigkeit, Gewissenhaftigkeit und Mitgefühl einstehen wird. Hepburn hatte die Rechte zum Drehbuch gekauft, um mithilfe des im Film gewonnenen Images ihrem Ruf, hochmütig und eigenwillig zu sein, zu begegnen. Als man sie Ende der 1930er Jahre *»box-office poison«* nannte, war ihr gelungen, was Emerson im Sinn hatte, als er das Selbstvertrauen zum höchsten moralischen Prinzip erhob. In *Philadelphia Story* wechselte sie mit dem Zeitgeist ihre Erscheinung und blieb zugleich im Kern, was die Amerikaner an ihren Stars lieben: eine Frau, die selbstbewusst an sich arbeitet, um sich beständig zu verbessern, und die zugleich frei ist, ihre eigenen Entscheidungen zu treffen.[115]

Das Einfrieren der Filmhandlung zu jenen beiden Fotos, mit denen der Film endet, bewirkt unser Erwachen aus dieser projizierten Welt und somit aus der Illusion unserer Teilhabe. Dennoch bleibt der Status der Figuren ambivalent, weshalb die utopische Schlussgeste dieser *comedy of remarriage* kompromittiert ist. Denn wir müssen uns fragen, ob der Film mit einem Kuss endet, der Glück verheißt, oder ob wir nicht eher davon sprechen sollten, dass er in einer Umarmung endet, die zugleich eine Ungewissheit andeutet. Die geglückte und glückliche Konversation, die dieses Filmgenre zelebriert, ist auf das Spiel von Licht und Schatten auf der Leinwand beschränkt. Zudem lässt das letzte Foto, welches aus den drei Gestalten, die vor dem Altar stehen, ein Paar macht, eine weitere Störung erkennen. Zwar hält Cary Grant als Zeichen seines Triumphs über den Rivalen James Stewart nun Katherine Hepburn in seinen Armen, doch ihre Lippen treffen sich noch nicht oder nicht mehr. Der Kuss, mit dem das Ehebündnis besiegelt wird, bleibt uns vorenthalten. Diese visuell inszenierte Lücke ruft zugleich eine Erinnerung an den einzigen Kuss hervor, den Cukor uns dargeboten hat, jenen Kuss im nächtlichen Garten nämlich. Die *remarriage* – zwischen Tracy und Dexter, zwischen Hepburn und ihren Fans – steht für ein Bündnis von nationaler Bedeutung, weil eine ungehemmte erotische Freizügigkeit glücklich in eine moralische Verpflichtung überführt worden ist. Nicht das Glück schreibt die amerikanische Verfassung als Grundrecht vor, sondern das Streben danach, und wie die Perfektion, die sie ebenfalls anstrebt, verbleiben wir stets im Bereich des Erreichbaren, aber noch nicht Erreichten.

Transformation von Leid in Ekstase im Melodrama

In *Contesting Tears* wendet sich Cavell vier Melodramen der 1930er und 1940er Jahren zu, von denen er behauptet, sie seien von der Gattung der *comedy of remarriage* als deren dunkle Seite abgeleitet. Finden in den Filmkomödien die Heldinnen zu jenen Männern zurück, die ihnen eine Einsicht in ihr Begehren ermöglichen, so entdecken sie im Melodrama, dass der Mann, den sie gewählt haben, dazu nicht fähig ist. Beide Gattungen münden in eine Neuschöpfung der Heldin, doch während diese sich in den Filmkomödien im Gespräch vollzieht, das das Liebespaar ungeachtet aller Hindernisse führt, bestreitet das Melodrama die Möglichkeit einer geglückten und glücklichen Konversation. Stellt die Komödie einen Liebeskampf um Anerkennung dar, so setzt der Held im Melodrama alles daran, diese zu vermeiden. Die Heldin versucht ihrerseits zu begreifen, warum ihr die Anerkennung durch den Geliebten verwehrt wird. Die Metamorphose, um die sich die Heldin bemüht, um ihr Recht auf ein eigenständiges, würdiges Leben zu behaupten, liegt jenseits dessen, was der Held ihr bieten kann. Einer Ehe in Verärgerung und schweigender Herablassung zieht sie die Einsamkeit vor. Verantwortung nicht nur für die eigenen romantischen Träume von Ehe, sondern auch für die Enttäuschung dieser Aspirationen anzunehmen heißt für sie so zu handeln, dass mit der Entsagung der Traum von Glück dennoch – oder eben deshalb – in Erfüllung geht.

Cavells Bezeichnung für diese Filmgattung deutet es an: Während es in der *comedy of remarriage* darum geht, die Heldin erkennbar zu machen, dreht sich das Melodrama um deren Unerkennbarkeit. Es geht hier jeweils um einen Wissensdrang, der am Begehren der Frau hängt. Von der Existenz der Anderen zu wissen, diese in ihrer Eigenständigkeit anzuerkennen und in dem Wissen um diese Anderen, das immer auch deren Unwissbarkeit einschließt, die Überwindung des Zweifels an der Gewissheit der eigenen Existenz zu erfahren, diese Erkenntnis hat Cavell in seiner Lektüre des *Wintermärchens* herausgearbeitet. Das Melodrama der *unknown woman* ergänzt seine Überlegungen zu Shakespeares Stücken, insofern die Verweigerung der Anerkennung hier anders als in der Tragödie nicht zum Tod der Betroffenen führt. Das Verlangen nach Eigenständigkeit wird aber auch nicht, wie in der Komödie, in das geglückte Gespräch einer Ehe überführt, das ein Morgen und ein Übermorgen verspricht. Zwar geht es auch im Melodrama um das Begehren der Frau, sich einem Anderen verständlich zu machen, nur muss sie erkennen, dass dies mit dem Mann, den sie geheiratet hat, unmöglich ist. Die Einsicht in ihre unausweichliche Isolation, die die Heldinnen dieser Filmgeschichten dazu bringt, ein Leben der Einsamkeit zu wählen, will Cavell jedoch nicht als Ausdruck einer Selbstopferung lesen. Vielmehr entdeckt er darin eine selbstermächtigende Entscheidung, den für das Subjekt entscheidenden Kern der Unerkennbarkeit zu bewahren. Die Heldin entschließt sich bewusst dazu, unverständlich (*unintelligible*) zu bleiben.

Zum Skeptizismus stellt das Melodrama für Cavell in dem Sinne einen anderen Bezug her, als dieses Genre das Unvermögen der Heldin, sich ihrem Gatten verständlich zu machen, bis zum Exzess theatralisiert. Gleichzeitig erlangt sie Selbstgewissheit, indem sie zu sagen lernt: ›jetzt existiere ich, weil ich für mich selber spreche‹. Indem sie ein Wissen *von sich* und *für sich* gewinnt, indem sie radikal auf ihrer *separateness* besteht und sich von ihrem Gatten abwendet, kann sie sich ihrer Freiheit zuwenden und ihr Dasein für sich selbst beanspruchen. Auch am Ende des Melodramas wird eine Frau neu geschaffen, jedoch eine von ihrem Gatten unabhängige. Die Ehe, von der sie sich abkehrt, hat ihr die Worte verschlagen, weil ihr Gatte sie nicht wertschätzen kann. Die Entdeckung der eigenen, von ihrem Gatten unabhängigen Stimme ermöglicht ihr schließlich die Selbstschätzung (*capacity to count*). Der Traum eines geglückten Gesprächs zwischen Eheleuten bricht im Melodrama zusammen, weil die Heldin sich nicht im Sinne ihres Mannes neu schöpfen lässt, stattdessen ihre Geschichte für sich behält und sich ihm und seiner Welt entzieht. Abgeleitet von der *comedy of remarriage* wirft das Melodrama der *unknown woman* ein kritisches Licht auf deren Happy End. Die Frau, zu der Katherine Hepburn am Ende von *Phila-*

delphia Story wird, mag Zeichen ihrer kritischen Selbstbetrachtung sein. Dennoch stellt ihre Neugeburt auch den Akt einer Angleichung dar, einer Übernahme der Bilder, die Andere auf sie projiziert haben.

In seiner Betrachtung des Melodramas geht es Cavell (wie in seiner Lektüre des *König Lears*) hingegen um die Frage der Selbstentblößung. Was auf der Ebene der Geschichte vor dem Mann verborgen bleibt, wird vom Regisseur gezeigt. Wieder rückt Cavell die Differenz zwischen Filmgestalt und Star in den Vordergrund: Was den weiblichen Star des Melodramas auszeichnet, ist dessen Fähigkeit, sich vor der Kamera sichtbar zu machen. Darin ergibt sich eine Nähe zu Emersons Version des *ego cogito*, sagt dieser seinen Mitbürgern doch eine Angst vor dem ›Ich bin‹ nach; Angst davor, sich ungeschützt dem Bewusstsein der Anderen auszusetzen. Die meisten Menschen, folgert Emerson, existierten nicht, sondern suchten die Welt gleichsam als Geister heim. Um eine Überwindung dieser Geisterhaftigkeit (*ghostness*) geht es in den Melodramen der *unknown woman* sowohl auf einer individuellen wie auf einer kollektiven Ebene. »Der Preis für Emersons Beweis der menschlichen Existenz, unsere Bloßstellung (*exposure*) gegenüber dem Bewusstsein Anderer«, hält Cavell fest, »besteht darin, dass unsere Beziehung zu uns selbst eine theatralisierte ist, eine veröffentlichte (*theatricalized, publicized*).« Auch diese Selbstdarbietung ist für Cavell von nationaler Bedeutung. Denn er geht davon aus, dass das amerikanische Kino in seinen besten Momenten teilhat an dem von Emerson geforderten Anspruch auf Selbstreflexion (*self-thought*) und Selbsterfindung (*self-invention*): »Es beinhaltet den Raum und den kulturellen Druck, ein Verlangen nach Denken zu befriedigen, die Ambition einer begabten Kultur, sich selbst öffentlich zu untersuchen.« (CT: 72)

Mit einem Buch in der Hand steht die von Barbara Stanwyck gespielte Stella am Anfang von King Vidors *Stella Dallas* (1937) am Gartenzaun und versucht, die Aufmerksamkeit des eleganten Stephen Dallas auf sich zu ziehen. Sie ist die Tochter eines Fabrikarbeiters, und von der Ehe mit diesem wohlerzogenen Mann aus gutbürgerlichem Hause erhofft sie sich den gesellschaftlichen Aufstieg. Wenige Monate zuvor hat er seine Jugendliebe Helen verlassen und ist nun dankbar dafür, dass Stella ihn aus seiner Einsamkeit zu holen verspricht. Abends gehen sie gemeinsam ins Kino, und King Vidor zeigt uns Stellas Tränen beim Anblick des Kusses, mit dem die Heldin auf der Leinwand den Heiratsantrag des Helden annimmt. Auf dem Nachhauseweg erklärt sie Stephen, sie sehne sich danach, so kultiviert zu sein wie er, was für sie heißt, so gebildet und wortgewandt zu sein wie die Stars im Kino. Sie könne lernen, versichert sie ihm, wie er zu sprechen, sich zu verhalten wie er. Der Kuss, den er ihr daraufhin gibt, unterbricht den Fluss der Wörter und führt in der Filmhandlung ohne Übergang zur Heirat. Doch ein Jahr später muss Stella das Scheitern ihres Versuchs einsehen, an der Seite eines Mannes, den sie wie einen Filmstar bewundert hat, ein ihr fremdes Leben in vornehmem Wohlstand zu führen. Sie verbietet ihrem Gatten, sie zu erziehen und verweigert damit, was in der *comedy of remarriage* die Grundbedingung der Ehe ist. Stattdessen macht sie ihrem Ehemann den Unterschied ihrer Einstellungen und Geschmäcker nur umso deutlicher fühlbar.

Selbst die Geburt ihrer Tochter Laurel, die beide Eltern überschwenglich lieben, kann die Ehe nicht zusammenhalten. Stephen, der bald darauf aus beruflichen Gründen ohne seine Familie nach New York zieht, findet dort zu seiner verwitweten Jugendliebe Helen zurück. Mit ihr würde eine Ehe gelingen, weil sie dieselbe Sprache sprechen, denselben Habitus haben. So verbringt Stephen immer mehr Zeit in dem eleganten Heim, das Helen für ihre beiden Söhne eingerichtet hat. Stella hingegen erträgt die Entzweiung von ihrem Gatten, weil sie für ihre Tochter

Laurel jenen gesellschaftlichen Aufstieg erhofft, der ihr durch ihre Herkunft versagt bleiben muss. Sie bietet ihr eine Ausbildung an einer guten Schule und ermöglicht ihr, sich in der Welt jenes großbürgerlichen Wohlstands einzurichten, in die sie nicht passt und auch nicht passen will, weil ihr exzentrischer Geschmack Laurels neuen Freunden nur als Vulgarität erscheinen kann. In der *peripeteia* des Films inszeniert Stella einen Streit mit Laurel, um die gewaltsame Ablösung der Tochter herbeizuführen. Laurel wäre aus Liebe zu Stella bereit, das für sie ersehnte Leben eines kultivierten Luxus aufzugeben; sie will, mit Freud gesprochen, jene präodipale Bindung zu ihrer Mutter noch nicht aufgeben, wie es für ihr Erwachsenwerden nötig wäre. Um die Trennung von ihrer Tochter zu beschleunigen, willigt Stella in eine Scheidung ein, und Laurel kann von ihrem Vater und Helen, die dieser bald darauf heiratet, aufgenommen werden. In der Schlusssequenz des Films schreitet Laurel in deren stattlicher Villa zum Hochzeitsaltar, nachdem sie eingesehen hat, dass ihre Mutter an dieser Zeremonie nicht teilnehmen kann. Sie kann nur annehmen, sie tue dies aus Furcht, durch ihr unpassendes Auftreten die Braut zu beschämen.

Der Film folgt einer ernüchternden Logik: Weil sie auf ihr eigenes Glück als Mutter zu verzichten bereit ist, vollzieht Stella das Versprechen, das sie in Laurel gesetzt hat, und gerade in diesem Opfer liegt ihr eigentliches Glück. Das Hinsehen und Innehalten, auf das dieses Melodrama hinausläuft, indem Stella von ihren narzisstischen Erwartungen absehen kann, verhindert für Mutter und Tochter eine Abtötung von Welt und führt stattdessen zum Anbruch eines neuen, wenngleich viel versehrteren Tages, als dieser die *comedy of remarriage* gewöhnlich beschließt. Die quälende Erfahrung, die die Dramaturgie von *Stella Dallas* im Betrachter auslösen will, ist Ausgangspunkt für Cavells Lektüre. Die erschütternde Szene in einem Luxushotel, die Stella durch ihre ungeheuerlich flamboyante Aufmachung zum Objekt des Spotts werden lässt, bezieht ihre melodramatische Prägnanz nicht aus der Katastrophe eines Missverständnisses über die Angemessenheit ihres Verhaltens. Schrecklich ist diese Szene für Cavell, weil Stella, die die geschmackvolle Garderobe ihrer Tochter selbst genäht hat, genau weiß, welch schockierende Wirkung sie auf die feine Gesellschaft haben wird. Ihre vulgäre Selbstinszenierung setzt sie bewusst als Ablösungsstrategie im Dienste Laurels ein (*separating*), weil sie längst begriffen hat, dass sie zwar ihrer Tochter jenes kultivierte Benehmen beibringen kann, das dieser einen gesellschaftlichen Aufstieg ermöglichen wird, sie selbst sich aber diesen Lebensstil nie glaubwürdig wird aneignen können. Wenn sie im Hotel alles daransetzt, der feinen Gesellschaft widerwärtig zu erscheinen, dann nicht, weil diese Vulgarität ihrem Stil entspricht, sondern weil sie nun regelrecht die Ablehnung dieser Gesellschaft, in die sie nie passen wird, sucht.

Entscheidend an Cavells Lektüre von *Stella Dallas* ist, dass er die Heldin nicht als Opfer ihrer Lebensumstände sieht, was uns – wie in seiner Tragödientheorie – als Zuschauende zur Anteilnahme an ihrem Leid verpflichten würde. Die Ambivalenz der Szene schreibt er nicht dem emotionalen Ringen Stellas zu, die sich das Wohl ihrer Tochter nur als Konsequenz ihrer Selbstentsagung vorstellen kann, sondern uns, die wir den unerhörten Auftritt, mit dem sie dieses Selbstopfer vollzieht, beobachten. Hatte sie sich am Anfang des Films mit der Eleganz der Stars einer Liebeskomödie identifiziert und diese in ihrer Ehe erfolglos nachzuahmen versucht, so spielt sie nun ebenfalls eine Szene aus einem Film, allerdings hat sich die Gattung geändert: Wir werden, wie es Cavell zufolge auch die Tragödie fordert, zu Zeugen einer Szene der Abtretung (*assignation*). Stella gelingt, was nach Cavell den Helden der Shakespearetragödie versagt bleibt und Leontes im *Wintermärchen* nur am Ende zu begreifen vermag. Sie dankt ab als mütterliche Figur der Identifikation, zwingt die Tochter auf schmerzhafte Weise, sich emotional von ihr abzulösen, besteht auf Trennung. Die Denkformel, die Cavell in seinen Lektüren Shakespeares entwickelt hat, passt auch auf das Melodrama der *unknown woman*. Die Anerkennung der Unabhängigkeit (*separateness*) der Tochter ist die Voraussetzung dafür, dass Stella lernt, jenes Selbst zu werden, das sie (wenn auch unbewusst) immer schon war. Das bedeutet aber auch: Sie muss sich als eine Frau jenseits der Kinobilder anerkennen, an denen sie sich orientiert hat.

Signifikant ist für Cavell die Parallele zwischen der Szene im Kino am Anfang des Films und der Abschlussszene. Hatte Stella dort andachtsvoll den Kuss der beiden Liebenden auf der Leinwand beobachtet und daran den Wunsch geknüpft, so kultiviert wie Stephen Dallas zu werden, so steht sie nun vor dem Fenster der Villa ihres geschiedenen Mannes – als wäre auch dies eine Filmleinwand. Die Hochzeitszeremonie, die sie dort erblickt, wiederholt jene fantasierte Filmwelt, von der sie einstmals eingenommen war. Hatte sie damals in Gedanken versunken an der Krempe ihres Hutes geknabbert, so presst sie nun in der andachtsvollen Erwartung auf das Ende ihres eigenen Films und des Films ihrer Tochter ihr Taschentuch zwischen die Zähne. Wie Cavell festhält, blickt sie auf ihre Tochter, als wäre diese ein öffentlicher, unnahbarer Star jener Filmgattung der romantischen Komödie, die nie die ihre hat werden können. Als Star einer anderen Filmgattung, des Melodramas, steht sie hingegen gemeinsam mit fremden Zuschauern im Regen vor dem Haus, das durch einen Eisenzaun von ihr abgeschirmt ist. Helen, die den Film hindurch Stellas Großherzigkeit als Einzige begreift und würdigt, hat die Vorhänge zum Wohnzimmer, in dem die Zeremonie stattfindet, öffnen lassen, so als hätte sie geahnt (oder gehofft), dass es eine geheime Zuschauerin geben wird. Eine Menschenmenge hat sich um Stella geschart, doch sie allein ist von den Scheinwerfern beleuchtet. So gewinnt der Zuschauer den Eindruck, dass die Szene, die sie – einem Kinozuschauer gleich – durch die Fensterscheibe erblickt, sie gleichsam moralisch erleuchtet. Zugleich visualisiert King Vidor mit dieser Ausleuchtung seiner Schauspielerin Barbara Stanwyck, dass Stella am Ende der eigentliche Star des Films *Stella Dallas* ist, ein Film, der die melodramatische Auflösung jenem Schluss der Komödie vorzieht.

In dieser Szene bittet ein Polizist Stella schließlich, zusammen mit den anderen Schaulustigen weiterzugehen. Doch sie fleht ihn an, noch einen Augenblick länger vor dem Fenster verweilen zu dürfen. Sie möchte, so erklärt sie dem Gesetzesvertreter, das Gesicht der Braut sehen. Wie in *Philadelphia Story* wird auch dieser Kuss am Altar (die Bildformel der geglückten Trauung) gestört, denn nicht von der Braut bietet Vidor eine Nahaufnahme, sondern von der Mutter. In ihrem Gesicht können wir die Tränen des Glücks erblicken, die die Erfüllung eines Traums bezeugen, den die Tochter an ihrer Stelle leben wird. Zugleich bezeugen diese Tränen eine Übertragung ihrer Fantasien auf Laurel, die einer Überwindung dieser Fantasien gleichkommt. Entzückt und begeistert wendet sich Stella Dallas vom Fenster (der Filmleinwand) ab und schreitet in den dunklen, offenen Raum, während die Kamera zurückfährt, um bis zum Schluss ihr Gesicht in einer Nahaufnahme festzuhalten. Stellas Tränen lösen sich langsam in ein strahlendes Lächeln auf. Sie lässt die elegante Welt des Wohlstands, nach der sie sich seit dem Besuch im Kino mit ihrem Gatten gesehnt hat, und den einzigen Menschen, den sie noch immer liebt, bereitwillig hinter sich und läuft direkt auf uns zu.

Was, fragt Cavell, hat Stella im Gesicht ihrer Tochter gesehen? Wir können nur mutmaßen, dass deren verzückter Ausdruck ihr die Gewissheit gibt, Laurel habe die Erfüllung ihrer Glücksträume nun erlangt. Zufrieden über das Resultat ihres

Selbstopfers kann Stella sich vom Blick der Tochter – aber auch von unserem – zurückziehen. Dieser Gang stellt den Vollzug ihrer eigenen Bildung dar, hat sie doch ebenfalls anerkannt, dass die kultivierte Welt der Kinoleinwand, die sie anfangs so tief ergriffen hatte, ihr nicht entspricht. Cavell kommentiert die Szene folgendermaßen: »Können wir uns vorstellen, dass wir es in dieser Szene mit einem von Emerson und Thoreau entlehnten Bild dessen zu tun haben, was Nietzsche den Schmerz der Individuation nennen wird; jener Leidenschaft, die Thoreau dazu veranlassen wird, sein *Walden* zu errichten, und die in seinem skandalösen Wortspiel mit dem Begriff des *mo(u)rning* zum Ausdruck gebracht wird, der Umgestaltung von Trauer (*mourning*) als Kummer in Morgen (*morning*) als Morgenröte und Ekstase?« (CT: 212) Wie in der *comedy of remarriage* haben wir es auch im *melodrama of the unknown woman* mit einer Transformation der Heldin zu tun. Indem sie dem Fenster, hinter dem die Trauung ihrer Tochter vollzogen wird, den Rücken zuwendet, führt Stella uns vor, dass sie nicht nur frei ist, ihren geschiedenen Gatten zu verlassen, sondern auch die Konsequenzen jener Ehe zu tragen, von der sie glaubte, diese könne sie verwandeln. Wie ihr neues Leben aussehen wird, ist dabei weniger bedeutsam als der Umstand, dass sie sich mit dieser Abkehr einer wenn auch offenen Zukunft zuwendet. Genauso entscheidend ist freilich, dass sie auf uns zuläuft. Denn mit dieser Abwendung vom Happy End der Komödie stellt sie die wesentlich ambivalentere Auflösung des Melodramas als Weltanschauung zur Schau.

Die Neugeburt von Stella Dallas, ihre Geburt als eine Frau, die auf ihrem idiosynkratischen Geschmack beharrt, die das Nachdenken über ihre eigene Existenz allein auf sich nimmt und die so souverän und gelassen in sich ruht, als hätte sich die Leinwand, die wir sehen, zu ihrem inneren Blick verwandelt, diese Frau kündigt die Schöpfung eines Stars an: Barbara Stanwyck. Am

Anfang von *Stella Dallas* erinnert sie noch an die findige junge Geliebte des Stummfilms, die ihre jugendliche Schönheit einsetzt, um den wohlhabenden Mann zu ergattern. In der Hotelszene parodiert sie jene erotische Flamboyanz, die den frühen Tonfilm derart in Verruf gebracht hatte, dass mit dem Hays Production Code jene Zensur erotischer Freizügigkeit eingeführt wurde, der sich auch Katherine Hepburn beugen musste. Nun läuft sie in einem unscheinbaren Hut und Mantel, ungeschminkt und scheinbar ohne Glamour an uns vorbei. Sie hat eine Zukunft, und zwar nicht nur, wie Cavell bemerkt, durch unser nachträgliches Wissen, dass sie als Star von *Union Pacific* (Cecil B. DeMille), *Lady Eve* (Preston Sturges), *Double Indemnity* (Billy Wilder) und *Ball of Fire* (Howard Hawks) auf die Leinwand zurückkehren wird. Ihre Geburt als Star erkennen wir daran, dass die Kamera sie bereits als Star gegenwärtig macht, ihrem Gang und ihrem Gesichtsausdruck bis zum Schluss die ungeteilte Aufmerksamkeit schenkt. Wie *Philadelphia Story* läuft somit auch *Stella Dallas* auf jene Selbstreflexion des Kinos hinaus, die nach Cavell das Markenzeichen des Gesprächs zwischen Philosophie und Hollywood ist. Die Aussicht auf Stanwycks Rückkehr, ihre Reinkarnation als Star in künftigen Filmen, ist das Versprechen, mit dem der Film uns entlässt.

Es ist in zweifachem Sinn entscheidend, dass die Geburt des Stars Barbara Stanwyck eine Abwendung von jener eleganten Filmkomödie voraussetzt, die Stellas Traum einer Selbstverbesserung in Gang gebracht hat. Kulturhistorisch entspricht diese Abkehr nicht nur der vom Hays Production Code geforderten Selbstzensur des Kinos, der sowohl jener überschwengliche Luxus, den Veblen zur gleichen Zeit anprangerte, zum Opfer fiel wie auch die fröhliche Ausgelassenheit der Filmgeschichten über die Demimonde und die Arbeiterschicht mit ihrer sexuell expliziten Filmsprache. Sie entspricht auch jener von Cavell als Merkmal des *moral perfectionism* beschriebenen Transfiguration. »Der Emersonianismus der Filme, über die ich als Genre geschrieben habe«, hält er fest, »zeigt Menschen wie auf einer Art Reise, die von jenem Zustand wegführt, den Emerson mit Konformität beschreibt und hinführt zu dem Zustand, den er als Selbstvertrauen (*self-reliance*) bezeichnet; eine Bewegung weg von dem Zustand, in dem man die Welt heimsucht (*haunting the world*) und hin zu dem Zustand, in der Welt zu existieren.« Diese Bewegung, fährt Cavell fort, könne man verstehen als die Behauptung eines eigenen *cogito ergo sum*, »als die Befähigung, für sich selbst zu denken, die Welt zu beurteilen, seine eigene Erfahrung der Welt zu erlangen« (CT: 220). Das Verlangen (*demand*) der Heldin nach einer eigenen Stimme, nach einem angemessenen Selbstausdruck, auf den sie ihre – und damit auch unsere – Aufmerksamkeit richtet, reagiert also auf etwas, das Emerson als einen Anspruch auf das Selbstdenken versteht.

Paradigmatisch arbeitet Cavell an dieser Abschlussszene heraus, worum es ihm bei dem *melodrama of the unknown woman* philosophisch geht: die Frage nämlich, wie das von diesem Genre exzessiv dargebotene Selbstopfer zu verstehen ist. Indem Stella sich von dem Fenster abwendet, nimmt sie sich das Recht, jene Welt, die von ihr fordert, sie müsse ihren Selbstausdruck aufgeben, für zweitklassig zu befinden, diese abzulehnen, sie zu transzendieren. Sie opfert nicht sich, sondern ihren Traum einer geglückten Ehe. »Stellas Geschenk ihrer Tochter sowie ihre Gabe an ihre Tochter, schmerzhaft wie dieser Entschluss auch sein mag, ist nicht buchstäblich (*not precisely*) oder eben gerade nicht (*precisely not*) ein Selbstopfer.« (CT: 184) Von der ersten Einstellung des Films an hatte Stella auf der Leinwand eine geisterhafte Existenz angenommen. Ihre Sichtbarkeit war daran geknüpft, dass sie sich in die Fantasiewelt des begehrten Mannes einzuschreiben versuchte. In der Abschlussszene hingegen wendet sie sich von dieser kinematischen Welt ab, läuft auf uns zu – und dann an uns vorbei. Was King Vidor uns hier vorführt, ist nicht die Pathosformel der Tragödie, die ein Wissen um die Existenz der Anderen um jeden Preis vermeiden will. Indem Stella/Stanwyck in eine Welt jenseits der unseren tritt, zeigt sie uns, dass wir sie nicht kennen können, weil sie unweigerlich eigenständig (*separate*) ist. Nachdem Stella ihren Schmerz vor der Kamera ausgiebig ausgestellt hat, macht Stanwyck die Grenzen dieser Preisgabe (*exposure*) sichtbar. Sie wendet sich nicht von uns ab, sondern zwingt uns anzuerkennen, dass von der Frau, an deren Projektion auf der Leinwand wir teilhatten – der Heldin wie dem Star – ein Kern von Unerkennbarkeit bleibt. Sie hat ein Verhältnis zur Welt gewonnen, aber es ist keines, das sie mit uns teilt.

Für Cavells Vorliebe für die Gattung des Melodramas lässt sich noch ein weiterer autobiografischer Beweggrund feststellen. Beginnt *The World Viewed* mit einer Beschreibung der wöchentlichen Kinobesuche mit seinen Eltern, so endet *Contesting Tears* mit der Erinnerung an eine für seine Mutter typische Stimmung, genauer ihre Migräne, die Cavell nachträglich als Verlangen nach Aufmerksamkeit deutet. Die Therapie bestand für jene Frau, die in Atlanta zu einer prominenten Pianistin wurde, darin, in einem abgedunkelten Zimmer Klavier zu spielen. Doch nicht nur diese mütterliche Stimmung bringt Cavell in einen Bezug zu seiner Vorliebe für King Vidors Melodrama. Als letzte Stimme, die in seinen Betrachtungen zum Hollywood-Kino mitschwingt, ist auch die seiner Mutter zu vernehmen, die, um von ihm oder seinem Vater die Meinung über ein neues Kleidungsstück zu hören, gern gefragt habe: »Zu Stella Dallas? (Too much Stella Dallas?)« Diese Frage wurde häufig am Freitagabend gestellt, wenn die Eltern und ihr Sohn sich für den gemeinsamen Kinobesuch vorbereiteten. Schon damals, meint Cavell sich nachträglich zu erinnern, habe er gewusst, dass der Hinweis seiner Mutter auf die Filmgestalt

Stella Dallas nicht einer Figur galt, von der sie sich gänzlich distanzieren wollte. »Ihre Frage betraf eher den besorgten Wunsch, eine gewisse Offensichtlichkeit der Zurschaustellung ihrer Person abzuwenden, und nicht, ihr Verlangen danach, bemerkt zu werden, in Abrede zu stellen.« (CT: 200)

An dieser Gefühlsambivalenz seiner Mutter gegenüber der amerikanischen Kultur, in die sie wie so viele andere jüdische Immigranten im 20. Jahrhundert ihre Hoffnung setzte, macht Cavell eine Aporie sichtbar, die ebenso sehr mit der Erfahrung von Amerikanern der zweiten Generation zu tun hat wie mit der für das Erwachsenwerden notwendigen Abspaltung der Tochter von ihrer Mutter. Denn die Kinder der Einwanderer konnten durchaus der gebildeten, anständigen (*proper*) Gesellschaft angehören, wenngleich diese Möglichkeit mit strengen Forderungen an ihre Aussprache, Haltung und Kleidung verbunden war. Diese bedeuten für Cavell freilich ein Risiko, weil sich weder mit Sicherheit sagen lässt, was in Amerika für anständig (*proper*) befunden wird, noch wie wichtig dieses einwandfreie Benehmen überhaupt ist; die Forderung nach Konformität entpuppt sich als gleichermaßen absolut wie gänzlich undurchschaubar. »Solch ein Kind – ich spreche aus Erfahrung – erkennt eine Unterwerfung an ein bekanntes *double bind*«, erklärt Cavell. »Wenn ich nicht anders als sie (meine Eltern) bin und nicht in eine Gesellschaft eintrete, der sie nicht angehören können, um mit meiner geglückten Ankunft in der ihnen unzugänglichen amerikanischen Kultur ihr eigenes Opfer zu rechtfertigen, wie können sie mich lieben? Wenn ich anders bin als sie und dort eintrete, wo sie nicht hingehören, wie können sie mich lieben?« (CT: 213) Für diese Aporie der Immigration gibt es keine Lösung. Barbara Stanwyck, die 1907 als Ruby Catherine Stevens in Brooklyn geboren wurde, verkörpert mit ihrem Gang in eine offene, noch unbestimmte Zukunft nicht nur die Gefühlsambivalenz einer Mutter aus der Arbeiterschicht, die in der anständigen Gesellschaft ihres Ehemanns nie ankommen konnte. Sie verkörpert auch die Immigrantentochter, die als Hollywoodstar den *american dream* erfüllen wird. Dass wir diese Umwandlung als melodramatische Verschränkung von Aufopferung und Selbstbestimmung auf der Leinwand vorgeführt bekommen, bezeugt einmal mehr das Gespräch, dass das amerikanische Genrekino mit der Kultur, aus der es entsprungen ist, unterhält; absolut und undurchschaubar wie die demokratische Vorstellung davon, was es heißt, an dieser Kultur teilzuhaben.

6. Die Frage des Fortlebens

Die Erbschaft Wittgensteins, die Stanley Cavell seit seiner ersten Aufsatzsammlung *Must We Mean What We Say* bewusst anzutreten versucht hat, kann sich nicht zuletzt auf dessen Porträt des modernen Denkers berufen, der auf der Suche nach einem Ruhepunkt rastlos und ohne Heimat bleibt. Im Zeichen dieses Vorbilds halten Cavells Schriften uns an, unterwegs zu bleiben, und erheben Wiederholung und Aufschub zum Denkprinzip. Immer neu setzt Cavell bei dem Fragment eines Textes, bei einer dort entfalteten Denkfigur an, betrachtet sie aus einem anderen Winkel und spricht sie mit einer anderen Intonation wieder und wieder an. Nur zu offen gesteht er, dass er beim Schreiben gewohnheitsmäßig daran scheitere, die Dinge gleich richtig zum Ausdruck zu bringen. Dann könne er nicht ruhen, bis die Dinge so gut ausgedrückt sind, wie sie sich nur ausdrücken lassen. So nimmt er immer wieder Anlauf und zieht auf diese Weise langsam einen neuen Kreis um altvertraute Fragen.

In der Einleitung zu *The Claim of Reason* spricht er auch einen anderen prägenden Zug seiner Arbeit an, nämlich die Doppelgleisigkeit (*divided states*). Sie äußert sich als Verschränkung von philosophischem Schreiben mit lebensweltlicher Erfahrung. Den autobiografischen Imperativ, der sich von Anfang an durch seine Schriften zieht, begreift er nicht als persönlichen Ausdruck, sondern als den Versuch, die Entwicklung eines Denkenden nachzuvollziehen: zu verstehen, was es heißt, zu denken, jene Erfahrungen offenzulegen, die das Denken und das Schreiben bewirken und verändern. Die Erfahrung erweist sich dabei einerseits als Kriterium des ästhetischen Urteils, bringt aber auch die Verantwortung mit sich, von dieser Doppelgleisigkeit im Denken und Schreiben zu berichten, vom Rückzug aus der Welt und jener erneuten Hinwendung zur Welt, die eine Verhaftung der Philosophie im Autobiografischen erfordert.

Diese Rückkehr zur Welt, die Cavell in Anlehnung an Wittgenstein das Zurückführen von Wörtern ins Gewöhnliche (*ordinary*) nennt, ist an einen weiteren Imperativ gebunden, nämlich an die Forderungen des *moral perfectionism*. So rastlos das Dasein des modernen Denkenden auch sein mag, letztlich bleibt er sich und seinen Mitmenschen verpflichtet. Er muss über sein Leben Rechenschaft ablegen und muss sich dafür verantworten, wenn er aus der *Anonymität* eines Alltäglichen, das ihn weder bemerkt (*unintelligible*) noch versteht (*unknowable*), ausbrechen, seine Stimme zur Geltung bringen und Gehör finden will. Als Denkender zu zählen (*count*) und immer wieder von sich zu erzählen (*recount*) liegen im Denken Cavells so nah beieinander, wie die Vorstellung, den Anderen anzuerkennen (*acknowledge*) und auf diese Anerkennung eine Antwort (*response*) zu erhalten, die Vorstellung der Verantwortung (*responsibility*) impliziert. Dabei folgt Cavell nicht zuletzt Kant, der in seiner *Kritik der reinen Vernunft* vom Skeptiker als nomadischem Menschen spricht, kann doch jene Doppelgleisigkeit zwischen Philosophie und Autobiografie ebenso auf die gegenseitige Bedingtheit von philosophischem Dogmatismus und Skeptizismus übertragen werden.

Die Auseinandersetzung mit seinem Lehrer John L. Austin hat Cavell nicht nur zu der Einsicht geführt, dass der Skeptizismus ein Grundzug des modernen philosophischen Denkens ist, dessen Möglichkeit man annehmen und auf dessen Notwendigkeit man antworten (*answer*) muss. Seine nachhaltige Beschäftigung mit dem *threat of skepticism* hat ihn schließlich auch dahin gebracht, eine weitere Doppelgleisigkeit (*division*) auszuloten, nämlich diejenige zwischen dem Schreiben der Philosophie und dem Schreiben der Literatur, die er als eine Spaltung innerhalb unserer Kultur und zugleich als eine ihrer maßgeblichen Instanzen versteht. Man könnte von einem kulturellen Selbstgespräch reden. Immerhin, Cavell war einer der ersten Philosophen, der nicht nur an Stücken Shakespeares eine dramatische Inszenierung der skeptizistischen Problematik zu erweisen vermochte, mit dem Genrekino Hollywoods – vornehmlich der Komödie und dem Melodrama – hat er der Philosophie eine andere Antwort auf den Entzug von Welt und den Abbruch eines Gesprächs, den ein radikaler Zweifel an der Existenz des Anderen und damit auch an der eigenen Existenz zur Folge haben kann, erschlossen. Seine Haltung der Unentschiedenheit (*unsettled motion*), die er für den Zustand (*state*) der Philosophie als kulturelle Tatsache (*cultural fact*) als die eigentlich angemessene betrachtet, bringt die mit Kant beginnende Doppelgleisigkeit von Dogmatismus und Skeptizismus in eine andere akademische Tonlage. Und so ist es Cavell gelungen, als Philosoph erfolgreich in jenen fremden Gefilden der Literatur, des Films und der Oper zu wildern, für die sich bis heute eher die Kulturwissenschaften zuständig erklärt haben. Gegen die institutionalisierte Eingrenzung der Philosophie auf ein festgelegtes Terrain versucht er denkend an keinem institutionellen Ort zu sein, disziplinäre Abgrenzungen zu überschreiten und aus dem gewohnten Gleis auszubrechen.

Aus diesem Hang zur Offenheit erklärt sich auch seine Vorliebe für bestimmte Denkfiguren, etwa die von Thoreau aufgedeckte Verwandtschaft zwischen leiser Verzweiflung (*mourning*) und ekstatischer Erwartung (*morning*) oder den von Heidegger und Freud entwickelten Begriff eines Unheimlichen als Ausdruck einer existenziellen Fremdheit in der Welt bzw. einer Selbstentfremdung, die Angst und Erstaunen hervorrufen können. Ebenso ist Cavells Denken von der Vorstellung einer gegenseitigen Verschränkung von Verlust und Gewinn geprägt, denn die Erfahrung der Preisgabe, des Entzugs von Welt (*abandonment*) ist für die Rückgewinnung einer moralisch vertretbaren Existenz im Gewöhnlichen, in einem Morgen und einem Übermorgen, konstitutiv. Zugleich kann die Hinfälligkeit und Versehrtheit aus der neu gewonnenen Selbstversicherung, der wiedergefundenen Behausung in der Welt und der Sprache aber nicht getilgt werden. Die Verfügbarkeit von Sprache, die Gewissheit einer existierenden Welt, die man im Akt des Denkens erringt, sind kein sicherer Gewinn. Das dem Menschen eigene Verlangen, sich verständlich zu machen, bleibt mit der Unsicherheit behaftet, ob man vom Anderen je verstanden werden kann, ja ob man sich überhaupt selbst je versteht.

Der vom Skeptizismus in Umlauf gebrachte Zweifel kann nie endgültig ausgeräumt, erledigt oder abgewickelt werden (*settled*). Er kann nur abgewendet (*averted*) werden, indem man ihm gegenüber ein anderes Verhältnis einnimmt und eine Haltung der Anerkennung zum Anderen gewinnt, die zugleich eine Infragestellung der Selbstgewissheit bedeutet. Die von Cavell kultivierte Doppelgleisigkeit verschränkt ein Begehren, in einem kulturellen Umfeld anzukommen und sich als Denker, Autor und Lehrer institutionell darin einzupassen, mit einem ebenso ausgeprägten Wunsch, nie ganz und nie für immer angekommen zu sein. Dabei verknüpft er den Wunsch, eine authentische Stimme zu finden, mit der Selbstverpflichtung, diese immer auch zu hinterfragen und den Selbstausdruck an den eigenen Erwartungen zu messen. Der Philosophie eine unentschiedene Bewegung zu geben heißt so, immer wieder zu denselben Fragen und Denkbildern zurückzukehren und nochmals neu anzusetzen. In der fortwährenden Auseinandersetzung mit den eigenen Schriften, im Selbstzitat, verschriftlicht sich dieses Selbstgespräch.

Cavells Rhetorik des Aufschubs dient dazu, sicherzustellen, dass die Bedeutung dessen, was er sagt und tut, gegen die Zukunft offen bleibt und bringt uns zur Einsicht, dass die Sprache notorisch unvollendet, unangemessen, bruchstückhaft ist. Weil wir dazu neigen, entweder zu wenig oder zu viel zu sagen, hält selbst die normale Sprache uns in der Schwebe zwischen Ausdruckslosigkeit und einem Überschuss an missverständlichem Ausdruck. Doch wenn dieses Denken im Sinne der Doppelgleisigkeit auch stets den Umschlag von einer Bestimmung in die andere fordert, so folgt auf den melancholischen Zweifel bei Cavell doch stets ein Impuls der Hoffnung. Wittgenstein entlehnt er nicht nur die Einsicht in eine der gewöhnlichen Sprache inhärente Fremdheit, sondern auch die Verpflichtung der philosophischen Rede, zur Sprache zu bringen, was wir einfach nicht *nicht* wissen können (*what we cannot just not know*). Seine idiosynkratische Verschränkung der Philosophie der normalen Sprache mit dem *moral perfectionism* Emersons will jenem Wissen eine Stimme verleihen, das uns einfach nicht unverständlich bleiben darf. Neben der Einsicht, dass auf den Skeptizismus geantwortet werden muss, entwickelt Cavell in seiner Lektüre der Tragödien Shakespeares auch eine Umschrift des Schicksalbegriffs. Das Schicksal liegt nicht in den Sternen, sondern in unserer Hand, in unserer Bereitschaft, für unser Denken und Handeln die Verantwortung zu übernehmen. Diese Bereitschaft zur Aufrichtigkeit hat auch für sein eigenes philosophisches Verfahren Konsequenzen. Wiederholt kehrt Cavell zu jenem pädagogischen Selbstverständnis Wittgensteins zurück, dem zufolge man an einem bestimmten Punkt des philosophischen Austauschs einfach eingestehen muss: ›so handle ich eben‹. Diese Konsequenz bestimmt das eigene Selbstverständnis (*your own sense*), verständlich zu sein (*you make sense*), und bietet dem Anderen die Chance, den Sinn dessen, was man zum Ausdruck gebracht hat, für sich zu entdecken (*discover the sense*).

Cavells vorläufig letztes Projekt ist konsequenterweise der Versuch, seine Autobiografie zu schreiben. Die erste Etappe, unter dem Titel »Excerpts from Memory« in der Zeitschrift *Critical Inquiry* erschienen, beginnt mit einem Eintrag vom 2. Juli 2003: »Die Katheterisierung meines Herzens kann nicht länger aufgeschoben werden. Mein Kardiologe kündigt mir an, er hätte sein Vertrauen verloren, meinen Zustand zu verstehen, basierend auf den Berichten dessen, was ich für Symptome einer Angina hielt, sowie auf der nicht eindringenden Überwachung, die bislang durch Röntgen-Aufnahmen und Angiogramme durchgeführt werden konnte. Wir müssen nun einen direkteren Einblick erhalten in das, was sich innerhalb des Herzens abspielt.« (ExM: 767) Den Versuch, nochmals zu Bruchstücken seines Lebens zurückzukehren, von diesen als einem Leben des Denkens zu berichten (*recount*) und über sich Rechenschaft abzulegen (*account*), versteht er als abwehrende Geste des Standhaltens, die den Todesengel überlisten soll. »Was mich interessiert«, erklärt er, »ist zu sehen, wie jene Wege, die Freud Umwege auf dem menschlichen Pfad zum Tod nennt – also jene Zufälle, denen man ausweicht oder auf die man sich einlässt, Fremde, deren man sich annimmt oder die man vernachlässigt, Talente, die einem aufgezwungen werden oder die man umgestaltet, Boshaftigkeit, die man nur ungenügend zurückweisen kann, Liebe, die man nur unzulänglich anerkennt – für mich erkennbare Versuche markieren, meinen eigenen Tod zu erlangen. Dies also ist es, wovon ich mir die Autorität zu sprechen erwünsche, was das Recht miteinschließt, annehmen zu dürfen, dass etwas auf den Pfaden, die ich eingeschlagen habe, erreicht worden ist, egal wie obskur diese Errungenschaft zu dem Zeitpunkt, an dem ich diese Geschichte beginne, auch sein mag.« (ExM: 770)

In einem noch unveröffentlichten Teil dieses autobiografischen Projekts befragt Cavell sein Werk nachträglich im Hinblick auf den Tod: »Habe ich nicht wiederholt entdeckt, dass das Schreiben, an dem mir am meisten gelegen ist, verstanden werden kann als die Bereitschaft, den Tod ins Zimmer zu lassen?«[116] Walter Benjamin hat in seinem Aufsatz über den Erzähler bemerkt, die Erfahrung sei zwar im Kurs gefallen, aber es sei der Erzähler, der dem Hörer Rat weiß. Angesichts des Todes heißt dies: »Der Tod ist die Sanktion von allem, was der Erzähler berichten kann. Vom Tode hat er seine Autorität geliehen.«[117] Wenn Cavell mit seiner Anerkennung der Hinfälligkeit und Beschränktheit der sprachlichen Ausdrucksmöglichkeiten die Sterblichkeit schon immer als jene Autorität angesprochen hat, die auch den philosophischen Schriften Wittgensteins und Emersons Autorität verleiht, so ist in dem Wissen um den Tod auch die Frage der Erbschaft berührt. In seinem Hang zur Wiederholung, zur Rückkehr zu den eigenen Formulierungen und zu den Formulierungen jener Denker, die als Schutzengel sein Leben begleitet haben, stellt sich die Frage des Fortlebens.

Denkfiguren, Bildformeln und Pathosgesten – ob auf den Schauplätzen seiner Vorgänger, ob auf der Bühne Shakespeares oder im Hollywood-Kino – tradieren Ausdrucksmöglichkeiten. Wie für Aby Warburg ist auch für Cavell ausgemacht, dass eine Kultur kein einmal festgeschriebener Bestand ihrer Bruchstücke (*set of fragments*) ist. Ihre Bedeutung liegt eher in der Transformation. Als methodische Konsequenz dieser Offenheit bringt Cavell Ideen in eine gemeinsame Gedankenrichtung, so dass diese einander fortwährend modulieren und erläutern. Seine Gesten der Wiederholung und der Doppelgleisigkeit sind nichts anderes als Formen des Immer-wieder-neu-Ansetzens. Unterwegs zu sein entpuppt sich somit als philosophische Umschrift der Frage des Überlebens und Fortlebens.

Unter dem Stern des Skeptizismus, der uns ein Wissen um die Hinfälligkeit von Sprache und die Flüchtigkeit von Welt aufdrängt, und angesichts eines Dogmatismus, der dieses Wissen schlicht nicht wissen will, entfaltet Cavell seinen Atlas philosophischer Denkbilder. Gegen die Bedrohung, unverständlich zu sein, und gegen den Mangel und den Überschuss seiner Ausdrucksmöglichkeiten setzt er ein Vertrauen in die Macht der eigenen Schrift. Seine Hoffnung auf die Ausdrucksmöglichkeit von Sprache ist dabei von seinen autobiografischen Erfahrungen bestimmt, bedeutet Amerika für seine jüdischen Verwandten doch den Ort, an dem ein Überleben möglich war. In seinem Aufsatz zu Shakespeares *König Lear* entfaltet er dies so: Bevor es England und Frankreich gab, hat es England und Frankreich gegeben. Doch bevor Amerika entdeckt wurde, gab es kein Amerika. In den letzten Jahren hat er diesen Gedanken weitergeführt: Nach Amerika gibt es, zumindest für heutige jüdische Menschen, keinen weiteren Ort, an den die Reise gehen könnte, für seine Verwandten hingegen war es noch uneingeschränkt ein Ort der Zuflucht und des Aufbruchs. Geknüpft an das Verständnis, was es heißt, ein amerikanischer Philosoph zu sein, entpuppt sich seine Hinwendung sowohl zu den Schriften der amerikanischen Transzendentalisten wie auch zum Hollywood-Kino als konsequente Weiterführung jener unentschiedenen Bewegung (*unsettled motion*), die er der Philosophie nicht nur in ihrem Selbstgespräch, sondern auch in ihrem Gespräch mit der Kultur zuschreibt. Amerika ist der Name einer Kultur, die fortwährend auf der Suche nach sich selbst ist, die diese Entdeckungsreise immer wieder aufnimmt und die an eine erreichbare, wenngleich noch nicht erreichte Demokratie glaubt.

In diesem Punkt laufen die einander fortwährend annähernden (*always just approaching*) Denkfiguren von Cavells Schreiben zusammen. Die Zuversicht auf eine Zugehörigkeit zur Welt, im eigenen Leben, im eigenen Schreiben, hält dem Gefühl von Fremdheit und Rastlosigkeit die Waage. Von einer grundsätzlichen Bruchstückhaftigkeit und Unvollständigkeit des menschlichen Ausdrucks überzeugt, findet Cavell Zuversicht und Fremdheit im Begriff des Gewöhnlichen (*ordinary*) vereint. Einerseits bedeutet eine Verhaftung im Alltäglichen, dass man unbemerkt (*unnoticeable*) ist, den Anderen nicht verständlich (*unintelligible*), von ihnen nicht anerkannt (*acknowledged*) und deshalb, in den Worten Emersons, die Welt als Geist seines wahren Selbst heimsucht (*haunting*). Die leise Verzweiflung, die dieses Gewöhnliche im Denkenden auslöst, lässt diesen überhaupt erst jenen Pfad der Erkenntnis einschlagen, der aus dem Dunkel der eigenen Ängste, dem Chaos der eigenen Ungewissheit und Verlorenheit ans Licht jener Anerkennung der Welt führt, mit der der Skeptizismus umgekehrt werden kann. Dies ist zugleich eine Rückkehr ins Gewöhnliche, jedoch eine durch Einsicht neu modulierte Alltäglichkeit.

Entscheidend aber ist die Frage des Fortlebens. Cavell folgt den psychoanalytischen Prämissen Freuds, indem auch er das Unbewusste als einen Schauplatz versteht, an dem verdrängtes psychisches Material neu figuriert werden kann, das so ins Bewusstsein zurückgelangt und Affekte, Vorstellungen und Wünschen bewahrt. Sein Hang zur Melancholie lässt ihn allerdings auch befürchten, ein errungenes Wissen könne auch wieder aus unserem Blickfeld fallen. Wenn wir unser kulturelles Interesse an diesem Wissen verlieren (*lost*) und nicht mehr bereit sind, ihm unsere Aufmerksamkeit zu schenken, dann wird es unsichtbar und verschwindet. Dieses Wissen kann zwar zurückgewonnen werden, aber dies setzt ein ständiges Bemühen voraus. Im Englischen klingt diese Bedeutung im Wort *lost* an: Wir können die Nuance eines Ausdrucks übersehen und überhören, wir versäumen, sie zu bemerken (*lost on us*).

Die Geste des Preisens, die Cavells Gespräch mit philosophischen Schriften, aber auch mit der Literatur und dem Genrekino

Hollywoods leitet, stellt sich gegen das Vergessen eines kulturellen Wissens und behauptet in der Hinwendung zu seinen Ausdrucksformen eine Notwendigkeit des Erinnerns. Gegen die Unverständlichkeit, die das Verlorengehen dieses Wissens bedeutet, können wir uns nur zur Wehr setzen, indem wir unser kulturelles Erbe als Verpflichtung anerkennen und diese Erbschaft weiterzutragen und Anderen verständlich zu machen suchen. So verpflichten wir auch die Anderen auf dieses Erbe. Die Denkfigur, die Cavell für diesen Gestus des Erinnerns gefunden hat, setzt eine Konstellation von Ideen auf eine Weise zueinander ins Verhältnis, in der diese einander nicht dominieren, sondern erweitern. Dies entspricht der Vorstellung eines von mir in Anlehnung an Warburg vorgeschlagenen Atlas philosophischer Denkformeln. Dieser auf ein Fortschreiten und auf Verständlichkeit angelegte Zusammenklang verschiedener philosophischer, literarischer und kinematischer Stimmen ist der *pitch* von Cavells Philosophie und die Haltung, die er uns nahelegen will; der Ball, den er uns zu wirft; die Tonlage, in der er uns ein Gespräch anbietet. Es liegt an uns, dieses aufzunehmen.

Anmerkungen

1 Für einen Einblick in die jüngste Rezeption Cavells in der deutschsprachigen Philosophie siehe *Nach Feierabend. Zürcher Jahrbuch für Wissensgeschichte*, 2 (2006); *Deutsche Zeitschrift für Philosophie*, Bd. 55, Heft 2 (2007); sowie *Deutsche Zeitschrift für Philosophie*, Bd. 46, Heft 2 (1998).

2 Siehe Aby Warburg, *Der Bilderatlas Mnemosyne*, hrsg. von Martin Warnke unter Mitarbeit von Claudia Brink, in: *Gesammelte Schriften*, Bd. II.1, Berlin 2000. Für einen Überblick zum Bilderatlas siehe auch Ernst H. Gombrich, *Aby Warburg. Eine intellektuelle Biographie*, Hamburg 1992, sowie Dorothée Bauerle, *Gespenstergeschichten für ganz Erwachsene. Ein Kommentar zu Aby Warburgs Bilderatlas Mnemosyne*, Münster 1988.

3 Zu Ludwig Wittgenstein siehe *Philosophische Untersuchungen*, Werkausgabe, Bd. 1, neu durchgesehen von Joachim Schulte, Frankfurt/M. 1984. Zu Friedrich Nietzsche siehe *Menschliches, Allzumenschliches*, Zweiter Band, Vorrede 1, Kritische Studienausgabe (KSA), hrsg. von Giorgio Colli und Mazzino Montinari, Bd. 2, Berlin/New York 1988, S. 369.

4 Siehe Ralph Waldo Emersons Essay »Selbstvertrauen« in dem Band *Essays*, hrsg. von Harald Kiczka, Zürich 1983. Man könnte in diesem Kontext auch auf den Schlusssatz aus Wittgensteins *Tractatus logico-philosophicus* hinweisen: »Worüber man nicht sprechen kann, darüber muß man schweigen«; in: Ludwig Wittgenstein, *Tractatus logico-philosophicus*, Werkausgabe, Bd. 1, Frankfurt/M. 1984, S. 85.

5 Friedrich Nietzsche, *Menschliches, Allzumenschliches*, a.a.O., S. 15.

6 Siehe Ralph Waldo Emerson, »Kreise«, in: *Essays*, a.a.O., S. 233.

7 Siehe Henry David Thoreau, *Walden oder Leben in den Wäldern*, Zürich 1971, S. 323.

8 In seinem Aufsatz »Geschichte« nennt Emerson dieses moralisch sich perfektionierende Selbst sein »unerreichtes, aber erreichbares Ich«, in: *Essays*, a.a.O., S. 14.

9 Siehe Ralph Waldo Emerson, »Kreise«, a.a.O., S. 233.

10 Siehe Stanley Cavell, *Pursuits of Happiness. The Hollywood Comedy of Remarriage*, Cambridge, Ma. 1981. Eine ausführliche Darstellung seiner philosophischen Auseinandersetzung sowohl mit der Filmkomödie wie dem Melodrama folgt im fünften Kapitel.

11 Siehe John Milton, »The Doctrine and Discipline of Divorce« (1643), in: The Complete Prose Works of John Milton, Bd. 2, hrsg. von Don M. Wolfe, New Haven, Conn. 1980, S. 217-356.

12 Cavell nimmt Bezug auf die Formulierung Platons am Ende des 9. Buches der *Politeia*: »Du meinst, in der Stadt, deren Gründung wir jetzt besprochen haben und die nur in unseren Reden (*logoi*) besteht; denn ich glaube nicht, dass sie irgendwo auf der Erde wirklich vorkommt«; siehe *Der Staat*, IX. Buch, 592a-b, übertragen von Rudolf Rufener, Zürich 1950, S. 476f.

13 An dieser für Cavell zentralen Denkfigur zeigt sich die starke Umschrift seiner philosophischen Schutzengel, gibt es doch bei Emerson diese Formulierung explizit so nicht.

14 Die von Cavell vorgeschlagene Verbindungslinie zwischen Descartes' Skeptizismus, Wittgensteins Sprachphilosophie und Shakespeares Dramen wird im vierten Kapitel im Detail vorgeführt.

15 Siehe Wittgenstein, *Philosophische Untersuchungen*, § 116, a.a.O. Für eine Darstellung Heideggers zur Potenzialität des Daseins siehe den Abschnitt »Das Da-Sein als Verstehen«, in: *Sein und Zeit*, 16. Aufl., Tübingen 1986, S. 142-148. Zu Sigmund Freuds Diktum siehe *Neue Folge der Vorlesungen zur Einführung in die Psychoanalyse*, in: Gesammelte Werke XV, Frankfurt/M. 1999, S. 86.

16 Immanuel Kant, *Kritik der reinen Vernunft*, Einleitung B 1, nach der ersten und zweiten Original-Ausgabe, hrsg. von Raymund Schmidt, 3. Aufl., Hamburg 1990, S. 38.

17 Leroy Daniels war tatsächlich ein Schuhputzer, der Vincente Minnelli eben wegen seines Bürstenspiels aufgefallen war und den dieser bat, diese Routine in seinem Film nachzustellen.

18 Siehe Michael Rogin, *Blackface, White Noise: Jewish Immigrants in the Hollywood Melting Pot*, Berkeley 1996.

19 Ralph Waldo Emerson, »Der amerikanische Gelehrte«, in: *Drei Ansprachen. Über Bildung, Religion und Henry David Thoreau*, Leipzig 2003, S. 40.

20 Stanley Cavell, *A Pitch of Philosophy. Autobiographical Exercises*, Cambridge, Ma. 1994, S. ix. Alle Zitate entstammen dieser Ausgabe und wurden von der Autorin übersetzt. Für eine deutsche Ausgabe siehe *Die andere Stimme. Philosophie und Autobiographie*, Berlin 2002.

21 Wie Cavell in der Einleitung zu *The Claim of Reason. Wittgenstein, Skepticism, Morality, and Tragedy*, Oxford 1979, ausführlich berichtet, hat er, nachdem er Austin während seines letzten Jahres als Graduate Student am Philosophy Department an der Harvard University hörte, die Richtung seiner Dissertation gänzlich verändert. Als Resultat von Austins Unterricht hat er sich entschlossen, den ersten Teil seiner Dissertation zu verwerfen, und diese erst etliche Jahre später, nachdem er bereits als Assistant Professor am Berkeley Philosophy Department gearbeitet hatte, schließlich in Harvard einzureichen.

22 Cavells Interesse an der Fremdheit des Menschen ist implizit von Freuds psychoanalytischen Arbeiten geprägt, auch wenn er dies, wie im Kapitel zu den amerikanischen Transzendentalisten noch ausgeführt werden soll, nur selten direkt anspricht. Dabei steht Freuds Diktum, das Ich müsse lernen, dass es nicht Herr im eigenen Haus sei, im Zentrum; siehe »Eine Schwierigkeit der Psychoanalyse«, in: Gesammelte Werke, Bd. XII, Frankfurt/M. 1947, S. 11.

23 Zum Problem des Autobiografischen in der Philosophie ließe sich präzisierend sagen, dass mit Descartes' Etablierung des *ego cogitos* eine Aufhebung und Verbannung des individuellen ›Ich‹ aus den systematischen Beschäftigungen mit dem ›Ich‹ einhergegangen ist. Dieses individuelle Ich wird aus den philosophischen Haupttexten zunehmend verdrängt und findet sich vor allem in Vorreden und Einleitungen. Dort kommt ihm die Funktion zu, zumeist aus der autobiografischen Perspektive zu erzählen und zu erklären, wie es zum systematischen Anliegen des Haupttextes gekommen ist. In seinem Interesse für die Relevanz der Autobiografie versucht Cavell das individuelle-autobiografische Ich als Instanz des Denkens wiederum aufzuwerten und gegenüber dem transzendentalen Subjekt gleichzustellen. Für diesen Hinweis danke ich Benno Wirz.

24 Jacques Derridas erste Kritik am Phonozentrismus der westlichen Metaphysik findet sich in: *Grammatologie* (1967), übersetzt von Hans-Jörg Rheinberger und Hanns Zischler, Frankfurt/M. 1983. Zu dieser Debatte siehe auch Stanley Cavell, *Philosophical Passages: Wittgenstein, Emerson, Austin, Derrida*, Oxford 1995.

25 Eine genauere Wiedergabe von Cavells Auseinandersetzung mit der Sprachphilosophie Wittgensteins folgt im nächsten Kapitel.

26 Ludwig Wittenstein, *Tractatus logico-philosophicus* (1921), Frankfurt/M. 1984.

27 Für eine Darstellung der Funktion der Stimme in der Philosophie und der Opernliteratur siehe auch Mladen Dolar, *A Voice and Nothing More*, Cambridge, Ma. 2006. Für eine Ausführung zu dem von mir geprägten Begriff *cross-mapping* siehe Elisabeth Bronfen, *Liebestod und Femme Fatale*, Frankfurt/M. 2008.

28 Siehe auch Elisabeth Bronfen, »Exil in der Literatur: Zwischen Metapher und Realität«, in: *Arcadia*, Bd. 28.2 (1993), S. 167-183.

29 Der Hinweis auf Wittgenstein bezieht sich auf die *Vermischten Bemerkungen*, Werkausgabe, Bd. VIII, neu durchgesehen von Joachim Schulte, Frankfurt/M. 1977.

30 Für Cavell stellt die Tragödie *König Lear* ein besonders anschauliches Beispiel dafür dar, was es heißt, den Kontext des eigenen Sprechens nicht zu beachten und für die Implikationen der eigenen Aussagen keine Verantwortung übernehmen zu wollen. Im fünften Kapitel werden die Verbindungslinien, die er zwischen den Dramen Shakespeares und dem Skeptizismus zieht, genauer beleuchtet.

31 Die Ausführungen des dritten Teils von *The Claim of Reason. Wittgenstein, Skepticism, Morality, and Tragedy* decken sich sowohl mit den Ausführungen zur Stimme, wie sie im ersten Kapitel im Bezug auf J. L. Austin vorgestellt wurden, als auch mit der Auseinandersetzung mit dem *moral perfectionism*, die im dritten Kapitel über die amerikanischen Transzendentalisten im Detail präsentiert wird, und werden deshalb nur knapp skizziert. Dies trifft auch zu für den vierten Teil, stellt er doch eine Art philosophisches Tagebuch jener Gedankengänge dar, die Cavell in seinen Lektüren der Dramen Shakespeares ausgeführt hat und die im fünften Kapitel genauer behandelt werden.

32 Hinsichtlich der Auseinandersetzung mit Kriterien wird vornehmlich auf den ersten Teil von *The Claim of Reason* Beug genommen.

33 Stanley Cavell, *The Claim of Reason. Wittgenstein, Skepticism, Morality, and Tragedy*, Oxford 1979. Alle Zitate sind der amerikanischen Ausgabe entnommen und von der Autorin übersetzt worden. Für eine deutschsprachige Ausgabe siehe *Der Anspruch der Vernunft. Wittgenstein, Skeptizismus, Moral und Tragödie*, Frankfurt/M. 2006.

34 Die Dichte von Cavells Denken wird an solch einer Stelle deutlich, denn das Zusammenbringen der Worte und Lebensformen eines Individuums mit jenen der Kultur, die es prägen, ist auch der Kerngedanke, der Cavell in seiner Beschäftigung mit Hollywood leitet. Dass der Berührungspunkt durch das erlebende und denkende Ich verläuft, war zudem die autobiografische Pointe, auf die sowohl in der Einleitung wie auch im ersten Kapitel bereits eingegangen worden ist.

35 Immanuel Kant, *Kritik der reinen Vernunft*, A VII, a.a.O., S. 5.

36 Für diesen Hinweis danke ich Joachim Schulte.

37 Wie Cavell seine Betrachtungen zu Wittgenstein nach *The Claim of Reason* in sein Gespräch mit den amerikanischen Transzendentalisten Emerson und Thoreau einfließen lässt, um die puritanisch geprägte Vorstellung einer Konversion als Wendung zum *moral perfectionism* zu denken, wird im nächsten Kapitel genauer betrachtet.

38 Auf diesen Aufsatz »The Avoidance of Love« sowie Cavells Auseinandersetzung mit den Stücken Shakespeares im Zeichen des Skeptizismus wird im vierten Kapitel genauer eingegangen. In der Aufsatzsammlung *Disowning Knowledge in Seven Plays of Shakespeare*, Cambridge, Mass. 2003, findet sich diese Passage auf S. 115 f., in der Aufsatzsammlung *Must We Mean What We Say*, Cambridge, Mass. 1969, auf S. 344-346.

39 Zum Scheitern, das dem *american dream* von Anfang an eingeschrieben ist, siehe Jim Cullen, *The American Dream. A Short History of an Idea that Shaped a Nation*, Oxford 2004.

40 Ralph Waldo Emerson, »Kreise«, a.a.O., S. 237.

41 Der Wortlaut des Originals lautet »to begin the world anew«. Thomas Paine, *Common Sense*, London 1976, S. 120.

42 In seiner *Kritik der reinen Vernunft*, Vorrede B XXVI, a.a.O., stellt Immanuel Kant fest: »Aber denken kann ich, was ich will«, S. 25 f.

Cavell schöpft die Bedeutung dieses Satzes in dem Sinne voll aus, als es ihm um folgende Behauptung geht: Auch wenn sich Erkenntnis auf Erfahrungserkenntnis beschränkt, so kann ich doch diejenigen Gegenstände, die über Erfahrung hinaus sind, denkend begreifen und ihnen so auch eine Bestimmung geben. In dem Aufsatz »Beantwortung der Frage: Was ist Aufklärung?« formuliert Kant das Prinzip der Aufklärung folgendermaßen: »Habe Mut, dich deines eigenen Verstandes zu bedienen«, *Was ist Aufklärung?*, hrsg. von Ehrhard Bahr, Stuttgart 1974, S. 9. Aufklärung besteht darin, eine freie Denkbewegung zu vollziehen und alles Denkmögliche zu denken, ohne je zu einem Abschluss zu gelangen.

43 Es gilt, auf Friedrich Nietzsches explizite Würdigung Emersons zu verweisen, beispielsweise im Abschnitt »Emerson« in der *Götzen-Dämmerung*: »Emerson hat jene gütige und geistreiche Heiterkeit, welche allen Ernst entmutigt; er weiß es schlechterdings nicht, wie alt er schon ist und wie jung er noch sein wird«, in: Kritische Studienausgabe, hrsg. von Giorgio Colli und Mazzino Montinari, Bd. 6, Berlin/New York 1988, S. 120.

44 Henry David Thoreau, *Walden oder Leben in den Wäldern*, Zürich 1971, S. 29. In der amerikanischen Originalausgabe fügt Thoreau hinzu, es gehe darum, »to toe that line«. Das Sinnbild benennt, was in dem Titel von John Mangolds *Biopic Walk the Line* wieder anklingt.

45 John Winthrop, »A Modell of Christian Charity«, in: *John Winthrop's Decision for America, 1629*, hrsg. von Ed Rutman und Darret Bruce, Philadelphia, New York, Toronto 1975, S. 100.

46 Zur Doktrin der Typologie siehe Sacvan Bercovitch, *Rites of Assent. Transformations in the Symbolic Construction of America*, New York 1993.

47 In seiner Analyse von Shakespeares *Wintermärchen* geht er nochmals, wie im folgenden Kapitel zu zeigen ist, auf ein Wortspiel mit dem Begriff ›to count‹ ein.

48 Henry David Thoreau, *Walden*, a.a.O., S. 315.

49 Ebd., S. 29.

50 In dem Abschnitt »Die Grundbefindlichkeit der Angst als eine ausgezeichnete Erschlossenehit des Daseins« beschreibt Martin Heidegger die Stimmungen der Angst und der Langeweile, in denen sich Welt in allen möglichen Erscheinungen entzieht. Diese haben als Grundbefindlichkeit des Daseins zu gelten. »In der Angst ist einem

›unheimlich‹. Darin kommt zunächst die eigentümliche Unbestimmtheit dessen, wobei sich das Dasein in der Angst befindet, zum Ausdruck: Das Nichts und das Nirgends. Unheimlichkeit meint aber dabei zugleich das Nicht-zuhause-sein.«, *Sein und Zeit*, 17. Aufl., Frankfurt/M. 1993, S. 188.

51 Henry David Thoreau, *Walden*, a.a.O., S. 92.

52 Ebd., S. 20.

53 Ebd., S. 97.

54 Darin zeigt sich für Cavell die Nähe zwischen Thoreaus Vorstellung einer den Morgen verkündenden Schrift und dem in den *sophisticated comedies* gefeierten Gespräch zwischen dem Liebespaar sowie Wittgensteins Forderung einer Rückkehr der Wörter in ihre Heimat in der gewöhnliche Sprache.

55 Henry David Thoreau, *Walden*, a.a.O., S. 98.

56 Ebd., S. 123.

57 Ebd., S. 314.

58 Ebd., S. 323.

59 Die Aufsätze »Thinking Emerson« und »An Emerson Mood« sind der zweiten, erweiterten Ausgabe von *The Senses of Walden* hinzugefügt worden und stellen somit den Übergang dar, der von Cavells anfänglichem Interesse für Thoreau zu seiner weitaus ausführlicheren Beschäftigung mit den Schriften Emersons geführt hat.

60 Emerson, *Essays*, a.a.O., S. 233.

61 Enrico Cadava hat in seinem Buch *Emerson and the Climates of History*, Stanford 1997, S. 7, gezeigt, dass Emersons philosophisches Denken immer schon von einem solchen poetischen Verfahren der *recirculation* komplementiert wird.

62 Denken ist für Heidegger immer auch schon Denkvollzug. Im Vollziehen des Denkens – auf dem Weg, im Unterwegssein – kann sich das Denken, der gedachte Inhalt, die Aussage verwandeln. Aufgrund dieser Doppelung von Denkinhalt und Denkvollzug ist für ihn Denken stets ein Weg, eine »Be-Wegung«: »Wenn das Denken, von einer Sache angesprochen, dieser nachgeht, kann es geschehen, daß es unterwegs sich wandelt. Darum ist es ratsam, im folgenden auf den Weg zu achten, weniger auf den Inhalt.«Martin Heidegger, *Identität und Differenz*, Pfullingen 1957, S. 9. Siehe auch Heideggers Aufsatz »Der Weg zur Sprache«, in: *Unterwegs zur Sprache*, 10. Aufl., Stuttgart 1992.

63 Ralph Waldo Emerson, »Der amerikanische Gelehrte«, in: *Drei Ansprachen. Über Bildung, Religion und Henry David Thoreau*, Freiburg 2007, S. 45.

64 Ders., *Essays*, a.a.O., S. 45-46.

65 Abgedruckt in der Aufsatzsammlung *In Quest of the Ordinary. Lines of Skepticism and Romanticism*, Chicago 1988; siehe auch »Emerson's Constitutional Amending: Reading ›Fate‹«, in der Sammlung *Emerson's Transcendental Etudes*, hrsg. von David Justin Hodge, Stanford 2003, die alle von Cavell geschriebenen Essays zu Emerson in einem Band versammelt.

66 Sigmund Freud, den Cavell nur selten direkt zitiert, der implizit jedoch als einer seiner bedeutendsten Schutzengel sein Denken und Schreiben begleitet, hat den Begriff der Schutzdichtung geprägt, um von einem Wissen zu sprechen, welches wir einerseits abwenden, andererseits in Geschichten umsetzen. Mit diesen Dichtungen schützen wir uns vor ungeliebtem Wissen, dichten dieses Wissen auch ab, bringen es aber auf entstellte, verfremdete Weise doch zum Ausdruck.

67 Ralph Waldo Emerson, *Lebensführung*, Leipzig 1903, S. 18.

68 Ebd., S. 2.

69 Ralph Waldo Emerson, *Essays*, a.a.O., S. 56-57.

70 Ebd., S. 48.

71 Ebd., S. 140.

72 Ebd., S. 14.

73 Nietzsches Zarathustra und dessen Diktum ›Werde, der du bist‹ erweist sich somit als eine Umschrift Emersons, so dass Cavells Ausführungen zum *moral perfectionism* auch eine Auseinandersetzung mit Nietzsche darstellen.

74 Ralph Waldo Emerson, *Essays*, a.a.O., S. 44.

75 Ebd., S. 130.

76 Ralph Waldo Emerson, *Drei Ansprachen über Bildung*, a.a.O., S. 36.

77 Ders., *Essays*, a.a.O., S. 41.

78 Ebd., S. 42.

79 Deutlich lässt sich an dieser Stelle auch Cavells Anlehnung an Freud erkennen, der vom Unheimlichen sagt, es sei jenes Vertraute, das durch die Verdrängung entstellt worden ist.

80 Ralph Waldo Emerson, *Drei Ansprachen über Bildung*, a.a.O., S. 43.

81 Ders., , *Essays*, a.a.O., S. 41.

82 Ders., *Lebensführung*, a.a.O., S. 10.

83 Ders., *Essays*, a.a.O., S. 45.

84 Der eigenartige Status Freuds in den Schriften Cavells besteht darin, dass die Psychoanalyse für Cavell einen ständigen Bezugspunkt darstellt, auch wenn dieser unterschwellig bleibt und oft nicht explizit wird.

85 Siehe Sigmund Freud, »Eine Schwierigkeit der Psychoanalyse«, in: Gesammelte Werke, Bd. XII, Frankfurt/M. 1947, S. 11.

86 Siehe Stanley Cavell, »The Uncanniness of the Ordinary«, in: *In Quest of the Ordinary*, a.a.O.

87 E.T.A. Hoffmann, »Der Sandmann« (1844), Fantasie- und Nachtstücke, München 1976, S. 362.

88 Sigmund Freud, »Das Unheimliche« (1919), in: Gesammelte Werke, Bd. XII, Frankfurt/M. 1947, S. 241-242.

89 Um diese mörderische Verneinung der Eigenständigkeit der Geliebten als tragische Inszenierung des Skeptizismus geht es auch im folgenden Kapitel zu Shakespeare.

90 Für diese Schilderung von Claras Familienglück, die gegen den Strich der traditionellen Kritik verläuft, siehe Elisabeth Bronfen, *Tiefer als der Tag gedacht. Eine Kulturgeschichte der Nacht*, München 2008.

91 E.T.A. Hoffmann, »Der Sandmann«, a.a.O., S. 363.

92 Sigmund Freud, »Vergänglichkeit« (1916), in: Gesammelte Werke, Bd. X, Frankfurt/M. 1946, S. 358-361.

93 Henry David Thoreau, *Walden*, a.a.O., S. 23.

94 In dem englischen Wort *enactment* verschränkt sich die Bedeutung »Darstellung« mit dem der Verordnung oder der Bestimmung eines Gesetzes.

95 Dieses Beispiel macht die Nähe zwischen Cavells Tragödien-Theorie und seiner Auseinandersetzung mit Wittgensteins Sprachkriterien deutlich.

96 Eine genaue Darstellung von Cavells Arbeit zur *comedy of remarriage* im Hollywood-Kino der 1930er und 1940er Jahre folgt im nächsten Kapitel, auch wenn die Studie *Pursuits of Happiness*, in der Cavell seine Gedanken zu dieser Gattung zum ersten Mal ausformulierte, zeitlich vor seiner Lektüre des Othello verfasst wurde und somit die Auseinandersetzung mit Shakespeare von seinen Überlegungen zu den Filmkomödien geprägt ist.

97 William Shakespeare, *Othello* (in der Übersetzung von Schlegel-Tieck), in: Sämtliche Dramen, Bd. III: Tragödien, München 1993, S. 846.

98 Ebd., S. 855.

99 Ebd., S. 887.

100 In dem *cross-mapping* von *Othello* und der *sophisticated comedy Philadelphia Story*, auf die im folgenden Kapitel eingegangen wird, steht nicht nur ebenfalls die Frage der Jungfräulichkeit der Heldin und des Wissensdursts ihres Gatten auf dem Spiel. Hier erweist sich Durst als Chiffre für sexuelles Wissen zudem als notwendig dafür, dass die Eheleute sich gegenseitig anerkennen und somit ihre Ehe reaffirmieren können. In den Bildern, die die *sophisticated comedy* im Gegensatz zur Tragödie entfaltet, sind Treue und erotisches Begehren nicht entgegengesetzt, sondern gegenseitig impliziert.

101 William Shakespeare, *Othello*, a.a.O., S. 886.

102 Ebd., S. 292.

103 Ebd., S. 895.

104 Siehe Elisabeth Bronfen, »Kulturelle Effekte: Das Nachdrängen unserer Fantasiebilder«, in: Muriel Gerstner, *Zu bösen Häusern gehen – Number Nine Barnsbury Road*, Soho/Bern 2007, S. 73-94.

105 William Shakespeare, *Das Wintermärchen* (in der Übersetzung von Schlegel-Tieck), in: Sämtliche Dramen, Bd. I: Komödien, München 1993, S. 1023.

106 Ebd., S. 990.

107 Das Wiedererwachen der Heldin in einer deutlich theatralisierten Szene ergibt auch die Nähe zwischen der Shakespeareromanze und der *comedy of remarriage*, auf die im nächsten Kapitel eingegangen werden soll. Die Geburt einer neuen Frau wird in beiden Medien mit der Geburt des weiblichen Stars zusammengedacht, aber auch mit der Frage, warum mit der Definition dessen, was Weiblichkeit für eine Kultur bedeuten kann, deren Möglichkeit des Überlebens zusammenhängt.

108 Für eine konzise Darstellung der Regeln der Filmsprache des Hollywood-Films während der Ära des Studiosystems siehe David Bordwell/Kristin Thompson, *Film Art. An Introduction*, 7. Aufl., Boston 2004.

109 Wie im dritten Kapitel bereits gezeigt wurde, ist für die amerikanischen Transzendentalisten, über die Cavell zur gleichen Zeit zu schrei-

ben beginnt, die Vorstellung, der Mensch suche seine Welt wie ein Geist heim, ausschlaggebend. Dadurch ergibt sich implizit noch eine weitere zwingende Verbindung zwischen dem Hollywood-Kino und dem amerikanischen Denker.

110 Durch die Sterblichkeit, die somit Teil der Kinoerfahrung ist, ergibt sich eine Nähe zwischen Cavells Schriften zum Film und Roland Barthes' zehn Jahre später verfasster Studie zur Fotografie; siehe Roland Barthes, *Die Helle Kammer: Bemerkungen zur Photographie*, Frankfurt 1985. Die Betonung der Sterblichkeit lässt ebenfalls eine Nähe zu Edgar Morins Studie *Der Mensch und das Kino*, Stuttgart 1958, erkennen.

111 Siehe Sigmund Freud, »Über die weibliche Sexualität« (1931), in: Gesammelte Werke, Bd. XIV, Frankfurt/M. 1948, S. 517-537. Siehe auch Freuds Aufsatz »Beiträge zur Psychologie des Liebeslebens III. Das Tabu der Virginität« (1918), in: Gesammelte Werke, Bd. XII, Frankfurt/M. 1947, S. 161-180.

112 Für historische Ausführungen zum Begriff der *natural aristocracy* siehe den Briefwechsel zwischen Thomas Jefferson und John Adams, *The Adams-Jefferson Letters*, hrsg. von Lester Cappon, Chapel Hill 1988.

113 Thorstein Veblen, *Theory of the Leisure Class*, Oxford 2008.

114 Zum Gründungsakt der amerikanischen Verfassung siehe Gore Vidal, *Inventing a Nation. Washington, Adams, Jefferson*, New Haven 2003. Für Cavells Bezüge zur politischen Theorie siehe Alexis Tocqueville, *Democracy in America*, New York 2004; John Stuart Mill, *On Liberty and Other Essays*, Oxford 2008, sowie Matthew Arnold, *Culture and Anarchy*, Cambridge 1932.

115 In seiner Biografie *Kate: The Woman Who Was Hepburn*, New York 2007, skizziert William J. Mann detailreich diese Transformation des Stars im Kontext der amerikanischen Zeitgeschichte.

116 Diese Bemerkung steht auf Seite 123 der von mir eingesehenen Version von Cavells noch unveröffentlichter Autobiografie.

117 Walter Benjamin, »Der Erzähler«, in: *Illuminationen*, Frankfurt/M. 1977, S. 396.

Siglen

ATh	»Aversive Thinking. Emersonian representations in Heidegger and Nietzsche«, in: *Emerson's Transcendental Etudes*, Stanford 2003, S. 141-170.
AL	»The Avoidance of Love. A Reading of King Lear«, in: *Must We Mean What We Say? A Book of Essays*, Cambridge, Ma. 1969, S. 267-353.
BO	»Being Odd, Getting Even«, in: *In Quest of the Ordinary. Lines of Skepticism and Romanticism*, Chicago 1994, S. 105-129.
C	*Cities of Words. Pedagogical Letters on a Register of the Moral Life*, Cambridge, Ma. 2004.
Cl	*Claim of Reason. Wittgenstein, Skepticism, Morality, and Tragedy*, Oxford 1979.
CT	*Contesting Tears. The Hollywood Melodrama of the Unknown Woman*, Chicago 1996.
DK	*Disowning Knowledge: In Seven Plays of Shakespeare*, erw. Ausgabe, Cambridge, Ma. 2003.
ECA	»Emerson's Constitutional Amending: Reading Emerson's ›Fate‹«, in: *Emerson's Transcendental Etudes*, Stanford 2003, S. 192-214.
EM	»An Emerson Mood«, in: *The Senses of Walden*, 2., erw. Ausgabe, Chicago 1981.
ExM	»Excerpts from Memory«, in: *Critical Inquiry*, 32.4 (Summer 2006), S. 767-811.
F	»Fred Astaire Asserts the Right to Praise«, in: *Philosophy the Day after Tomorrow*, Cambridge, Ma. 2005, S. 61-82.
FF	»Finding as Founding«, in: *This New Yet Unapproachable America. Lectures after Emerson after Wittgenstein*, Albuquerque 1989, S. 77-118.
FL	»Falling in Love Again«, in: *Film Comment*, 41.5 (September/October 2005), S. 50-54.

FPh »The Fantastic of Philosophy«, in: *In Quest of the Ordinary. Lines of Skepticism and Romanticism*, Chicago 1994, S. 181-188.

H »Henry James Returns to America and to Shakespeare«, in: *Philosophy the Day after Tomorrow*, Cambridge, Ma. 2005, S. 83-110.

IST »The Interminable Shakespearean Text«, in: *Philosophy the Day after Tomorrow*, Cambridge, Ma. 2005, S. 28-60.

K »Knowing and Acknowledging«, in: *Must We Mean What We Say? A Book of Essays*, Cambridge, Ma. 1969; S. 238-266.

M »Must We Mean What We Say?«, in: *Must We Mean What We Say? A Book of Essays*, Cambridge, Ma. 1969, S. 1-43.

P *A Pitch of Philosophy. Autobiographical Exercises*, Cambridge, Ma. 1994.

OU »The Ordinary as the Uneventful«, in: *Themes Out Of School. Effects and Causes*, Chicago 1984. S. 184-194.

Ph »Philosophy the Day after Tomorrow«, in: *Philosophy the Day after Tomorrow*, Cambridge, Ma. 2005, S. 11-131.

PH *Pursuits of Happiness. The Hollywood Comedy of Remarriage*, Cambridge, Ma. 1981.

PI »The Politics of Interpretation«, in: *Themes Out Of School: Effects and Causes*, Chicago 1984, S. 27-59.

R »A Reply to John Hollander«, in: *Themes Out Of School: Effects and Causes*, Chicago 1984, S. 141-144.

RG »Recounting Gains, Showing Losses. Reading The Winter's Tale«, in: *Disowning Knowledge: In Seven Plays of Shakespeare*, erw. Ausgabe, Cambridge, Ma. 2003, S. 193-222.

S »Something out of the Ordinary«, in: *Philosophy the Day after Tomorrow*, Cambridge, Ma. 2005, S. 7-27.

Th »Thinking of Emerson«, in: *The Senses of Walden*, 2., erw. Ausgabe, Chicago 1981.

TM »The Thought of Movies«, in: *Themes Out of School. Effects and Causes*, Chicago 1984.

SW *The Senses of Walden*, 2., erw. Ausgabe, Chicago 1981.

W »What is the Scandal of Skepticism?« in: *Philosophy the Day after Tomorrow*, Cambridge, Ma. 2005, S. 132-154.

WE »The Wittgensteinian Event«, in: *Philosophy the Day after Tomorrow*, Cambridge, Ma. 2005, S. 192-212.

Weiterführende Literatur

Born, Rainer, »Philosophie in schwierigen Zeiten. Vom Menschen im ›Wandel des Alltags‹ zum ›Wandel des Menschen‹ im Wissen um sich selbst«, in: *Philosophieren in schwieriger Zeit*, hrsg. von Martin Bolz, Berlin, S. 67-90.

Eilenberger, Wolfram, »Die Befreiung des Alltäglichen. Gemeinsame Motive in den Sprachphilosophien von Stanley Cavell und Michail Bachtin«, in: *Nach Feierabend. Zürcher Jahrbuch Für Wissensgeschichte 2. Auf der Suche nach der eigenen Stimme*, Zürich 2006, S. 19-33.

Eldridge, Richard, *Stanley Cavell. Contemporary Philosophy in Focus*, Cambridge, UK/New York 2003.

Fischer, Kurt Rudolf, »Berkeley 1956-1962: Eine Erinnerung an Stanley Cavell«, in: Deutsche Zeitschrift für Philosophie 46, Nr. 2 (1998), S. 283-91.

Fischer, Michael, *Stanley Cavell and Literary Skepticism*, Chicago 1989.

Früchtl, Josef, »The Other Voice: Philosophy and Autobiography«, in: Deutsche Zeitschrift für Philosophie 51, Nr. 2 (2003), S. 343-47.

Goodman, Russell B., *Contending with Stanley Cavell*, Oxford 2005.

Haase, Matthias, »Drei Formen der Ersten Person Plural«, in: Deutsche Zeitschrift für Philosophie 55, Nr. 2 (2007), S. 225-44.

Hammer, Espen, *Stanley Cavell: Skepticism, Subjectivity, and the Ordinary*, Cambridge, UK/ Malden, Ma. 2002.

Hampe, Michael, »Psychoanalyse als antike Philosophie: Stanley Cavells Freud«, in: *Nach Feierabend. Zürcher Jahrbuch für Wissensgeschichte 2. Auf der Suche nach der eigenen Stimme*, Zürich 2006, S. 93-108.

Ders., »Stimm-Bildung. Alltag, Skepsis und die Kritik der Kriteriensuche«, in: Deutsche Zeitschrift für Philosophie 55, Nr. 2 (2007), S. 321.

Hansen, Olaf, »Die Identität des Anderen. Stanley Cavells skeptizistischer Pragmatismus«, in: Demokratie und Kunst in Amerika – Democracy and the Art in the U.S.A., hrsg. von Olaf Hansen und Thomas Liesemann, Triest 1996.

Hartmann, Martin, »Schwerpunkt: Stanley Cavells Philosophie«, in: Deutsche Zeitschrift für Philosophie 55, Nr. 2 (2007), S. 220-24.

Hofmann, Doris Vera, »Die Leiter wegwerfen und die Brille abnehmen. Der Alltag gegenwärtiger amerikanischer Wittgensteinliteratur«, in: Zeitschrift für Literaturwissenschaft und Linguistik 29, Nr. 115 (1999), S. 130-43.

Kern, Andrea, »Philosophie und Skepsis. Hume – Kant – Cavell«, in: Deutsche Zeitschrift für Philosophie 48, Nr. 1 (2000), S. 17-35.

Koch, Gertrud, »Gefallen ohne Gefälligkeit: Der Film als Massenkunst«, in: Zeitschrift für Ästhetik und allgemeine Kunstwissenschaft 48, Nr. 2 (2003), S. 273-83.

Korschil, Thomas, »Zur Ontologie des Films bei Stanley Cavell. Ein Kommentar zum Beitrag von Ludwig Nagl«, in: *Film / Denken – Thinking Film. Film and Philosophy*, hrsg. von Ludwig Nagl, Eva Waniek und Brigitta Mayr, Wien 2004.

Korsmeier, Antje, *Sprache erfahren: Stanley Cavells Vision der Sprache*, Würzburg 2006.

Lotter, Maria-Sibylla, »Nietzsche in Amerika. Über menschlichen und unmenschlichen Perfektionismus nach Stanley Cavell«, in: *Nach Feierabend. Zürcher Jahrbuch für Wissensgeschichte 2. Die Suche nach der eigenen Stimme*, Zürich 2006, S. 35-54.

Nagl, Ludwig, *Stanley Cavell: Nach der Philosophie. Essays*, hrsg. mit Kurt R. Fischer, Berlin 2001.

Saar, Martin, »Ethisch-politischer Perfektionismus. Stanley Cavell und die praktische Philosophie«, in: Deutsche Zeitschrift für Philosophie 55, Nr. 2 (2007), S. 289-302.

Sparti, Davide, »Der Traum der Sprache. Cavell, Wittgenstein und der Skeptizismus«, in: Deutsche Zeitschrift für Philosophie 46, Nr. 2 (1998), S. 209-11.

Stone, Martin, »Stanley Cavell über Wittgensteins Argument des Alltäglichen«, in: Deutsche Zeitschrift für Philosophie 46, Nr. 2 (1998), S. 251-67.

Thomä, Dieter, Der ›Anspruch der Vernunft‹, in: Deutsche Zeitschrift für Philosophie 55, Nr. 2 (2007), S. 303-07.

Elisabeth Bronfen ist Lehrstuhlinhaberin am Englischen Seminar der Universität Zürich. Ihre Promotion erhielt sie an der Universität München mit einer Studie über den literarischen Raum bei Dorothy Richardson. Ihre Habilitation folgte dann fünf Jahre später ebenfalls an der Universität München. Zu ihren Veröffentlichungen zählen u. a. *Der literarische Raum. Eine Untersuchung am Beispiel von Dorothy M. Richardsons Pilgrimage* (1986); *Nur über ihre Leiche. Tod, Weiblichkeit und Ästhetik* (1993); *Das verknotete Subjekt. Unbehagen in der Hysterie* (1998); *Sylvia Plath* (1998); *Heimweh. Illusionsspiele in Hollywood* (1999); *Die Diva. Eine Geschichte der Bewunderung* (2002); *Liebestod und Femme Fatale. Der Austausch sozialer Energien zwischen Oper, Literatur und Film* (2004) und *Tiefer als der Tag gedacht. Eine Kulturgeschichte der Nacht* (2008). Für Hinweise auf weitere Forschungsprojekte, Lehrveranstaltungen und Vortragsmanuskripte sowie eine ausführliche Bibliografie zu Stanley Cavell siehe www.bronfen.info.